SAE CHINA 中国汽车工程学会

汽车工程图书出版专家委员会 **推荐出版**

轻量化手册 1

HANDBUCH LEICHTBAU

轻量化
产品开发过程与生命周期评价

[德]弗兰克·亨宁（Frank Henning）
[德]埃尔韦拉·穆勒（Elvira Moeller） 主编
北京永利信息技术有限公司 译
陈 瑶 审

北京理工大学出版社
BEIJING INSTITUTE OF TECHNOLOGY PRESS

图书在版编目（CIP）数据

轻量化产品开发过程与生命周期评价/（德）亨宁，（德）穆勒主编，北京永利信息技术有限公司译. —北京：北京理工大学出版社，2015. 3
（轻量化手册；1）
ISBN 978-7-5640-9237-5

Ⅰ. ①轻…　Ⅱ. ①亨…　②穆…　③北…　Ⅲ. ①汽车轻量化-研究　Ⅳ. ①U462. 2

中国版本图书馆 CIP 数据核字（2014）第 166118 号

北京市版权局著作权合同登记号　图字：01-2014-0361 号

出版发行 / 北京理工大学出版社有限责任公司
社　　址 / 北京市海淀区中关村南大街 5 号
邮　　编 / 100081
电　　话 / (010)68914775(总编室)
82562903(教材售后服务热线)
68948351(其他图书服务热线)
网　　址 / http://www. bitpress. com. cn
经　　销 / 全国各地新华书店
印　　刷 / 保定市中画美凯印刷有限公司
开　　本 / 787 毫米×1092 毫米　1/16
印　　张 / 11. 25　　　责任编辑 / 封　雪
字　　数 / 220 千字　　　文案编辑 / 封　雪
版　　次 / 2015 年 3 月第 1 版　2015 年 3 月第 1 次印刷　　　责任校对 / 孟祥敬
定　　价 / 88. 00 元　　　责任印制 / 王美丽

图书出现印装质量问题，请拨打售后服务热线，本社负责调换

前言

轻量化是一种发展战略的实施，旨在通过一个系统的最小质量，在给定的技术边界条件下实现所需的功能。在整个产品生命周期内还应确保系统的可靠性。轻量化不仅可减轻系统的重量，还可提高整个系统的效率。轻量化需要一个整体的、跨学科的方法，它可分为方法、材料和生产等领域。为了高效地实现轻量化，工程师们必须具有这些领域的全面知识。高效的轻量化解决方案不仅取决于技术要求，也与经济、环境和社会的边界条件相关。因此，高效的轻量化绝不仅仅是单纯的重量最小化、一种设计原理或一种低密度材料而已，而是需要对边界条件进行明确定义，以及进行系统性的整体考虑。未来的挑战主要在于对不同轻量化材料的优化和组合，从而实现轻量化的、经济上可行的系统，材料的优化和组合可以通过产品集成混合或通过随后对混合整体系统添加单个部件实现。在此，在可采用的加工和连接技术下，在考虑环境影响以及由此得出的结构措施的情况下，还应特别注意产品生命周期中不同的材料性能和材料间的相互作用。根据行业的不同，轻量化也具有不同的经济施展空间，在材料选择时其负责限定与材料数量相关的生产技术。

为了以实践为导向来编写这个复杂的课题，本套手册按价值创新流程进行章节划分：从轻量化组件和系统的产品形成，到各种与轻量化相关的结构材料，它们都是直接与生产相关的，这些材料还可以在制造工艺，后处理和连接技术等方面进行细分，另外还有对轻量化部件和结构的评估以及生命周期的评价方法。

《轻量化手册 1 轻量化产品开发过程与生命周期评价》包含两个部分。第一部分介绍了集成产品形成模型和相关的生命周期解决方案，从而描述了产品形成过程及其支持的方法。这些流程的特点是具有面向目标系统的结构，且标准化的基本活动都有单个并行的和顺序的结构化序列。在此要感谢阿尔伯特·阿尔伯斯（Albert Albers）教授，其为本部分付出了很多努力，本部分由他和他的同事们合作完成。第二个部分介绍了对于轻量化来说极为重要的生命周期评估和所使用的方法。所谓的生命周期分析包括在产品生命周期内沿价值链对轻量化系统的整体考虑以及评估，因此也得出了技术、生态、经济和社会方面的有意义的结论。

《轻量化手册 2 轻量化材料和属性》介绍了材料选择方面的相关轻量化材料和系统方法。针对个别材料的章节包含了材料的概况信息和特性比较以及许多特殊说明和应用示例，这些示例涉及作为轻量化材料的适用性情况。德国经济三分之二的创新都基于材料创新,尽管这些成就通常不是公众的关注焦点。本部分要特别感谢凯·威德曼(Kay Weidenmann)博士,他不仅对本部分的各方面事宜进行了协调,还对这部分内容做了很多实质性的贡献。如果没有他的出色工作,本部分肯定不是我们看到的这样。

《轻量化手册3 轻量化加工工艺——成型,加工和处理》主要涉及轻量化的制造工艺,轻量化产品和材料的成形、处理和加工。制造工艺往往是轻量化部件经济生产的关键,且是方法、材料和产品交互范围的系统方法的重要组成部分。除了相关轻量化材料的加工外,分离和混合工艺等也是重点。在此向沃尔克·舒尔茨(Volker Schulze)教授表示感谢,他对本部分内容进行了协调。

《轻量化手册4 轻量化结构连接技术》涉及与连接技术相关的对于轻量化技术来说很重要的课题,这些课题分为五种。最古老的连接工艺是机械连接,现在这种工艺重新变得越来越重要。由于放弃了辅助连接件,因此对于轻量化来说,通过成形进行连接是很重要的。在钣金加工行业中最广泛使用的连接工艺是在良好的经济性下具有较高工艺兼容性的热连接。对于多材料设计中的混合结构来说,粘接,即化学连接,起到越来越大的作用。组合连接工艺,也称为混合连接,其结合了各种工艺的优点,且在轻量化方面,对于节约连接处的材料来说发挥了重要的作用。

《轻量化手册5 轻量化部件和结构的评价》涉及部件和轻量化结构的评估。主题范围包括新型轻量化材料的部件仿真和工艺仿真,这些往往不能通过传统的材料法规来描述,并提出了特别的挑战。其他章节是设计轻量化结构的使用强度、材料和部件的无损检验,结构健康监测-损伤检测,纤维复合结构的修复能力和修复概念以及使用周期结束概念和回收利用。

在此要感谢所有作者为本书做出的所有贡献,还要感谢所有公司和机构提供的图片和数据,这些图片和数据使本书更生动易读。

还要特别感谢卡尔汉瑟出版社的沃尔克·赫茨伯格(Volker Herzberg)工程师对本书的无私帮助,他对本书的专业知识和外交途径提供了很多积极的、建设性的支持。

弗兰克·亨宁
埃尔韦拉·穆勒
2011年8月

目录

第Ⅰ部分　轻量化部件和系统的产品形成过程

第II部分 生命周期评估

第Ⅰ部分
轻量化部件和系统的产品形成过程

在当今这个全球化市场时代，一个企业的成功在很大程度上取决于新产品的成功开发。在这方面，不论是以发明为导向的活动，即寻找新的理念和方法，还是以创新为导向的活动，即成功地将这些理念和方法转化为市场上成功的产品，都具有非常重要的意义。在轻量化领域中，这就要求人们必须具有对跨学科合作和整个产品形成领域的广泛认识。越来越短的产品寿命周期，全球化的竞争和有限的资源，以及与此相关的进一步的综合产品形成方法，也都使技术解决方案本身及其相关过程变得越来越复杂。

在研究和实践中，综合产品形成模型（iPeM）及其相关的全面解决方案，以及支持这些解决方案的方法已成为研究和实践中普遍使用的面向开发阶段的过程模型，这种模型不仅能够用于描述产品形成过程，而且还适于根据产品成功开发当前和未来的要求及时重新定位。就此而言，产品形成过程可以理解为，以目标系统为导向的结构和以单个并行及连续结构顺序为特点的标准化基本活动。

在一个新产品的各个开发阶段中，可以根据需要按时间顺序来安排这些活动，从而构成特定产品开发的各个阶段。这样就具有高度的灵活性，从而可以将开发方法和开发管理有机地结合在一个协调系统中。

以碳纤维复合材料的轮圈为例，产品形成过程的结果

现代产品发展的一大趋势就是越来越多地采用轻量化设计，这就需要人们对轻量化产品的技术潜力有一个系统化的认识。将轻量化作为一项长期战略技术规划可以明显降低开发风险，也会对产品重量和资源消耗产生影响，从而取得持续的商业成功。与之矛盾的是，如在汽车行业中，由于安全和环保要求的不断提高以及人们对舒适性要求的不断增长，车辆的重量也在不断增加。因此，人们通过将轻量化策略应用于产品当中，例如使用轻量化的材料，改变零部件的几何形状或者整个系统的构造，从而有效地解决这一问题。在所有这些方法中，虚拟产品形成是产品形成过程的核心活动，许多工业部门都已经成功地建立了自己的产品形成过程。虚拟产品形成可以考虑加大品种多样化，降低产品重量和缩短产品形成周期的趋势，这也是为什么虚拟产品形成能够成为轻量化领域中关键技术的重要原因。实践中，轻量化可以使用各种计算机辅助方法来完成，这些计算机辅助方法一般被简称为 CAx 法。其中，最后一个字母 x 可以是“Design（设计）”的首字母“D”，可以是“Engineering（工程设计）”的首字母“E”或者“Manufacturing（生产制造）”的首字母“M”，也可能是“Styling（造型）”的首字母“S”，等等。对于充分利用轻量化的全部潜力，系统轻量化在产品形成过程中起着举足轻重的作用。在同时考虑到技术和经济条件以及系统内部相互作用的前提下，可以对技术系统进行优化。当产品的整个系统或局部系统特性涉及客户利益，并可能会因其而影响到整个产品的成熟度时，可以考虑通过虚拟研究方法和实验研究方法或者通过组合的方式对整个系统或局部系统进行验证。

1

产品形成过程

制造企业的原始目标是开发、制造和销售适销对路的产品，以达到利润最大化为目的。是开发新产品还是改进现有产品对于这一目标来说都是无关紧要的，而产品形成在很大程度上总是多次重复相同的步骤和模式。这些处理步骤及其组织和管理所必需的要素可以使用产品形成过程的模型进行描述。尤其是在轻量化的过程中，系统地考虑产品形成对于这个过程至关重要，例如在建模的时候就应当考虑到企业生产能力的限制。下面就对产品形成过程建模的原理和主要方面加以说明，并且通过文章中的实例对轻量化这一概念加以阐述。

1.1 基　　础

产品

在产品形成中，产品这一概念是指可以在市场上出售并盈利的商品或服务。它可以是实物，也可以是诸如软件类的商品。

产品寿命周期

一个产品的寿命周期包括了从其开发、进入市场直到其退出市场的整个过程。产品寿命周期中的不同阶段可以通过几种模式加以描述。产品寿命周期的市场经济理论将“产品寿命”划分为以下四个阶段：开发和进入市场，成长，成熟/饱和以及萎缩/消失（图 1.1；Vernon，1966）。

产品开发

产品开发包括产品的研发（也被称为前期开发）、设计和验证。其主要任务是明确任务、构思、设计和加工制造（Pahl 和 Beitz，2003）。

产品形成

产品形成包括产品的开发，也包括生产准备和生产以及营销相关的所有活动。

因此，产品形成是产品寿命周期的起始点。在下面的章节中将详细阐述，产品形成不仅对寿命周期中随后的各阶段有着巨大的影响，而且在产品形成的早期阶段就必须预先考虑和顾及这些影响带来的后果，以确保产品获得成功。

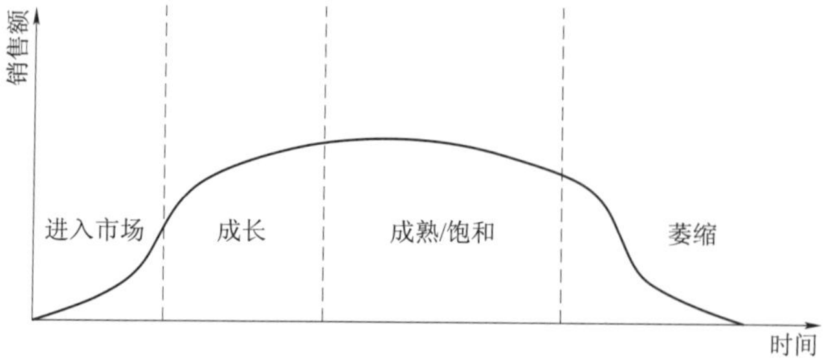

图 1.1 产品寿命周期的四个阶段（Vernon，1966）

1.1.1 产品形成过程的建模

新产品及其销售不仅能为制造企业获得经济上的利益，而且往往也能促进企业的进步，从而完成全面增值。应当指出的是，客户的利益应当与供应商的利益得到同样的保障。根据经济学家熊彼特（Schumpeter）的理论，一个新的产品构思（发明）只有在市场上成功地销售，才能称为一项真正的创新（Schumpeter，1912）。

为了确保成功的可持续性，产品形成必须以市场为导向。因此，必须将企业自身、客户以及竞争对手放入一个系统内加以通盘考虑。这时，首先必须确保正确理解客户的期望，然后通过产品形成过程满足这一要求；随后，在一定的经济边界条件下将客户的要求转化为功能性产品。企业本身的能力和边界条件以及在相关细分市场的竞争态势也是进一步的限制（图 1.2）。

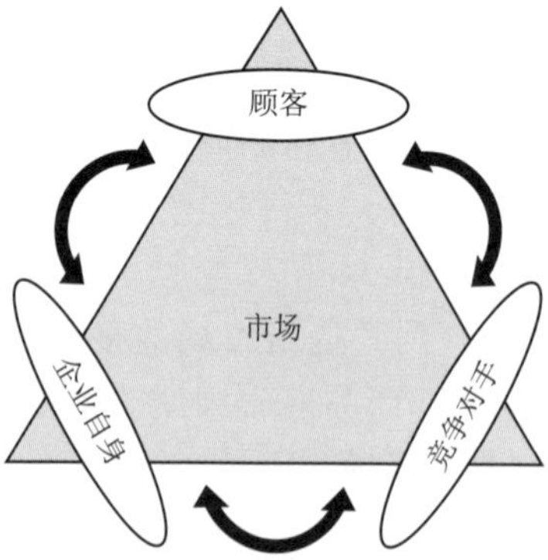

图 1.2 市场三角：顾客—企业—竞争对手（Deltl，2004）

“以正确的方法开发正确的产品！”——在产品形成的各种活动中可以通过方法上的支持来满足这一要求。预先给出开发人员在开发过程中进行定位的结构，有助于有效地利用工程设计方法（CAD、有限元分析工具等）。这样可以为产品形成过程提供充分支持。各种开发项目中经常使用的解决方案模式可以汇总成可反复使用的行动指南，从而使随后的开发过程更加清晰和条理化。而产品形成过程模型正是这样一种结构。

图 1.3 显示了高效产品形成的重要性，从图中可以看出，产品在进入市场销售之前，开发和生产都首先要投入资本。因此，应使产品上市时间（产品从构思到进入市场的时间）尽可能短。在这个阶段中尽管时间和成本压力都很大，但还是应当在产品寿

命周期的早期阶段就尽可能消除产品存在的缺陷。根据所谓的10的n次方规则，任何新产品形成的故障排除成本都会呈10的n次方关系增加（图1.4）。适当的产品形成过程模型及其目标将有助于降低这些成本并缩短将产品推向市场的时间。

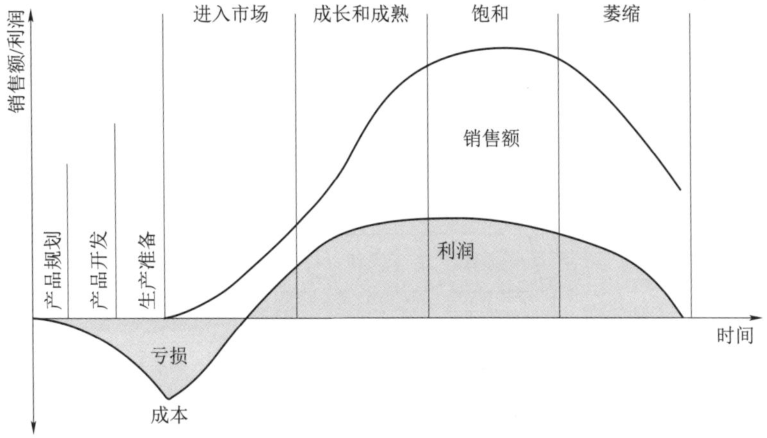

图1.3　寿命周期各阶段的销售业绩曲线（Ehrlenspiel，2003；Geyer，1976）

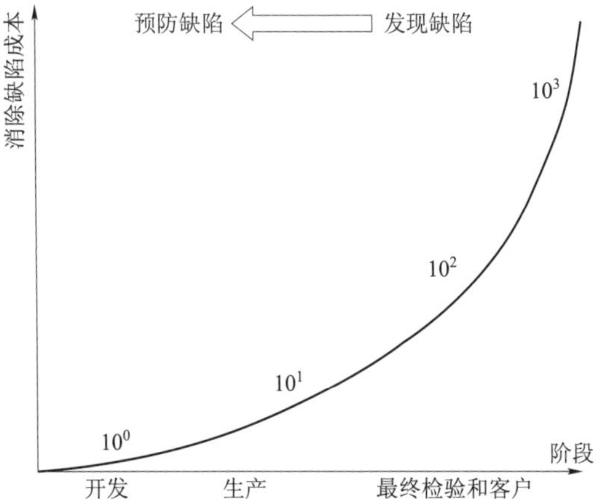

图1.4　消除缺陷成本的10的n次方定律（Ehrlen-spiel，2003；Reinhart et al.，1996）

1.1.2　系统技术基础

产品形成可以建模成一个系统（Ropohl，2009）。在不了解系统内部结构的情况下，系统可以被视为一个黑匣子。这时，只需要考虑系统边界与系统进行交换的物质、能量和信息这三个变量。系统可以是由子系统按照等级组成的和/或由其子系统构成的上一级系统（图1.5）。

产品形成可以基于一般的系统理论进行建模。不论是一个多么复杂的系统，其输入变量的总和总是与输出变量的总和相等，其中，这些输出变量中的一个表示产品本身。附带的副产品为诸如需求列表、项目计划和测试报告等文档，虚拟原型和实物原型以及所有的模拟结果等。所有由此产生的过程及其相互之间关系的总和构成了对象系统。输入变量代表着目标，其中，这些目标中的一部分在产品形成过程开始时已被确定，而其他的只有在过程进行中才会出现，如对单个对象（测试报告）进行分析时得出新结论。目标通过各种相互关联联系在一起，从而形成目标系统。

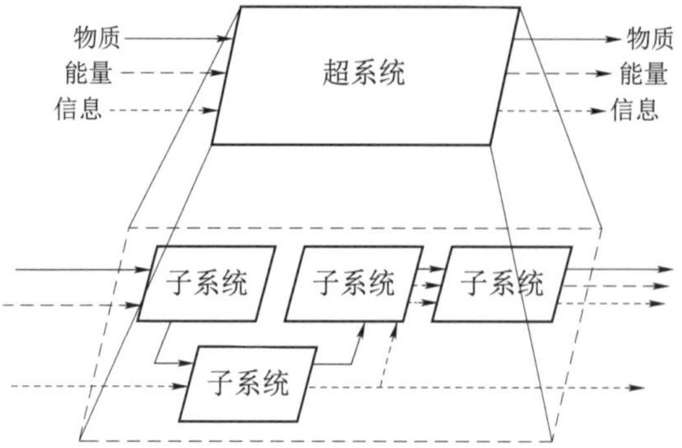

图 1.5　系统的分级结构和流动性变量（Ehrlenspiel，2003）

产品形成是一个社会技术系统。除了工作介质、开发工具和生产技术之外，在产品形成过程中，人在很大程度上扮演着主要角色。这是由于人类渴望改变大自然的天性决定了产品形成的最初目的（例如生产特殊用途的工具）。通过在产品形成过程中投入的劳动力，尤其是所掌握的相关（创造性）知识，人类在将目标转化为实际对象的过程中起着决定性的作用。通过实际对象的消费最终达到人类改造自然的目的。所有参与从目标到实际对象这个转换过程的元素一起构成了处理系统（Ropohl，2009）。

1.1.3　广为人知的过程模型

下面描述的产品形成过程模型是广为人知的。

德国工程师协会规程（VDI-Richtlinie）2221

德国工程师协会规程 2221（图 1.6）给出了所谓的顺序模型。在这里，过程的每个步骤都分配有各自的工作成果，并有产品形成阶段的迭代顺序。在规程中，对各个过程步骤的活动及其结果（例如需求列表、功能结构）进行了详细的说明。

Cooper 的阶段-门径模型

Cooper 研发的阶段-门径模型可以在时间和质量以及跟踪优先目标方面优化开发过程（Cooper，1994）。这样就可以对项目的进度加以权衡，并据此进行检验。这种以管理为导向的方法将产品开发过程按顺序划分为几个连续的阶段，这些阶段彼此之间通过所谓的门径相连接。这些门径在这里起着里程碑的作用，通过它时就意味着已转移到下一阶段中。这时，管理层可以在其所处位置相关信息的基础上根据预定的规范决定下一步的行动（继续、迭代或终止）。阶段-门径法被广泛应用于工业实践中。

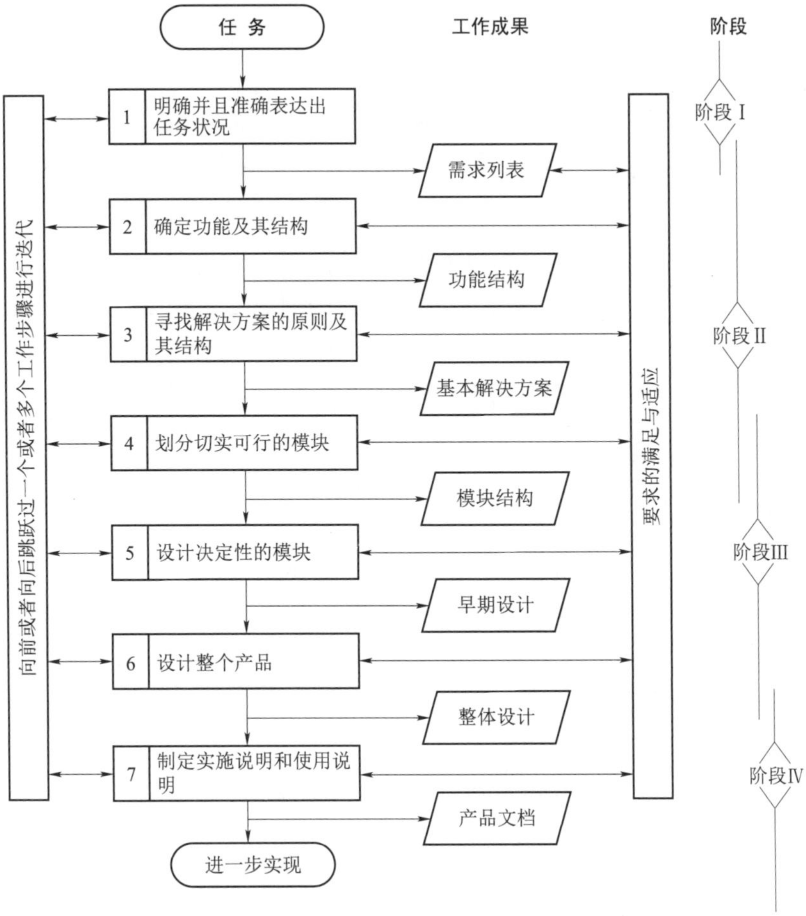

图 1.6　规划与设计的工作步骤（德国工程师协会规程 2221）

模糊的阶段门径管理模式

模糊的阶段门径管理模式的进一步发展是一种基于所谓模糊门径的逻辑（图 1.7）。

在这种方法中，并没有预先给定门径的时间点，而是需要从项目进度和资源管理中得出这一结果。在此，重叠阶段延伸到多个门径，因此，可以根据状态的需要灵活地终止某个阶段，然而，在这种方法中，不同阶段执行者之间的信息传递必须要通过一定的辅助手段才能完成，例如由核心团队管理继续加以支持。

德国工程师协会规程 2206 的 V 模型

所谓的 V 模型（德国工程师协会规程 2206）将德国工程师协会规程 2221 和软件开发的方法联系在一起（图 1.8），其代表特定领域的过程模型组。机电一体化系统需要在机械、电气和信息技术之间进行跨学科界限的密切合作。在系统、子系统和元件这三个观察层面上，需要制定出系统设计、特定领域元件的扩展和系统集成的过程步骤。在集成系统时，需要将系统特性与设计阶段的规格相比较，对比时需

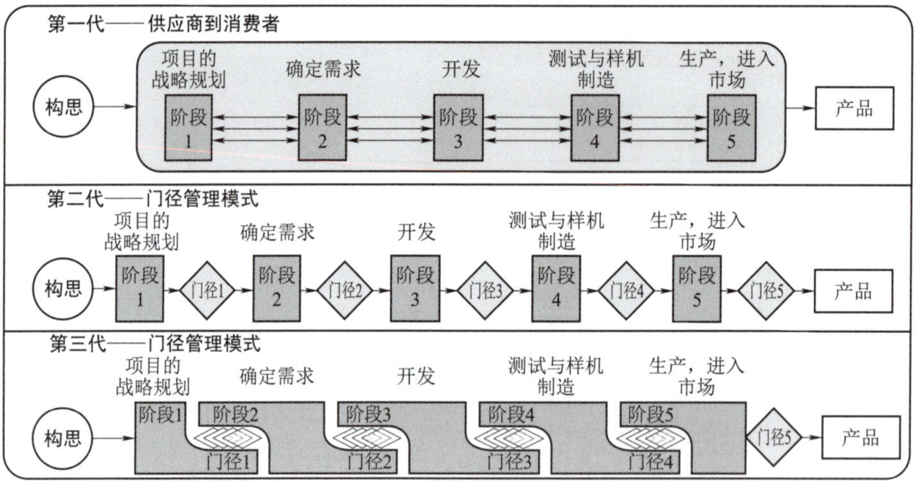

图 1.7 Cooper 阶段门径管理模式——第三代开发过程

要将它们按照彼此之间的关系分别放置在字母 V 的两个臂上。V 模型是在像德国工程师协会规程 2221 这样的顺序过程模型的基础上延伸出的一种方法。

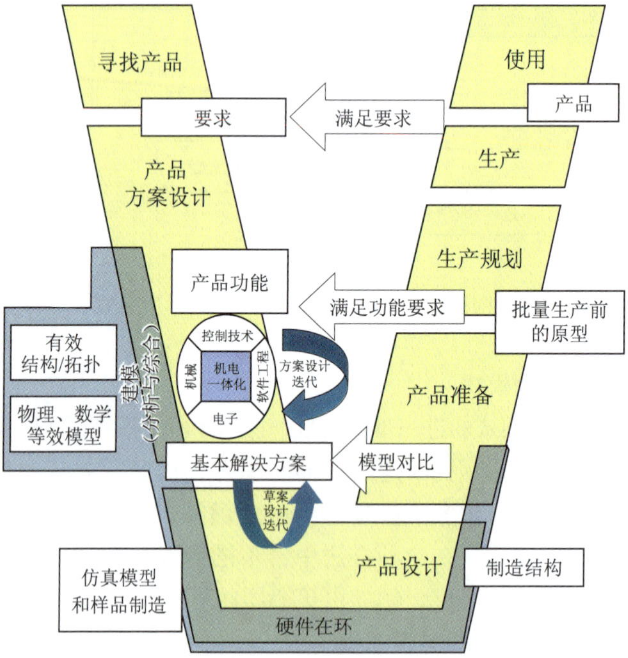

图 1.8 机电一体化设计中的 V 模型（德国工程师协会规程 2206）

综合方法

在集成产品开发中，重点是领会和满足客户的需求，但是要考虑到这一过程的所有参与者（客户，竞争对手，包括供应链和分销网络在内的企业自身）

(Ehrlenspiel，2003)。

图 1.9 显示了根据 Gausemeier 原理的一个综合方法的过程模型示例。其相关模型被划分为三个循环（一系列特定活动的迭代）：产品策略的定义、产品开发和生产系统的开发。在第一循环中确定成功潜力，同时据此制定出有前途的产品方案，在第二个循环中，主要涉及“通过各领域专家细化跨领域主要解决方案”（Gausemeier，2002）。在第三个循环中，对生产过程进行规划并准备批量生产。

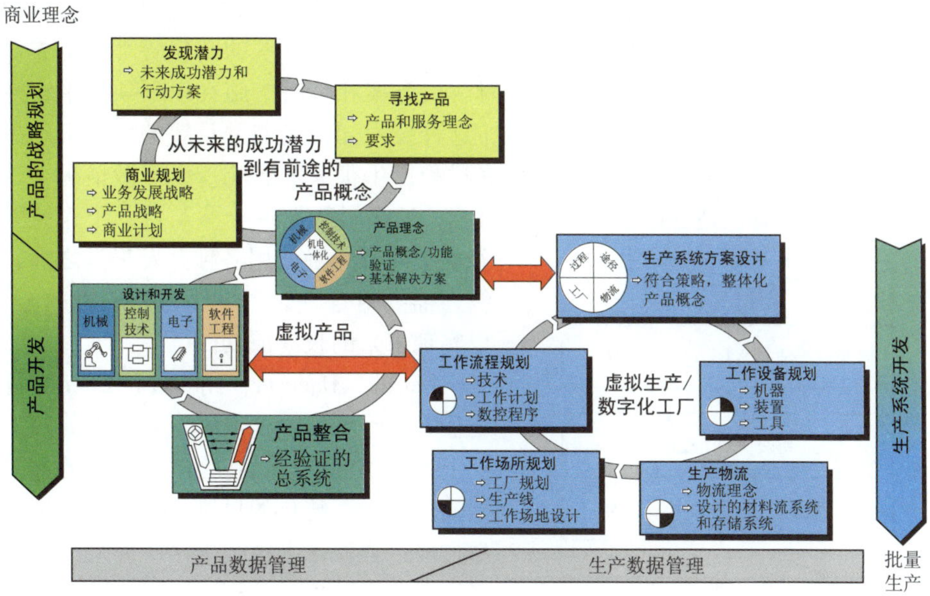

图 1.9　不同循环网络中的产品形成（Gausemeier et al.，2006）

1.1.4　传统过程模型的局限性

上面描述的过程模型在不同程度上是行业中的代表，它们通常会为适应具体任务的需要而在细节上有所改变。尽管如此，它们同样存在一些缺点。上述处理模式的最大不足是在处理复杂情况时缺乏反应能力。产品形成系统是由多个嵌套单元组成的，其中大部分单元是紧密相关的，并且单元之间的很多关系是不断变化的。在当今全球化背景下，意味着产品形成大多是在分布式环境和非常密集的信息交流中完成的。越来越大的时间和成本压力以及个性化的买方市场趋势进一步加剧了产品形成的复杂性。此外，产品形成的边界条件在产品形成过程中通常也会发生改变。因此，在实际情况下它们往往具有非常模糊和不完整的特点。大多数过程模型未考虑这些因素。此外，这些方法也没有考虑到如今产品形成过程的高动态性，而且只非常简单地显示了过程单元的高度相关性（Meboldt，2008）。

产品形成的复杂性使预先规划变得非常困难。规范性模型，即硬性规定了顺序的开发步骤，可能会无法映射出实践中常见的过程迭代。它们也难以适应不断变化的边界条件，这就导致在越来越顾虑风险的情况下，开发人员的创新能力受到限制。

另一方面，定义过于宽松的，更确切地说是定义过于宽泛的模型无法为开发人员提供很多具体的帮助。为了覆盖尽可能多的不可预见情况，这种模型被有意识地表述为具有广泛适用范围的形式。这使得在使用它们时很难得到切合实际的指令。为了能够让开发人员在实际操作中得到明确的支持，必须在具体的工具和方法中布置一个明确的指令结构。只有以这种方式才能描述具有可重复性的解决方案模式。

通常模型只能从一个方面对产品形成过程加以支持，即从实际操作中的开发人员的层面出发，或者从管理者的层面出发。下面的章节将从这两者的角度对成功开发项目的必要条件加以详细阐述。这尤其会使建立一个统一的知识管理变得非常困难。在遇到不可预见的问题时，通过临时解决方案和临时措施在以下项目中转换过程知识是非常难的。然而，对企业来说，这种技术知识是非常重要的。处于产品形成中心的解决问题的人员，会对形成发展过程产生很大的影响。大多数情况下，产品形成是一个具有创造性的启发式全新过程，这个过程取决于参与者的个人技能和经验。除了正确使用各种开发工具之外，最终还需要对这一过程知识进行明确的记录，以实现未来的长期成功。

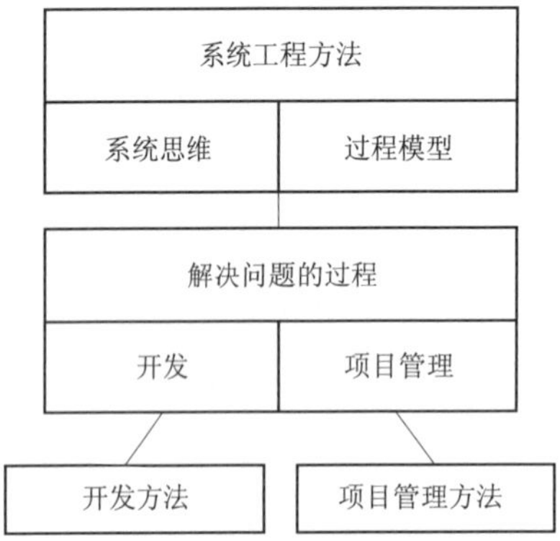

图 1.10 系统工程模式（Züst，2003）

Patzak，Daenzer，Hubka 和 Eder 等科学工作者已经开始制定系统工程方法。这一解决上述困难的框架旨在为产品形成的过程模型提供一个系统化的思维模式。在这里，产品形成过程原则上被分为两个部分，即实际开发和本身的项目管理。为了能够得到一个技术问题的成功解决方案，在系统工程的理念中，这两个方面同样重要（图 1.10）。

1.1.5 产品形成过程的新模型——控制与开发人员支持

这就导致产生了两种不同的观点，并且由此对产品形成过程模型提出了不同的目标和要求，这两种观点都非常重要。如果只是强调其中的一种，就会有忽视另一种的危险。

1.1.5.1 控制是重点

从控制的角度来看，可衡量成本和以时间为导向的目标是人们关注的焦点。在这种情况下，这些变量必须与市场需求尽可能保持一致，并且在确定它们时要尽可能能够准确描述所选择的细分市场，另一方面，还要能够充分利用企业自身的资源。同样，也要尽可能地面向目标考虑到竞争的情况，即无论是通过产品属性说明有意识地同业竞争（满足同一市场需求的类似产品），还是只是将这种直接竞争的态势试图转化为垂直竞争（通过完全不同的产品来满足同样的需求）。

此外，目标值的监控及其实现是控制关注的主要问题。因此，一方面，要不断修正产品形成过程的目标以适应不断变化的边界条件。例如，在一个客户突然改变愿望时，就必须要对产品形成过程的目标加以修正。在弄清和沟通这些新目标的同时，及时掌握不断变化的边界条件也是一个不容忽视的问题。另一方面，控制活动就是要达到尽可能充分利用企业资源的目的。因此，如果目标有了进一步的发展，就必须不断地重新分配工作包和试验台的运行时间等，以确保在最短的时间内将产品推向市场且不超过成本限制。

一个适用的模型非常有助于产品形成过程的规划。一个产品形成过程模型必须要能够真实地反映实际产品形成所有阶段中必要的活动和参与其中的人员/生产资料，以及它们之间的相互关系。同样重要的还有什么时候由谁实施哪些活动的时间间隔，以及说明并存储由此而得到的信息和结果。只有这样才有可能在实施过程中将一个实际产品形成过程完整地记录下来。也只有通过这样的记录，人们才能从过程进程中学到所需的经验，并将据此得到的结论用于改进新过程规划模型中。在工业实践中，人们将此称为持续改进过程。

1.1.5.2 开发人员的支持

除了产品形成过程的较高可预见性之外，即面向管理视角的控制，在产品形成过程中，开发人员的行动支持和辅助也是至关重要的。对实际产品形成过程的观察研究表明，由于过程具有不稳定和高度动态的特性，在创建和使用产品形成的模型时，模型必须要有很高的灵活性。许多研究已经表明，第 1.1.3 节中所描述的许多过程模型都不能或无法充分在工业实践中应用（Meboldt，2008）。

即使是经过仔细的预先规划，实际产品形成过程中也会不断出现开发人员必须做出相应改变的情况。因此，就必须有一个贯穿整个产品形成过程各个阶段的有针对性的控制。这需要提供工具和资源支持。适于这两种观点的产品形成过程和两方面都能够理解的过程建模可以帮助实现这一目标。

在目标不稳定的复杂产品形成过程中，通过信息可以帮助开发者制定清晰明确的系统处理规范。过程目标系统的连续建模和扩展以及它们的表现和联络是一种转化方法。此外，还应当确保产品形成期间的持续学习过程并应确保对各项目的限制。为了能够设定产品形成中各个活动之间的相互关系和为参与者提供指导，过程建模还必须包含有产品形成的活动和问题解决方案，并且建立起它们之间的联络。这样就能够有针对性地使用各种方法和工具，诸如 CAx 工具或创新技术。开发人员也因此而在方法层面上及时得到其非常需要的支持。下面的章节将对这种模型的使用方法加以介绍和说明。

1.2 集成产品形成模型（iPeM）

集成产品形成模型（iPeM）是将以上各个方面汇集在一个一致性模型中的方法。它是一种元模型，即具有通用的特性，并包含了所有必要的元素，以能够推导出适应于单个问题的模型（Meboldt，2008）。

以下章节详细地阐述了以集成产品形成模型元模型为基础的产品形成假设以及

方法的各个元素和它们之间的关系。

1.2.1 产品形成的假设

可以通过5个核心假设表达出对产品形成过程的基本认识（Albers，2010）。在这些假设的基础上可建立起集成产品形成模型的元模型，并考虑第1.1.5节中所述两个观点之间的差异：实际操作开发人员的支持和面向管理视角的控制。该方法基于一般的系统理论。核心假设基于卡尔斯鲁厄理工学院产品工程研究所及其行业合作伙伴研究和实施开发项目的长期经验，并由此建立了适合实际产品形成过程的建模方法。

假设1：产品形成过程的独一无二性

每一个产品形成过程都是独一无二的。形成过程永远不会完全一样。其他目标或边界条件，不可预见的困难和主观操作和/或被改变的处理系统总是会导致独一无二的产品形成过程进程。由此可见，每个过程中产品形成过程模型的元素虽然类似，但具体到每个过程，无论是其表象，还是彼此之间的关系都始终是唯一的（Albers et al.，2010）。元模型的结构保持不变，但产品形成的实施总是导致元素之间的关系和信息流具有独特性。

假设2：产品形成系统

根据系统理论的原理，产品形成可以被描述为一个（最初不确定的）目标系统通过处理系统转化成的具体对象系统。

产品形成过程及其元素彼此之间以及沿时间轴的关系取决于目标、所要创建的对象以及实施转换的操作/功能设备（处理系统）。这三个要素是相互依存的（图1.11）。

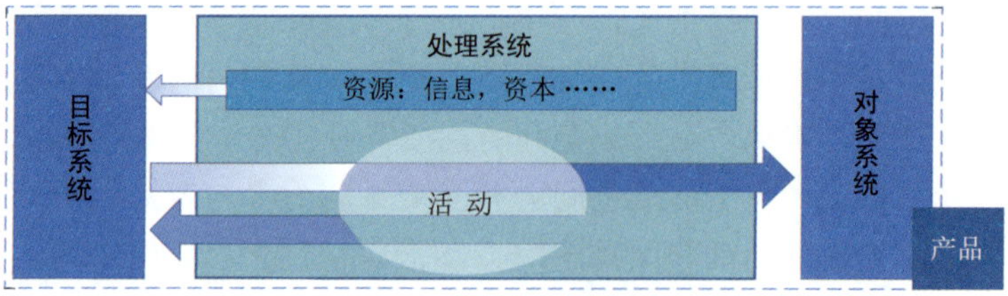

图1.11 产品形成系统

处理系统是一个社会技术系统，它是由结构化的活动、方法和过程建立起来的。它还包含实施产品形成所需的所有资源（开发人员、预算、设施等）。处理系统会创建起目标系统和对象系统两个系统，这两个系统仅通过处理系统相互连接在一起。

目标系统包括具有产品规划特性的表象和所有必要的限制，如它们之间的依存关系和边界条件。在这里，目标描述了产品（及其组件）所期待的未来状态和它的背景，而不是某些解决方案。在产品形成过程的进程中，目标系统会被不断地扩展和具体化。

对象系统包含了形成过程期间作为部分解决方案所积累的所有文件和人工产物。一旦达到预定的目标状态，它也就被完成了。除了诸如项目计划、图纸、原型等半成品之外，实际产品也是对象系统的元素之一。在产品形成过程中，处理系统需要不断采用对象系统中的一部分，并由此通过分析和验证的步骤推导出新目标。所以选择动因的决策会不可避免地引出新的目标，例如对合适的冷却系统的需求。

除了实际产品之外，产品形成过程的最终结果还包括对象系统中的所有中间结果和完整的目标体系，特别是从过程的实施和反馈中积累的处理系统的经验知识。

假设 3：验证

验证是产品形成过程中的核心活动。如上所述，通过分析和验证活动将目标状态（目标系统）和所达到的实际状态（对象系统）不断进行对比。处理系统的验证步骤决定了目标系统的不断扩展。

下面的章节将说明，一方面，验证可以被视为一个用于根据其设计进行对象修订（主要是原型或仿真模型）的产品形成活动；另一方面，验证也是出现在产品形成过程每个步骤中的经常性活动。当目标系统向对象系统转化时，必须根据所设立的目标不断测定结果和过程进程，并且及时确定具有控制意义的措施，以便产品形成过程能够顺利进行。

假设 4：问题解决方案中的目标描述

由目标转化为对象可以被视为解决问题的过程。此时，存在有一个应被转化为计划所需状态的实际状态，其中，这个转化的方式和手段——或者是期望的所需状态——可能并不明确。由于目前的产品形成项目往往遍布于全球，并且是由跨学科的团队来完成的，产品形成过程和实际情况都有高动态的特性，因此，这些过程目标的建模必须具有凝聚力。至关重要的是所有参与者在描述产品形成过程中的元素（部分结果）时都必须使用通用语言。只有这样，才能通过过程进程（具有不断变化的参数）确保项目的成功，且不会产生猜测或误解。

那些在产品形成过程中创建的对象必须能够描述作为目标系统一部分所期望的产品功能，以确保能够始终保持目标的透明性。技术系统的功能必须能够描述成对工作面的相互作用和连接它们的支护结构，即具体到产品层面上。这个设想可以通过建立交互传递模型（C&C-M）来进行描述（Matthiesen，2002）。交互传递模型有助于将产品形成过程的目标和边界条件映射到产品的各个组件上。

假设 5：功能描述

一个技术功能必须有至少两个成对工作面和连接它们的支护结构。一个系统只能在与其环境的相互作用中才能满足其功能。一个不是由成对工作面与它的环境构成的系统，不满足任何功能。换句话说：在产品形成过程中形成了成对工作面——一个单独的组件自身不具备任何功能！

在产品形成中应用交互传递模型（C&C-M）有助于帮助参与者系统地思考问题。这意味着当开发一个产品或部分产品时，一定要考虑来自相邻系统的影响和对相邻系统的影响这两个方面。

1.2.2 集成产品形成模型的定义和元素

在本节中将介绍元模型-集成产品形成模型。元模型包含了对所需元素及其关系的总体描述，从而能够建立起特定的模型；就像有词汇和语法的语言总是可以用于构成新的语句。图 1.12 显示了集成产品形成模型元模型的图示。它包含了目标系统、处理系统和对象系统三个部分。处理系统是由产品形成和解决问题的活动构成的。元模型还包含资源系统和以时间为基准的活动图示——由此可以创建阶段模型。

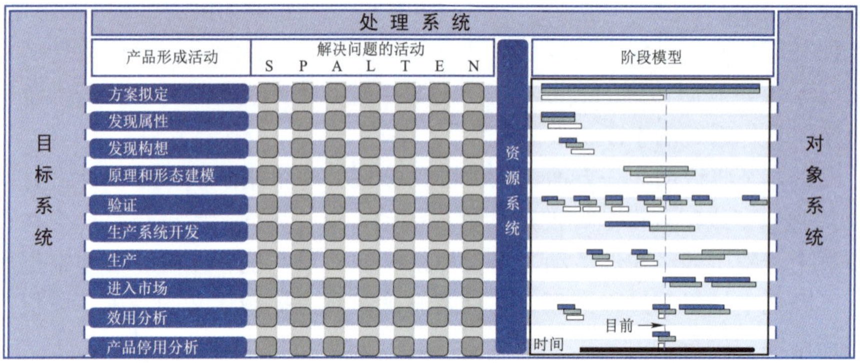

图 1.12 集成产品形成模型

1.2.2.1 活动矩阵

处理系统的活动可以分为说明不同抽象级别和应用领域两类。因此，产品形成活动大致面向产品的寿命周期阶段。它们不应当被理解为按时间顺序执行过程步骤的次序。相反，这些活动原则上描述了产品寿命周期中从开发者相关的角度加以区分的工作。每个产品形成过程中的活动都可以按照各自情况所要求的那样独立和迭代地安排在时间轴上。

解决问题的活动是一个解决问题的过程——在这种情况下，需要使用到过程“列”（参见第 1.2.2.3 节）。它可以用于产品形成的每个活动中，以能够将目标（例如要求）转换成对象（结果）。产品形成活动和解决问题活动一起构成一个矩阵，开发者任何时候都可以根据矩阵结构在过程中进行定位。图 1.13 中构成了一个 7×10 矩阵的选定活动，其中单个活动和相应的开发方法相对应。文献（Gerst，2002）将产品形成活动称为宏观活动，将解决问题的活动称为微观活动。

1.2.2.2 产品形成活动

产品形成活动（图 1.13）为开发人员描述了产品形成过程中的相关工作。可以将这些工作与产品寿命周期阶段相结合，意味着可以从这些项代表的搜索区域中找到所需的相关信息。它们被有意地表达为工作，即积极地处理活动。原则上，这里所说的表达也可根据产品、公司或行业特定的术语进行修改或在数量上对其进行更改。这里所描述的活动具体如下：

方案拟定——描述了一种持续性的活动，在这种活动中需要在整个产品形成过程中在对象系统和目标系统之间进行连续的目标实际对比。与此同时，这种对比活动还包括控制方面的内容，尤其是时间、成本和其他资源的合规性和预算。在产品形成的早期阶段，活动方案的拟定非常重要，因为会在项目开始时确定产品形成过程的基本参数和产品的初始目标。

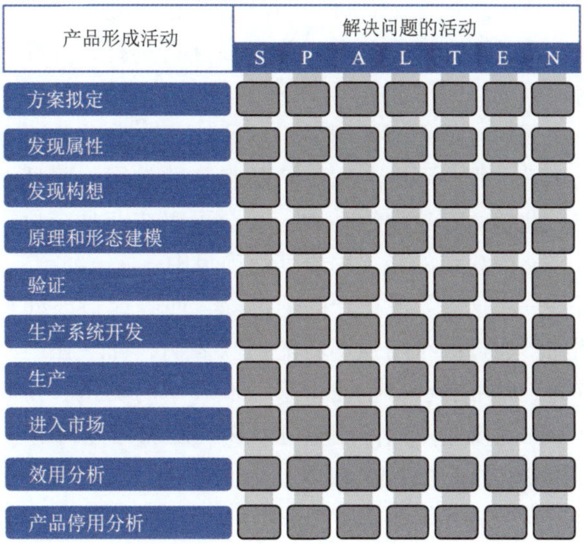

图 1.13 产品形成活动矩阵

发现属性——产品属性描述了市场潜力和需求情况，除了客户意愿之外，还考虑到竞争情况和自身企业所处的地位。其目的是为自身找到市场的空白，或者一个细分市场，在其中能够有针对性地找到技术解决方案，以尽最大可能进行成功销售。

发现构想——在这项活动中，对产品产生能够满足如上所述市场需求的初步构想。根据其可能性，应中性地描述这种构想和新产品的基本特征，从而为后续的发展保留尽可能大的解决空间。

原理和形态建模——产品构思的实现发生在这一活动中。因为经验表明，在没有同时开发出设计理念的情况下，根本就不可能描述功能原理，原理和形态建模被定为一个共同活动。在这里，开发人员从抽象的草图和草稿出发，最终制定出详细图纸、CAD 模型或生产文件。

验证——在产品形成的第三个假设中强调了验证是产品形成过程中的核心活动。这项工作不仅用于制定好草稿后，通过模拟或原型实验对未来产品的物理性质进行测试。验证本身更是一项重复出现的活动，在验证中对所达到实际状态与在目标系统中所描述的目标状态不断地进行对比，例如迭代期间的原理和形态建模。相对于活动方案的拟定，在此还强调了开发人员的观点。

生产系统开发——在此涉及生产和装配处理系统的开发。在一定程度上，当人们将生产所需的生产资料、机器、资本资源和劳动力等系统称为产品时，这个活动也可以被看作产品形成过程中的产品形成过程本身。

生产——在寿命周期的这个阶段生产产品，即生产出先前确定的作用面和控制支持结构并将其装配在成对工作面上。原理和形态建模活动期间，这个阶段的预先考虑已经成为一个信息源，以便早在产品形成过程中就顺便提及对可装配性的要求（X 方法的设计）。

进入市场——类似于生产活动，进入市场活动也已经在产品形成过程的早期就考虑到了。从同步工程的意义上来说，工作可以并行进行，如在开发期间，就可以开始建立产品销售网络。

效用分析——这同样也适用于效用分析。另外，这个活动还可作为早期开发阶段的信息源（图 1.12），即，预先考虑好产品将来的效用，并且由此推导出对产品和流程的相应要求。此外，在这项活动中，甚至可以在产品交付后，监控客户对产品的接受情况，以将从中获得的经验用于其他项目中。

产品停用分析——在这里要考虑产品的拆除、回收或最终处置，这取决于其所属的系统类型。例如：通过纤维增强塑料的回收表明，如果在产品形成过程的早期没有考虑到这一方面，就可能会对企业带来巨额费用的负担。在原理和形态建模的早期活动中，认真及时地规划产品停用过程可以确定和充分利用巨大的节约潜能。

1.2.2.3 问题解决过程“SPALTEN*”

在集成产品形成模型的元模型中，“SPALTEN”被引用为活动中由目标系统元素向对象系统元素转化的解决问题过程。这个词指某个结构或顺序中解决问题活动的循环。工业项目中的一些实际经验表明，“SPALTEN”不仅适用于产品形成问题的阐述，而且也适用于其他任何问题的情况。“SPALTEN”是一种可适应不同问题的通用方法，即，它不必总是一定要遵循所有的步骤。必要时，可以从一个解决问题活动跳到另一个解决问题活动。

此外，“SPALTEN”也是分形的。这意味着，较低层面中的各个步骤可以被看作一个特有的“SPALTEN”来处理（图 1.14）。“SPALTEN”的步骤为：

- 态势分析（德文首字母为 S）
- 问题定位（德文首字母为 P）
- 寻找替代解决方案（德文首字母为 A）
- 选择解决方案（德文首字母为 L）
- 效果分析（德文首字母为 T）
- 决策和实施（德文首字母为 E）
- 总结经验和学习（德文首字母为 N）

在“SPALTEN”循环期间，信息量基本上会一再被系统地扩大和再次压缩，以至于它也被称为一个“呼吸过程”。从一个合适的解决问题团队的定义来看，在步骤“态势分析”中首先要收集需解决问题的信息。这些信息将在下一个步骤“问题

---

* SPALTEN 由态势分析、问题定位、寻找替代解决方案、选择解决方案、效果分析、决策和实施、总结经验和学习这七项步骤的首字母组成。

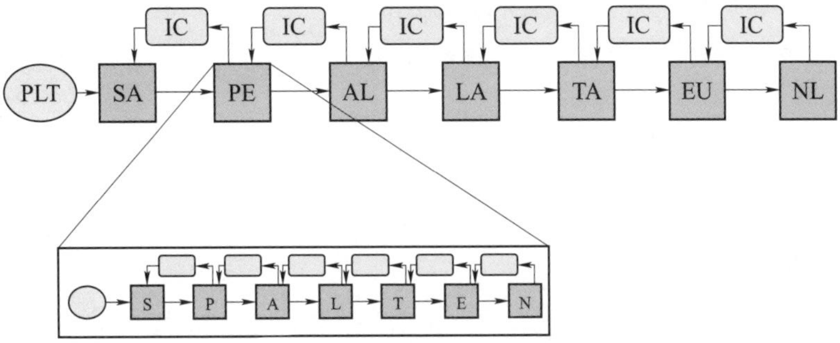

图 1.14 问题解决循环“SPALTEN”

定位”中重新压缩，根据目标将焦点转移到要点上。像在其他所有步骤之间一样，在这两个步骤之间对信息进行检查（是否一切都已经考虑在内?）并审查解决问题的团队，以检查过程的进展中是否需要更多/其他人参与。“SPALTEN”循环中的其他元素是“效果分析”（通过确定适当的措施提出机遇和风险的系统性问题）和“总结和学习”将来解决问题循环中应当遵循和准备的过程知识。

1.2.2.4 由目标系统、对象系统和处理系统构成的三重系统

如前所述，产品形成系统可以建模为通过一个处理系统将目标系统转化为对象系统的模型。在下文中将详细描述信息流。

沿着集成产品形成模型活动矩阵仔细观察产品形成过程，可以明显看出每个活动过程中会从目标系统选取和处理连续的子目标。在这个处理过程中，会出现将对象系统扩展为形态对象或识别对象的持续对象。这些对象，例如仿真模型，会在处理系统中被分析和评估，从而找出属于新子目标的部分作为优化。如果将产品形成系统中更深一个层次的细节放大，则可以使这些信息流沿着解决问题循环“SPALTEN”模型化。在（技术）解决问题的每一个活动中，都可以采用目标系统中的元素或将其返回。同样，在每个解决问题的步骤中，处理系统也可以选取对象系统中的元素或将（新）元素存储到那里。

图 1.15 显示了处理系统中使用双箭头的信息流示例，双箭头表示产品形成活动期间目标系统或者对象系统中元素的转移。其中可以明显看出，通过处理系统使目标系统和对象系统紧密联系在一起。

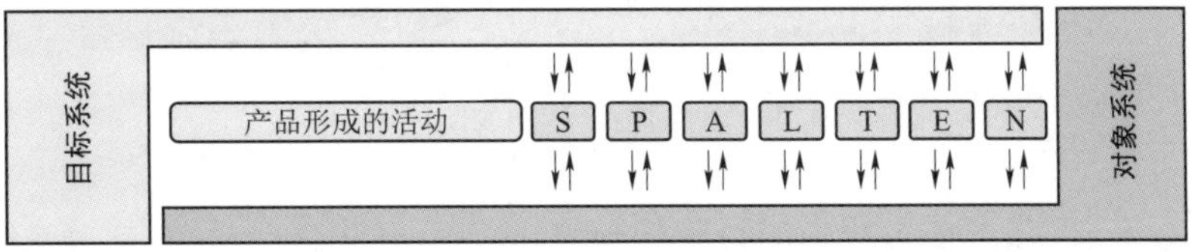

图 1.15 集成产品形成模型中沿“SPALTEN”过程的信息流

根据产品形成的假设 4 和假设 5，通过交互传递模型可以描述目标系统和对象系统中的元素。因此，产品形成过程中处理系统的信息流也可以通过交互传递模型模型化。这有助于所有参与者建立产品形成的统一语言和共识。这完全适用于整个产品形成过程，同样也适用于所有的抽象等级。

1.2.2.5 资源

资源是处理系统中的一个关键因素。此外，它还包括了员工、资本、信息（也包括专利……）、生产资料（材料、机器……）等。由于这些元素都是相互关联的，并与诸如外部供应商或服务提供者存在有各种各样的关系，因此，资源同样也具有作为产品形成子系统的特征。

资源可被指派从事活动矩阵的工作。因此，在处理系统中进行项目规划，然后允许其将各个活动作为具体阶段映射在时间轴上。主要反映开发人员观点的活动矩阵结构可以由此与控制面向管理的观点联系在一起。通过分配目标系统（时间说明等）和所属对象（项目计划、状态报告等）中的相应元素，实现与产品形成整体系统的连接。

1.2.2.6 阶段模型

通过时间轴上活动的图示可以得出一个阶段模型。图示与甘特图相似。一旦活动被分配给具体的时间间隔，它们就可以被看作具有一定持续时间的产品形成过程的阶段（图 1.16）。阶段也可以由几个并行的活动结合而成。这是根据项目的相应情况要求动态发生的。

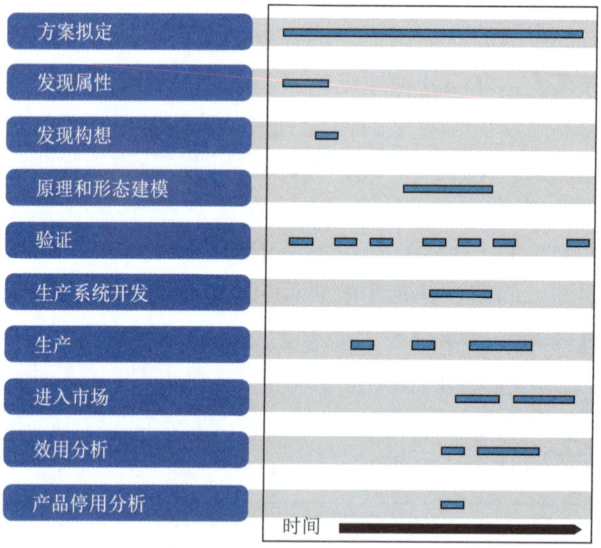

图 1.16 时间轴上活动的阶段模型

1.2.2.7 产品形成过程中的经验和知识

“知识”的定义是一个哲学家们已经争论了两千年的问题。在产品形成的背景下，可以采用以下的定义：知识永远属于特定的知识载体。它不是通过简单的信息收集建立起来的，而是通过人类的认知能力和基于先验知识的转化而单独完成的（Meboldt，2008）。根据 Nord（1999）的理论，知识可以被视为人类解决问题的总体认识和能力。因此，从字符和数据出发，通过信息（数据+语义）、知识（网络化信息），直到技能、行动、能力和产品形成背景下的竞争力，个体的知识水平越来越具体化。

在产品形成过程中，知识是建立在处理系统中的。它们是文件和模型（识别对象）中的显性知识。此外，过程中还会出现隐性知识，因此，那些建立在活动和阶段上的经验知识和专业知识并不明确。通过决策文件（及其信息基础材料）可以将这个产品知识/过程的一部分记录在目标系统中。

对企业而言，当务之急是要建立一个适当的知识管理系统，以保持持续竞争力。对于一个不断完善的过程，尤其是在员工波动的情况下（与年龄相关的），必须要确保知识能够得到转移。为此必须适当地给出关联的信息，并且使其易于理解。将集成产品形成模型的结构、目标、对象和活动联系在一起，以描述和记录可能性及阶段模型中的过程，是有所帮助的。

1.2.3 模型层面

在集成产品形成模型中可以描述建立在相同逻辑基础上的不同层面的全部模型。它们可用于不同的目的。

前文中已经描述了集成产品形成模型的元模型（第 1.2 节）。它是一个普遍适用的通用模型，包含了所有元素（语法），通过这些元素可以针对不同的问题生成特殊的模型。它本身并未考虑应用方面。

这最早发生在实施模型中。实施模型涉及具体项目，根据过程的系统类型（产品）及其环境（企业状况、市场状况等）对过程进行建模。这包括时间计划、活动的顺序及其内容和所配备的资源。实施模型的内容是一个带有门径和设计方法学支持的，与特定项目边界条件相适应的完整项目计划（Meboldt，2008）。

产品形成过程都记录在一个应用模型中（基于元模型）。应用模型详细记录了处理系统中目标系统和对象系统创建过程的时间和内容，其中还包括所使用的资源和影响过程的环境（决策基础）。特别是在应用模型中总结了与最初的规划相偏离的迭代和困难，以便学习后可应用于今后的流程中。

根据这些文件终于能够创建起参考模型了。参考模型是一个以过程模式描述产品形成过程的时间和内容进程的特殊模型，其可用于特定的类似项目。通过这些模块的辅助，可以配置实施模型，通过实施模型，其中的已知问题可以迅速且轻松地得到解决。企业的大部分技术秘密都存在于参考模型中。下面的章节将通过实例对这样的参考模型加以说明。在开发碳纤维增强塑料轮辋的过程中已经表明，在原则和形态建模中就必须要考虑到生产活动，由于纤维的方向不仅会影响到使用中的强度，而且还会影响到生产，因此在制造时层压板的铺设很重要。所以，一个相应的参考模型可以描述在时间轴上并行安排两个活动这方面的经验和知识，并且能够将活动与相应的设计方法联系在一起。

图 1.17 显示了参考模型（灰色）、实施模型（绿松石色）和应用模型（白色）

中所显示的一个阶段模型。相对于参考模型，部分实施模型已经在时间上做出了调整（向后推移）。这可能是由于产能的限制而修订的。应用模型说明在记录的时间点，已经进一步偏离了这个计划。

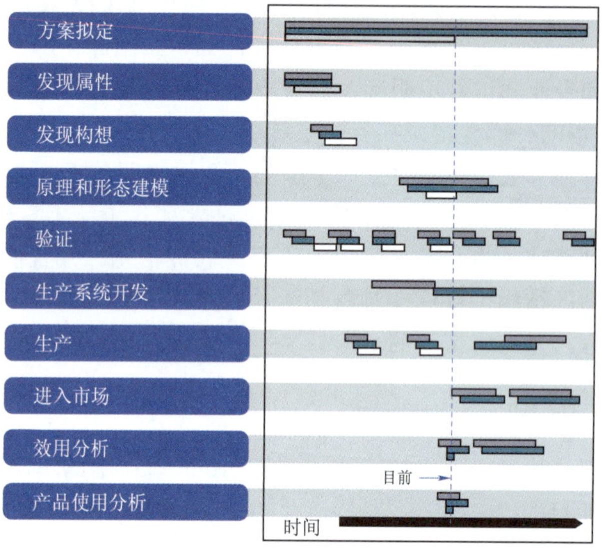

图 1.17　带有参考模型、实施模型和应用模型的阶段模型

1.3　应用集成产品形成模型开发的碳纤维增强塑料轮辋

在本章中，通过开发碳纤维增强塑料轮辋的例子对集成产品形成模型加以说明。轮辋是在卡尔斯鲁厄理工学院（KIT）与一个名叫 KA-RaceIng 的由 VDI 举办的“学生方程式”系列比赛学生赛车队的合作项目中开发的。

在学生方程式比赛的背景下，为轮辋的目标系统提供了一些边界条件。因此，学生团队中的比赛用汽车是在赞助商和企业合作伙伴的帮助下设计和建造的（主要是缺乏实际经验）。赛事采用个人计时赛。这意味着，轮辋的设计不需考虑使用中会出现与其他车辆或路边石等碰撞的现象。另一方面，应当尽可能减少重量，以能够在计时赛中更具竞争力。KA-RaceIng 车队的原装铝轮辋重量为 4.3 kg。

如果要在集成产品形成模型中构建轮辋的产品形成过程，初始目标系统可以采用先前铝轮辋的这些边界条件和技术特性（几何形状，强度）。对于 KA-RaceIng 来说，资源是由学生、其工作设备（计算机工作站、车间）以及工业企业合作伙伴构成的，例如底盘部件、传动系统或此处轮辋用工具的制造。

在确定所需的刚度和强度的目标值时应明确，到目前为止所使用的铝轮辋明显过大。铝轮辋已有既定的检验目录（例如 TÜV 的 10 点计划）。创建纤维复合材料轮辋目标系统因以下原因而变得复杂，即没有类似的测试设备和测试过程，这是由于该材料的特定故障模式导致的。与铝轮辋上可观察到的裂纹生长情况相反，纤维增强塑料会出现中间纤维断裂和脱层的现象，其损伤机制目前仍在研究中（例如关于其残余承载能力）。两层的剥离只能用电脑 X 线断层摄影仪或超声波进行检测［参见手册 2（疲劳强度）和手册 5（可修复性）］。

在第一个项目中，对纤维增强塑料的不同制造工艺进行了研究。根据这些结果和更广泛的调查研究，在后续项目中创建了 CAD 模型（图 1.18），并从中导出用于功能模型制造的图纸。

以下的产品开发过程显示出相关知识文档和知识传递的重要性。例如：由于在加工型设计方面考虑得不充分，从而导致了更深层次的迭代，但这也积累了宝贵的知识并且由此开发出使用并行活动的复合材料层压板新设计方法。图 1.19 中显示了轮辋集成产品形成模型的应用模型。

图 1.18　轮辋的 CAD 模型

从阶段模型中可以看出，在过程开始时，轮辋的属性和随后的应用被用来作为创建目标系统的基础（时间轴上的早期时间点）。接下来是初步设计阶段，该阶段的主要重点放在了与生产相关的方面，图 1.19 中清楚地显示了并行活动。这代表着带验证循环生产工艺的第一个项目（通过项目经理进行协商/校正）。此阶段之后是原则和形态建模，它引出了与 CAD 加工模型的连接项目。如果将这项工作的目标系统与以前的项目成果（识别对象）进行比较，就能够发现加工限制条件的信息漏洞。因为这在目前的情况下无法充分实施，在生产过程中必须中断产品形成过程。图 1.19 中以绿松石色突出显示了活动决策，生产的转换以及拟订方案的准备和学习。实际上，此处出现的问题是不花费大量时间以及费用无法层压出轮辋的模型化形状，从而产生了一个迭代循环。

在生产系统开发活动中，从轮辋的 CAD 模型中推导出一个用于生产轮辋的模具 CAD 模型（图 1.20）。

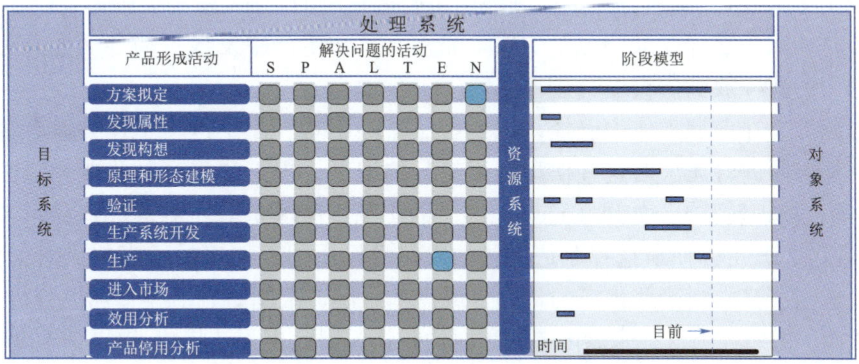

图 1.19　轮辋产品形成过程的应用模型

图 1. 21 显示了根据这个 CAD 模型制作的工具。

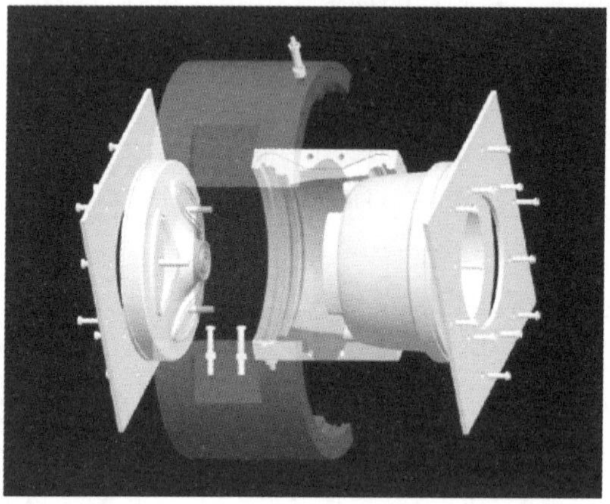

图 1. 20 用于制造轮辋的 CAD 模型

图 1. 21 用于制造轮辋的模具

图 1. 22 显示了一家合作企业铣削用于制造轮辋的泡沫芯。

但是，因为零件在某些位置的曲率非常大，在生产中发现目前各个层并不能够像计划中的那样放到模具中（图 1. 23）。

原则上，在前期工作中已经认识到层压时的困难。由于这项工作并没有达到生产的目标，因此既无法对这些信息进行充分的记录，也无法将其转化成相应的尺寸（关键词：知识转移）。如果在这里能够借助交互传递模型描述对象（产品形成的第四个假设），就可以使所选择制造工艺的成熟目标适用于加工的适当的成对工作面。因此，应当严格限制这些信息的传递，或者基于制造限制对制造技术加以分析。

然而，由于在项目中未能传递这方面的知识，因此也无法提供这些知识，并且也无法发现缺乏相关知识的问题。在创建 CAD 模型后，更没有进行悬垂性模拟。在整个过程中，这意味着由于在项目过程中的情况分析不足而使得分步骤未被完整地验证。

图 1.22 铣削塑料模具以插入空腔

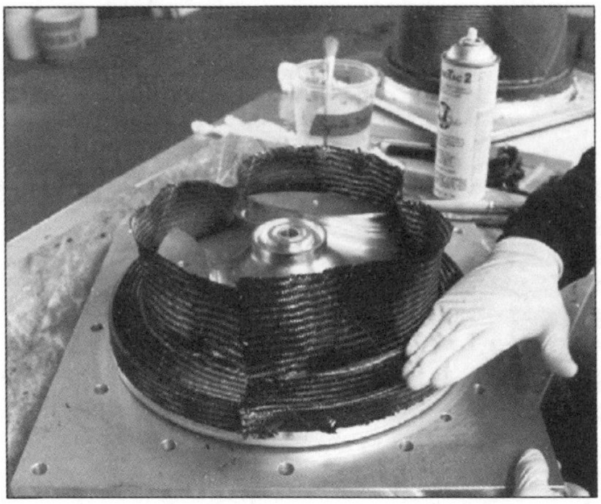

图 1.23 制造轮辋时的层压成型过程

只有在生产过程中才能发现和分析缺陷。在一个迭代循环中，可以通过这方面的知识对目标系统加以扩展，以考虑对纤维复合材料的加工限制。

在与业务伙伴的合作中，可以通过调整位置使用模具，并且最终由 KA-RaceIng 在合作企业进行层压和浸润（图 1.24）。目前已经对新轮辋进行了行驶试验，以验证模拟结果。

通过此应用情况所积累的经验知识，可以创建用于制造纤维复合产品形成的参考模型。在产品形成的早期阶段就考虑到了纤维复合材料加工所特有的生产技术特性。在图 1.25 中的阶段模型中，原理和形态模型的活动在很大程度上与生产系统开发和生产活动并行（绿松石色部分）。因为在这种情况下，将来使用场景中重要的边界条件也已经在目标系统中的负载和疲劳强度要求中进行了描述，此活动部分同样也在项目开始的早期就出现了。为了确保这个相对较新的技术各个开发阶段之间的信息传递和完整性，这个参考模型强调了验证活动（绿松石色部分）。

图 1.26 显示的是由碳纤维增强塑料制成的轮辋，其质量为 1.5 kg。产品形成过程的示例表明了集成产品形成模型的元模型及其派生出的实施模型、应用模型和参

图 1.24 模具中层压放置的泡沫芯材

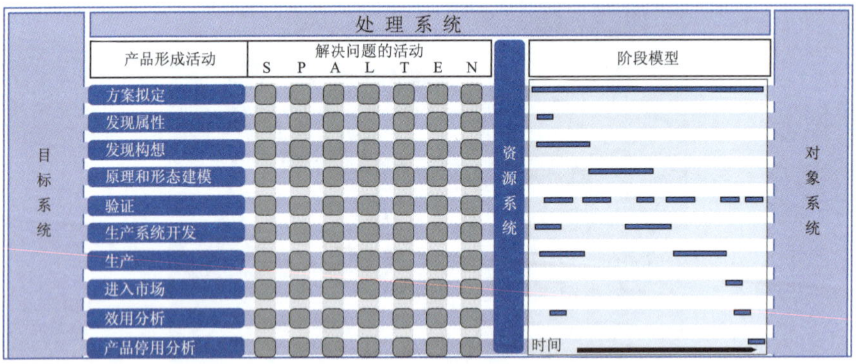

图 1.25 用于纤维增强复合材料产品开发的参考模型

考模型如何用于过程的改进。特别是在轻量化过程中，时间计划与开发人员的方法支持相结合尤为重要。

图 1.26 碳纤维增强塑料轻量化轮辋作为 KA-RaceIng 学生方程式车队的示范

1.4 总　　结

尤其是对于没有经验的团队或在分布在全球各地的团队合作开发的情况下，由于团队成员来自不同的文化背景，因此这时的合作显得尤为困难，需要专业化的信息管理和知识管理。汇总存储和准备最新且尽可能完整的信息并达成共识，有助于将误解和疏忽降到最低限度。

集成产品形成模型的元模型结构允许目标系统、行动系统和目标系统以及构成产品形成工作的内容和时间次序语法的活动矩阵具有相关代表性。这也使得有目的性的针对个别问题调整的方法既支持开发团队也支持控制过程。

通过经验和所取得的关键知识就可以在集成产品形成模型中反映出参考过程。并由此创建适应于特定问题的边界条件和限制的实施模式。在碳纤维增强塑料轻量化轮辋的例子中，这意味着活动是在并行和优先的状态下进行的，以满足任何条件下（未知的技术、无经验的团队、特殊的制造工艺）的使用。成功的过程可以作为未来项目的一个样本。这可以通过集成产品形成模型变得更加明确并相互联系在一起，或者可以通过调整单个元素投射到其他的问题或轻量化应用上。

1.5 附 加 信 息

文献

Albers, *A.*: Five Hypotheses and a Metal Model of Engineering Design Processes. In: Proceedings of the TMCE 2010. Ancona, 2010

Albers, *A.*, *Braun*, *A.*, *Muschik*, *S.*: Uniqueness and the Multiple Fractal Character of Product Engineering Processes. In: Proceedings of the MMEP 2010. Cambridge, 2010

Andreasen, *M. M.*: Concurrent Engineering-effiziente Integration der Aufgaben im Entwicklungsprozess. In: Handbuch Produktentwicklung. Carl Hanser Verlag, München, 2005

Cooper, *R. G.*: Perspective: Third-Generation New Product Processes. Journal of Product Innovation Management, Bd. 11, 1994

Daenzer, *W. F*, *Huber*, *F.*: Systems Engineering. Verlag Industrielle Organisation, Zürich, 2002

Deltl, *J.*: Strategische Wettbewerbsbeobachtung. Gabler Verlag, Wiesbaden, 2004

Ehrlenspiel, *K.*: Integrierte Produktentwicklung. 3. Aufl., Carl Hanser Verlag, München, 2003

Gausemeier, *J.*, *Hahn*, *A.*, *Kespohl*, *H.-D.*, *Seifert*, *L.*: Vernetzte Produktentwicklung. Der erfolgreiche Weg zum Global Engineering Networking. Carl Hanser Verlag, München, 2006

Gausemeier, *J.*: Strategiekompetenz und Agilität. Unternehmertagung 2002 des VDMA, 6./7. November 2002

Gerst, *M.*: Strategische Produktentscheidungen in der integrierten Produktentwicklung (Dissertation). Verlag Dr. Hut, München 2002

Hubka, *V.*, *Eder*, *W. E.*: Design Science. Springer Verlag, Berlin/Heidelberg, 1996

Kesselring, *F.*: Technische Kompositionslehre. Springer Verlag, Berlin/Heidelberg, 1954

Matthiesen, *S.*: Ein Beitrag zur Basisdefinition des Elementmodells “Wirkflächenpaare &

Leitstützstrukturen" zum Zusammenhang von Funktion und Gestalt technischer Systeme. IPEK-Forschungsberichte, Bd. 6, Karlsruhe, 2002

Meboldt, M. : Mentale und formale Modellbildung in der Produktentstehung-als Beitrag zum integrierten Produktentstehungs-Modell (iPeM). IPEK-Forschungsberichte, Bd. 29, Karlsruhe, 2008

Nord, K. : Wissensorientierte Unternehmensführung: Wertschöpfung durch Wissen. Gabler Verlag, Wiesbaden, 1999

Pahl, G., *Beitz, W.* : Konstruktionslehre, Grundlagen erfolgreicher Produktentwicklung, Methoden und Anwendung. 7. Aufl., Springer Verlag, Berlin/ Heidelberg, 2007

Patzak, G. : Systemtechnik, Planung komplexer innovativer Systeme. Grundlagen, *Methoden, Techniken. Springer Verlag, Berlin/Heidelberg*, 1982

Rodenacker, W. G. : Methodisches Konstruieren. 4. Aufl., Springer Verlag, Berlin/Heidelberg, 1994

Ropohl, G. : Eine Systemtheorie der Technik. 3. Aufl., Universitätsverlag Karlsruhe, 2009

Roth, K. : Konstruieren mit Konstruktionskatalogen: Konstruktionslehre. 3. Aufl., Bd. 1., Springer Verlag, Berlin/Heidelberg, 2009

Schumpeter, J. : Theorie der wirtschaftlichen Entwicklung. Hrsg. v. J. Röpke und O. Stiller. Duncker & Humblot, Berlin, 2006 (Nachdruck der 1. Aufl. von 1912)

Suh, N. : Axiomatic Design: Advances and Applications. Oxford Univ. Press, New York, 2001

Ulrich, K., *Eppinger, S.* : Product Design and Development. McGraw-Hill, 1999

Vernon, R. : International Investment and International Trade in the Product Cycle. In: Quarterly Journal of Economics. Cambridge, 1966

Wögerbauer, H. : Die Technik des Konstruierens. Oldenbourg Verlag, München, 1943

Züst, R., *Schregenberger, W.* : Systems Engineering. A Methodology for Designing Sustainable Solutions in the Fields of Engineering and Management-A Short Summary. Verlag Eco-Performance, Zürich, 2003

规程

VDI-Richtlinie 2206: Entwicklungsmethodik für mechatronische Systeme. Beuth Verlag, Berlin, 2004

VDI-Richtlinie2221: Methodik zum Entwickeln und Konstruieren technischer Systeme und Produkte. Beuth Verlag, Berlin, 1993

2

轻量化技术管理

2.1 轻量化范围内技术管理的范围

在日益增加的动态形势下，技术创新成为国际市场上几乎所有行业的企业在全球竞争形式下可持续发展和成功的一个关键因素。随着产品开发周期越来越短，高收入国家企业想要在国际环境中保持昔日的一些独有特性，例如在质量方面，与其他国家相比只能付出更大的努力。与此同时，还要在节约资源和资源使用效率方面充分满足环保和气候方面日益增长的要求。持续关注新兴技术、理念和生产工艺的针对性战略整合，可以为企业提供形成长期竞争优势的机会。而这个挑战主要在于：必须及时发现公司自身产品组合所具有的新技术潜力，并对其特殊应用加以评估，同时还要能够使市场和客户的需求得到满足。在各种应用条件下，由于各种因素都会在一定程度上影响技术的成功转化，因此，适应技术创新的能力会受到高复杂性的制约。为了尽可能规避风险和消极事态发展，必须系统地考虑这些因素并对它们之间的相互关系加以评估。

尤其是在技术变革很快的行业中，与传统的产品开发相比，汽车制造和能源技术行业还会受到越来越多其他的挑战。技术创新的整合，例如产品或系统中轻量化的应用，迫使开发人员具有更多的多学科知识和进行多学科之间广泛合作的能力。从“轻量化创新”到“产品创新”的过程肯定需要囊括很多其他学科的知识。除了材料的研发之外，还包含产品的前期设计仿真和计算，结构设计、制造以及连接工艺和产品销售。只有所有学科的合作才能有针对性地完成一个低风险的开发。

2.1.1 战略性技术管理的基础

在这里，开发过程的系统支持提供了系统化技术管理，它包括“整体规划，结构设计、优化，使用技术产品并从人、组织和环境的角度评估技术产品”

(Bullinger, 1994)。其宗旨是权衡诸如轻量化等新技术或新技术方法的机会和风险，捕获需求并清楚地展示技术发展（技术推动）和市场需求（市场拉动）之间的这些复杂关系。因此，通过这一系统可以直接比较应用效益和技术可转化性相关的各种解决方法，在此基础上，制定出着眼于企业未来市场战略的技术战略方向和规划。技术战略的制定对于技术系统管理来说尤其重要，只有在这种情况下，所采取的一些措施才能实现企业的战略目标。

当然，这不仅仅是一个应用正确技术的问题，它还特别涉及在正确的时间点上开始实施用于改善产品或扩展产品功能的技术改造，从而使产品能够适应新应用领域和市场的要求。正确时间点的前瞻性决定作为战略性技术管理的一部分，可以通过某些能够想到的明确步骤使相关风险降到最低。借助于麦肯锡企业咨询公司知名的 S 曲线，图 2.1 显示了一个技术寿命周期典型过程的示意图。

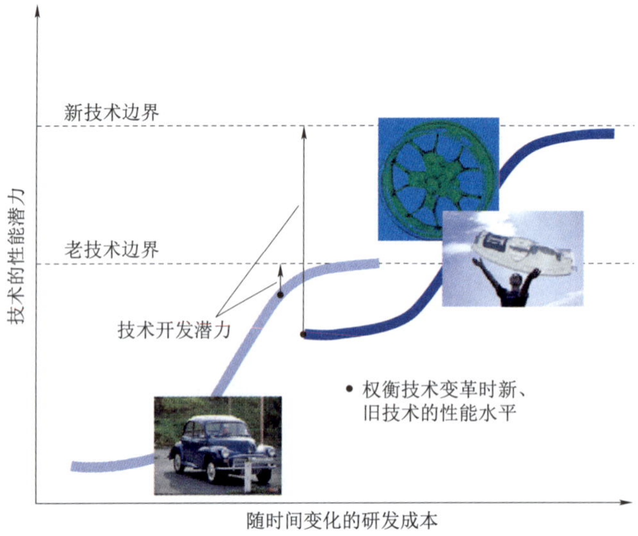

图 2.1　麦肯锡企业咨询公司提出的 S 曲线概念

其中，最基本的是以时间轴为坐标的性能潜力-成本比。在 S 曲线起始时，由于在技术不确定性和技术转化上仍然存在问题，性能曲线缓慢上升，但随着时间的推移，曲线也随着技术优化而快速爬升。在技术寿命接近结束时，曲线再次变得平缓，并只有在成本投入更大的情况下，才能对其产品加以改善。在这个时间点上，即使替代技术的当前性能在大多数情况下低于老技术的性能，采用替代技术也是有意义的，因为从长远来看，它具有非常高的潜力，有助于企业保持竞争力。

综上所述，技术管理可以概括为以下几个主要方面：

- 协调技术性能潜力与市场和客户需求之间的关系；
- 直接对比和评估针对不同应用领域的替代技术；
- 分析应用新技术时企业内部所需的能力建设；
- 得出新技术应用的具体行动建议和与时间相关的行动建议。

2.1.2 创新的激励因素

可以从两个不同的出发点得出采用轻量化新技术的动力：新的科学或技术知识（技术推动）和用户的需求（市场拉动）（Vahs，Burmeister，2005）。

技术推动是指通过新开发技术（例如纤维复合材料或新成型工艺）而形成的创新，而这些创新尚未找到合适的应用领域。技术开发包括实施技术变革所需的能力建设和消除或减少替代技术所存在的弱点。通常情况下，通过这种方法可以获得影响比较深远的创新，因为技术开发没有确定市场和具体产品，因此，技术潜力也相应较大。这种推动力可以对企业产生很大影响，然而，由于其缺少市场参考，因此，所涉及的业务风险也相应较高。

相反，市场拉动创新的出发点则是在技术的帮助下实现新的产品功能，以满足客户的需求。要根据市场状况，确定适当的技术和技能，然后有针对性地应用其来解决问题。这种创新的变化程度虽然相对较低，但是，由于是现有市场，其经济风险也较低，成功的机会也相对较高。因此，其创新成功的数量也明显多于技术推动所带来的创新。

在轻量化方面，不论是由技术推动还是由市场拉动所产生的成功创新都只是一个次要的方面。在技术转化过程中，起决定性作用的还是开发过程中对这两个方面的等值包容和协调（BMBF，2006）。所以，在轻量化方面，如在汽车行业中，包容客户更大灵活性和个性化需求的明显技术差异化战略被公认是全球竞争背景下的机会，这既可确保市场份额，同时还提供了进一步增长的潜力。

2.1.3 技术顺应——产品开发的机会

作为企业的重要驱动器，对新技术的顺应与新兴技术的发现、开发和利用的实践管理密切相关。一般创新过程大大推动了开发替代技术，而时间因素成为技术顺应过程的重点，同时，技术顺应过程也被认为是企业用于实现创新过程结果的方法。技术顺应过程的目的是通过一种系统的方法借助轻量化技术实现产品及系统的不断进步并提高企业效率。为了能够缩短开发周期，合作伙伴和供应商都必须参与到整个价值链中，同时还要强化在早期阶段判断和评估技术潜力的能力。具体到轻量化，应将焦点主要集中于材料研究和模拟方面，因为它们是缩短开发周期方面的主要竞争因素。

企业中探索和实现创新的创新管理传统方法已无法充分适应高效的技术和市场前景要求。但是，对产品技术调整要求的早期响应非常重要。对按照时间顺序出现的优先级变化的考量是技术顺应过程成功的关键点之一。改造的一般定义被描述为“对事实、事态以及环境的调整或适应能力”。它将技术改造的目标和新兴技术在创新层面上的广泛组合和转化联系在一起，这里的新兴技术是指根据用户要求对现有技术领域的新技术知识进行调整所得到的技术。这一总体过程，也被人们称为综合技术顺应管理，它不仅用于技术方面，同时也被用于应用和市场形势分析中（图 2.2）。

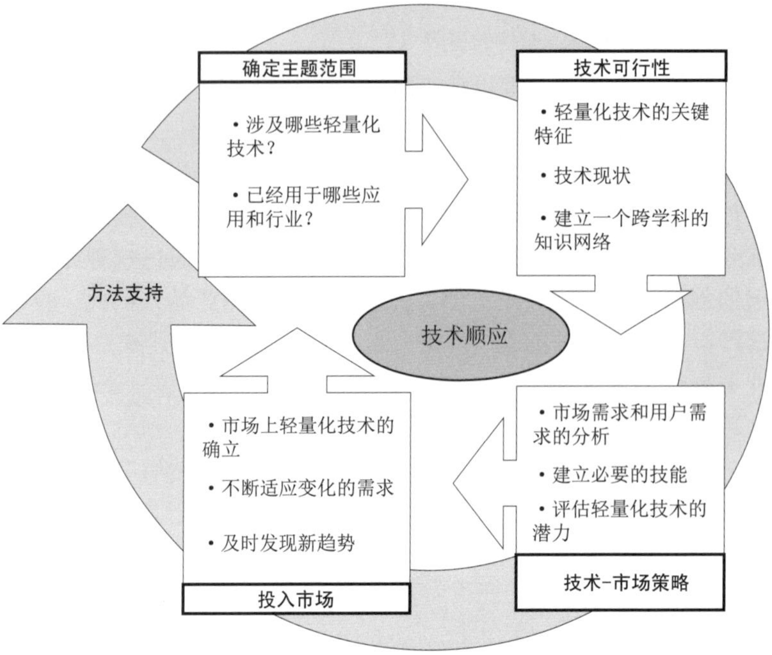

图 2.2 技术顺应管理（Büchner，1999）

处于技术和市场这两个方向正中间的“功能”级可以被视为连接环节，它显示出技术和市场之间的相互依存和相互作用关系（图 2.3）。通过将技术和市场双方连接在一起，就能在各种技术管理方法的支持下建立一个整体分析，从而回答下列问题（Ardilio，Laib，2008）：

- 哪些技术需求是与用户需求相联系而产生的？
- 如何结合要求与功能满足技术要求？

不断的技术顺应会为企业带来优势，但在一般创新过程中由于两个层面之间缺乏有条不紊的互操作性，这种优势很难实现。由此可对一个新兴技术的潜力加以评估，通过潜力评估可以可靠地确定有前途的市场并对各产品的良好收益能力做出评估。通过整合客户需求相关的知识，可以将具体应用的轻量化技术直接与替代技术进行比较，从而得出一种与技术替代、技术添加或技术集成相关的最合适的战略。然后可以根据不同的战略思路，通过条理化的评估流程高透明度地显示出开发的途径，并快速推导出所需的技能。特别重要的是，通过改变客户要求的优先级或者通过随着时间的发展而进一步开发出的技术可以及早发现新的应用领域。可以以最小的风险做出对竞争极其重要的决定，并以可能的最快速度在企业中实施（Bullinger，2006）。

用于支持技术顺应的方法首先要具有以下特征，即它们不仅要能够简单快速地应用，还要能够提供足够精确的结果。在这里所使用的主要方法是创建不同方法之间的接口，这样就可以使一个方法的输出直接变成下一个步骤中所使用方法的输入。

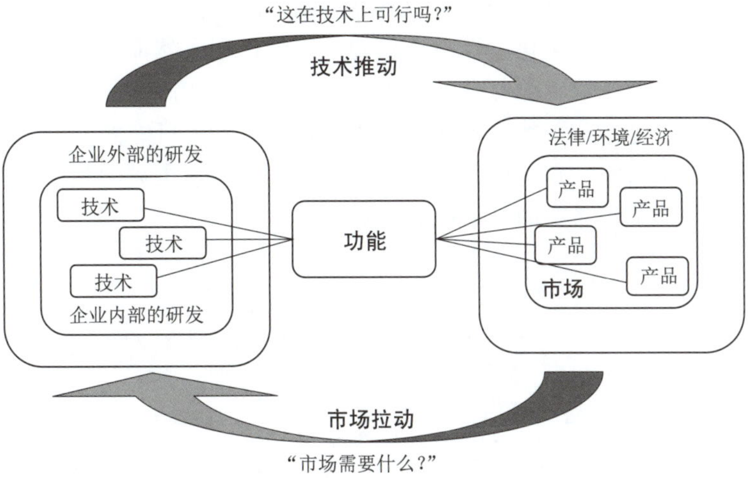

图 2.3　技术推动和市场拉动对技术改造的作用

这就保证了考核和评估的一致性。通过囊括两种观点的所有相关因素得出过程的结果（图 2.4）：

- 技术雷达：从目前市场出发，可以发现未来所需的技术和相关功能。
- 应用雷达：从目前市场出发，可以根据竞争力和未来的相应市场发现技术开发的途径。

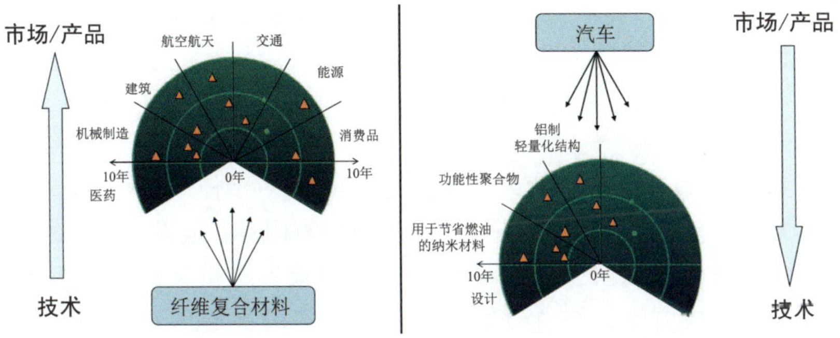

图 2.4　技术雷达与应用雷达

2.2　发现技术潜力时的方法论支持

随着新轻量化技术知识的增加，关系的复杂性也大大增加。轻量化并不仅仅是一个简单的减重过程。实际上，轻量化设计还为产业界提供了很多新的可能性。与传统设计相比，可以明显降低原材料的使用，或者在生产中达到较好的能源效率。可以通过部分全新设计-技术能力和生产工艺对装配过程加以简化。同样不容忽视的还有与轻量化结构运输相关的较低的物流成本。与此相反，其中也有一部分材料的价格非常高，且制造工艺复杂，或其产品寿命周期结束后回收比较困难。因此，上述因素及其他因素在轻量化设计中也起着重要的作用。然而，个别因素彼此之间的相互影响也不容忽视。因此，需要一种方法，这种方法能够透明地显示这些关系，发现后果和风险，考虑相关的边界条件以及在多个技术上可能的变型下确定特定应用领域的最佳解决方案。在这种方法的辅助下，可以建立决策的基础，在此基础上建立一个客观且有成功希望的未来技术战略（图 2.5）。

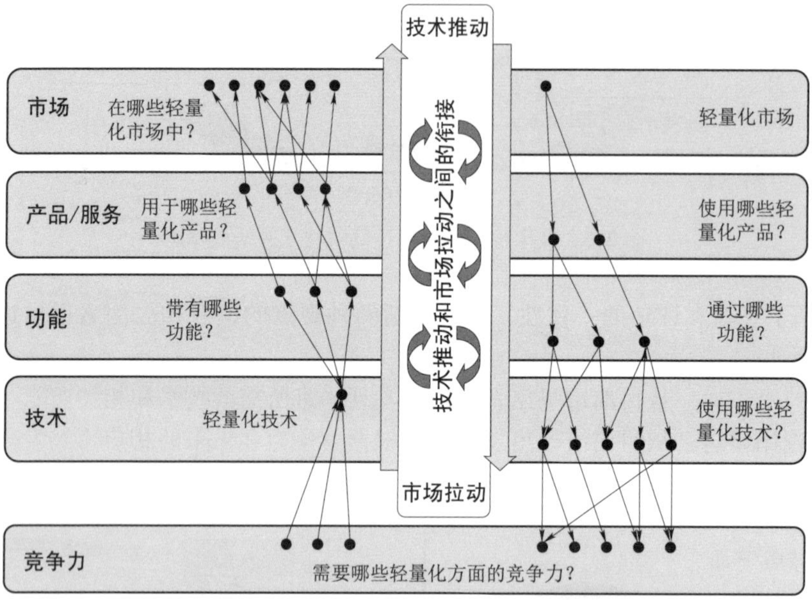

图 2.5 技术分析和评估（Heubach，2008）

Breiing 和 Knosala 定义了一般评估过程的方法："对于任何领域和任何成熟度阶段中任何种类，但有同样信息内容的一个解决方案有限集，应设定共同的评价标准，标准中具有统一测定且可比的数值，这些值的和可设置成相对的比较值，以通过最高值来决定最佳解决方案，并由最低值确定最差解决方案。"（Breiing，Knosala，1997）

尤其是对于企业来说，在轻量化技术领域中，这意味着在技术转化为产品时，可以对创新的想法在现有或新市场中的潜力加以评估，并且基于各种参数在早期阶段发现可能存在的弱点或风险。为此，用于支持评估过程的方法需要有一个一致的系统和较高程度的操作化。此外，必须能够灵活地适应企业中的各种情况（Dornberger，2005）。

常常会看到，企业当前在经济方面所取得的成功越大，其将新技术融入现有产品和工艺中的意愿也就越少。只有当经济方面的成功由于技术落后而降低时，才会因为尝试保持其市场份额而冒很大的短期风险使用新技术。这种对及时响应技术变化在前瞻性创新和改造管理上的忽视，可能会影响企业的竞争力。因此，目标应该不依赖于企业所取得成就的高低，不断监测和评估开发趋势，并在可能的情况下及早以最小的风险开始技术变革。

下面的章节中将介绍这样一种用于方法论支持的综合评估管理方案。这个方案基于一种组合，其中涉及评价过程中的影响因素和要求，并显示了技术和用户之间的接口。这种对高度复杂轻量化技术的一般性简洁说明和评估方案使企业有机会借助决策相关标准对各种轻量化解决方案的变型或替代方案进行直接评估。在此基础上，如果相对于旧技术其优势非常明显，就可以做出关于采用轻量化新技术或开始技术变革的明智决策。

2.2.1 发现轻量化的潜力

面向应用的轻量化技术分析和评价的目的是获得技术和经济的发展趋势，并基于确定因素由发展趋势得出行动建议，这里的确定因素是指那些对开发有着明显影响，或者预见其在将来会对开发有明显影响的因素（Hall，2002）。在这里，重要的是产品与技术的关系，而不仅仅是单独考虑技术特性和能力中的一个因素。最后，在用户需求的基础上，通过产品的成功或失败决定市场，此外，技术对产品的实际适用性也是决定市场的关键，即使是在纯粹的技术推动方面也可能会出现不同的结果。

发现轻量化潜力的成本较高但有效的方法是模拟未来的情景。尽管有许多预测和专家判断，也不能对未来 20 年（如汽车行业）的发展方向有绝对的把握。很难预测未来汽车的发展方向是生产面向大众市场的廉价汽车（参见 Tata Nano），还是带有替代动力的昂贵高端车型。这也正是情景分析法的优势：它可以设置多种未来情景，然后根据这些情景对各种轻量化方案加以对比。利用未来情景可以为创新潜力的发现和利用提供宝贵的帮助（图 2.6）。

情景的创建是一个迭代过程，通过这个过程可以将可能的未来开发的复杂度降低到最重要的影响因素上，并建立一个因果关系。在此基础上，创建各种开发的特性，并最终合成一致的未来情景。这其中不仅包括对市场或环境产生影响的所有因素（市场拉动因素），而且还包括对技术开发有影响的所有因素（技术推动因素）。表 2.1 显示了一个可能对汽车制造产生影响的影响因素列表示例。

然后，通过影响因素列表对后续情境进行模拟。主要影响因素也称为关键因素，构成了情境的基本框架。为此需要将关键因素的一些特征捆绑在一起，然后提出一个合乎逻辑一致性和内容上没有矛盾的陈述。情境中加入的因素越多，模拟起来也就越复杂，因此，建议最好对捆绑的特征进行一致性分析。通常情况下，应模拟 2~4 种情境，从而可以在尽可能广泛的范围内描述未来可能发生的情况。对于汽车制造来说，在我们的例子中描述了以下两种情境（表 2.2）。

这些未来情境提供了发现新应用领域和推导行动建议的进一步程序的框架，通过这些框架可以研究这些情境对轻量化替代方案的影响。因此，在不同情境下，产品的制造工艺看起来完全不同。根据发生概率的程度可以对各种技术选项的风险和

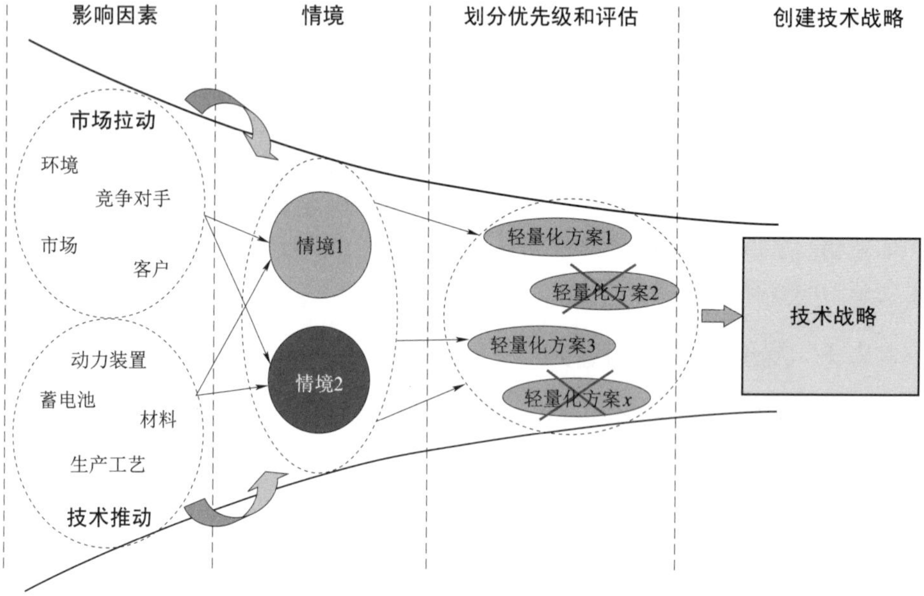

图 2.6　在创建技术战略背景下的情景分析

机遇进行评估，并由此及早调整技术战略。

表 2.1　汽车制造中轻量化创新的影响因素（摘录）

	特　性	
市场拉动影响因素		
交通和基础设施	再城市化：主要是在城市周围进行基础设施扩充和维护	道路网络和机场的私有化程度增加
竞争者	系统供应商将主导未来	模块、组件和零件的主导战略有更“单一来源”的趋势
可持续性	通过绿色环保措施降低成本；满足法律要求	“绿色环保”成为附加的客户价值
资源可用性	化石燃料仍将是最重要的能源载体	大力应用可再生能源和能源生产的替代方案
……		
技术推动影响因素		
底盘	高强度钢	聚合物材料夹层结构方案
生产工艺	热成型	轧制成型
驱动技术	混合动力驱动	库存有传统的驱动系统
……		

表 2.2　2030 年汽车制造的情境（摘录）

	情境 1 “持续创新”	情境 2 “减少到主要影响因素”
	 图片来源：dkimages-Fotolia. com	 图片来源：eyewave-Fotolia. com
特性	资源利用效率作为创新重点	以成本为导向，创新程度低
技术应用	部分动态技术应用	递增的技术应用
成本意识	中等	极高
变化动态	高	低
产品理念	能源和资源优化	几乎无变型
……		

2.2.2　不同市场替代性技术的评估

在通过情景框架确定了周围环境之后，必须为以下评估步骤找到轻量化应用中轻量化技术和市场之间的接口。这个任务属于上面已经提到的连接环节“功能”的范围。这样，每个应用都可以通过用户要求的特定产品功能加以描述，而产品功能反过来又可以通过各种技术和制造工艺加以实现，反之亦然（图 2.3）。由此就可以得出由相关技术变型通过相互之间的各种关系组合在一起的复合结构。如果将这个复合结构作为一个整体来考虑，可以据其预测出具有未来竞争优势的产品和应用以及相关的适用技术。借助于（Specht，Behrens，1999；Hall，2002）的理论，可以将市场-技术分析方案划分为 6 个阶段（图 2.7）。

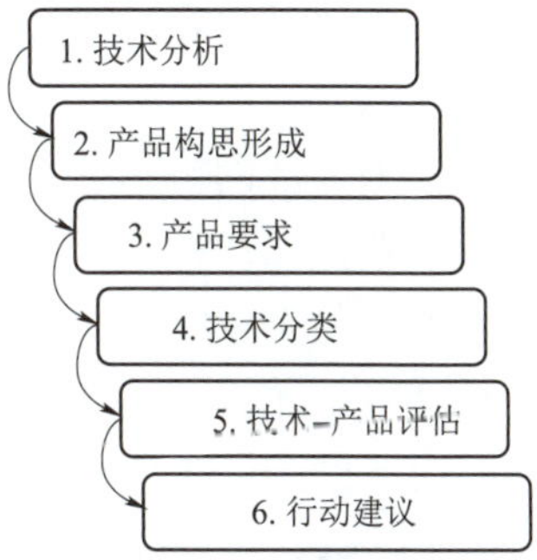

图 2.7　市场-技术分析的 6 个阶段

第 1 阶段：技术分析

分析的出发点是轻量化技术以及相关的所有替代技术。从长远来看，技术开发的重点不仅仅在于已知的市场和产品，而应更加注重于未知的新市场和新产品。判断可能最合适的新产品构思的基础是技术领域的详细评估。

这包括轻量化技术资料和所有必要的数据、框架条件和功能。为此，除了进行企业内部的知识评估之外，还要与来自科研院所、大专院校或其他参与企业的外部专家合作，这样才能收集到替代技术的最新研究状态和所有必要信息。此外，还应列出对轻量化技术有直接或间接影响的所有已知目标市场和产品的清单。

第 2 阶段：产品构思形成

发现以前没有注意到的新产品和新市场是一个较艰难的过程，这需要所有过程参与者的创造性成果。由于轻量化技术的应用范围及可能的产品数量几乎是无限的，因此需要对找寻范围加以必要的限制。恰好第 2.2.1 节中模拟的情景或者未来构想提供了找寻范围。其包含所有考虑范围的重要影响因素，因此非常适合作为找寻标准。再加上第 1 阶段所收集的技术资料，就可以对情景进行系统研究，并研究技术功能和市场开发之间的联系。如果是通过图片-拼贴图形式呈现的创意情景，则已经证明这个过程特别有效。

确定新产品构思的其他方法和来源还有（Lang-Koetz et al.，2008）：

- 未来的外部相关行业的研究；
- 其他行业的轻量化示例；
- 对初创企业和风险资本市场的关注；
- 外部委托研究；
- 互联网和内联网；
- 内部和外部数据库；
- 专利和授权；
- 会议，展览，研讨会；
- 公开提供的研发计划；
- 客户访谈，客户问卷调查；
- 个人联络和沟通；
- 企业内部网络；
- 专家论坛；
- 与其他企业联盟；
- 研发合作；
- 技术管理的其他方法，例如 TRIZ 辅助下的抽象或异化（Altschuller，1998）。

第 3 阶段：产品要求

在技术分析和评估的第三阶段，主要是市场专家与用户的直接接触。因为客户要求参与开发过程的时间过晚，使得产品在市场上连连遭受失败。如果客户的需求不能得到满足或者只是部分被满足，即使是再成熟的技术，也根本无法成功地生产出畅销对路的产品。因此，为了更精确地领会客户的要求，并按照各个客户群的需求开发出相应的产品规格，除了一系列的其他方法之外，Kano 模型是一个简单但非常有效的辅助工具。

由 Noriaki Kano 教授在 20 世纪 70 年代开发，并以他的名字命名的用于记录和结构化客户需求的模型提供了对客户满意度需求相应影响的相关信息，并创建出面向用户且简洁的图示。通过这种结构化可以创建出企业在产品规划和开发时的决策相关基础（Sauerwein，2000）。Kano 模型是基于以下假设建立的，即“满意”和“不满意”不一定是对立的，而更多的是两个独立的因素，它们各自实际的对立面是“非满意”和“非不满意”。由此可以得出，需求有三个分类，这三类需求在满足和不满足情况下的结果可以引起客户的不同反应（图 2. 8）。

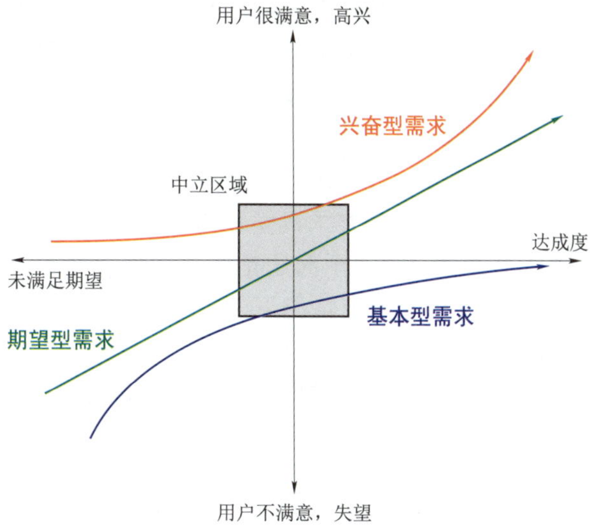

图 2. 8　Kano 客户满意度模型

1. 基本型需求：这类需求被客户视为产品理所当然必须满足的需求，否则，客户肯定是不满意的。这些需求被满足，但还没有达到客户满意的效果时，产品仍然不具有竞争优势，因为需求的转化会被无意识地感知到（如：轻量化车身必须达到安全规定的最低标准）。

2. 期望型需求：期望型需求则与基本型需求相反，在客户方面已经产生了平均客户价值，并且其中所增加的满意或非满意与达成度成正比。客户期望这些需求，并对这些需求有明确的要求（如：通过车辆轻量化大幅节约燃料）。

3. 兴奋型需求：兴奋型需求的满足是产品有别于竞争对手产品的重要战略，并且它可以使客户达到一个更高的满意度。这些特性并不是客户预期的，因此，即使是在它们没有被满足时也仅限于非满意，而不会产生不满意（如：车辆的转售价值较高）。

此外，还可以列出无差异需求、反向需求和可疑需求，然而，它们对客户满意度的影响可以忽略不计。大多数这些需求是客户在发生冲突时根据自身的需要而引出的结论。

Kano 分析的实施分四个步骤来进行——从确定需求开始直到最终评估。

步骤 1：确定客户需求

需求这个概念可以理解为对一个产品，一个过程或参与过程的人需满足的特性或要提供的服务的陈述（Birkhofer，1980）。这可以根据其不同的详细程度通过各种方法提出，如，通过客户访谈或领先用户方法（lead user approach）。

为了能够得到所有客户对轻量化产品需求全面而又深入的描述，仅基于客户访谈的调查是不够的。基本型需求和兴奋型需求都无法由客户明确表达，因为他们要么认为这并不重要，要么就是对其毫无预期。为此，应在更大范围内以客户和专家调查的形式对使用的条件、产品环境以及现有产品或替代产品的困难和问题通过文献检索进行全面分析。尤其是以对客户提问的方式往往可以得出用户“内心隐藏”的需求，而这种需求可以为产品开发提供较好的方法。

步骤 2：问卷调查的生成

借助于调查问卷（Bailom et al.，1996），可将在步骤 1 中确定的要求加以分类，并评估其相对重要性。为此，为每个要求设立了两个问题，受访客户可以使用五级答案选项对这些问题做出评估。第一个问题是客户在满足要求时的反应（正向问题），而第二个问题是确定非满足要求情况下的反应（负向问题）。在评估表（表 2.3）中，可以结合两种答案读取每个要求的类别。

除了对要求进行分类之外，调查问卷的另一个优势是可以补充其他因素，从而可以从全局上将要求更好地分类。因此，需要被调查者给出对各个要求相互之间相对重要性的评估。由此可以在要求类别范围内随后的技术开发中推导出优先事项，因为只有在很罕见的情况下，才可能全面实施所有要求。

表 2.3 对要求进行分类的评估表

产品要求		负向问题				
		1. 负向问题	2. 这是一个前提条件	3. 无所谓	4. 可以勉强接受	5. 无法接受
正向问题	1. 很满意	Q	A	A	A	O
	2. 这是一个前提条件	R	I	I	I	M
	3. 无所谓	R	I	I	I	M
	4. 可以勉强接受	R	I	I	I	M
	5. 无法接受	R	R	R	R	Q

图例：

A（ttractive）（魅力品质）：兴奋型需求

R（everse）（反向需求）：表示顾客没有这种需求，甚至对该需求有反感

O（ne dimensional）（一维品质）：期望型需求

Q（uestionable）（可疑需求）：有疑问

M（ust-be）（必要品质）：基本型需求

I（ndifferent）（无差异品质）：无差异需求，顾客对这一因素无所谓

步骤 3：通过访谈实施客户调查

客户调查最好采用统一面谈的形式，这是因为标准化的调查流程是非常重要的。此外，受访者可以在出现理解上的问题时及时得到解释。书面调查同样也被广泛使

用，因为这种方式的成本要低得多，但是，这种类型调查的回应率也相对很低。表 2.4 显示了调查表的基本框架。

在所有客户访谈结束后，在评估表（表 2.3）的基础上确定问卷中每个需求的分类。将每个产品标准的结果列入结果列表中，从而使需求类别的整体分布清晰明确。

表 2.4 Kano 评估表的范例

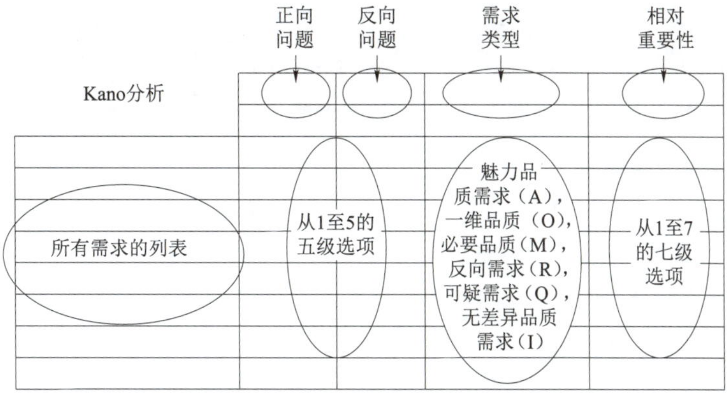

表 2.5 中通过一些在“汽车制造”行业应用中的需求显示了需求列表的一个范例。

表 2.5 已填写完成的 Kano 评估表：汽车对轻量化技术的要求（摘录）

Kano 分析	正向问题 所具有的特性	反向问题 不具有的特性	需求的类型	特性的相对重要性
	1：很满意；2：这是一个前提条件；3：无所谓；4：可以勉强接受；5：无法接受		A：兴奋型需求；O：期望型需求；M：基本型需求；R：反向需求；Q：可疑需求；I：无差异要求	完全不重要1-2-3-4-5-6-7 非常重要
高安全性/非常好的碰撞特性	2	5	基本型需求	7
易装配性	1	5	期望型需求	7
零部件的功能集成	2	5	基本型需求	6
设计自由度	2	5	基本型需求	7
良好的声学特性	1	4	兴奋型需求	6
稳定性	2	5	基本型需求	7
明显减轻重量	2	5	基本型需求	7
极低的成本	2	5	基本型需求	7
可能要求较高的几何形状	1	4	兴奋型需求	5

续表

高光表面	1	4	兴奋型需求	5
材料较高的强度	1	5	期望型需求	6
行人保护	1	4	兴奋型需求	5
车辆的高舒适性因素	1	4	兴奋型需求	4
耐久性	2	5	基本型需求	7
高质量表面	1	4	兴奋型需求	5
可涂装性	1	4	兴奋型需求	6

步骤 4：评估与解释

根据所设置的不同重点通过各种方法对结果进行解释，在这里给出这些方法中的三个示例（Bailom et al.，1996）。

- 根据频次进行评估，其中最常提及的事项至关重要。
- 针对客户群的评估，以便能够通过不同用户之间的差异获得更为细化的结论。
- 根据满意度创建系数进行评估，其给出了一个关于通过满足产品需求是否增加了满意度以及增加了多少，或者只是避免了不满意的结论。这个指数通常用于结果分布范围较大的情况。

如果按照评估对所有的客户需求都进行了明确分类，并确定了满意度的重要性，最后，就可以创建两个满意度四分图作为图形化的结果图（图 2.9 和图 2.10）。在传统视图中（图 2.9），需求分布很重要。为了获得需求的第一优先级，图 2.10 给出了第二个四分图。其中，关于其相对重要性的产品需求以及它们的客户满意度分布在四种可能的领域中。根据四分图中的这种分类可以读取优先点，并推导出进一步开发的首个行动建议。

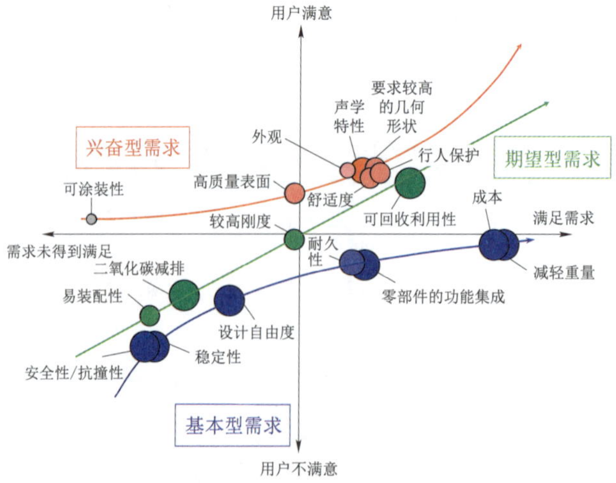

图 2.9 汽车轻量化的客户和市场需求（摘录）

在一般情况下，Kano 模型只用于带有大量不同市场要求的复杂产品。该方法的最大优点是可以由此得出对客户需求的理解，从而获得产品开发的能力和战略决策。可以从 Kano 模型中得出如下基本策略：“必须满足所有的基本型需求，尽力去满足期望型需求以使产品具有竞争力，并通过兴奋型需求将产品等级区分开来！”

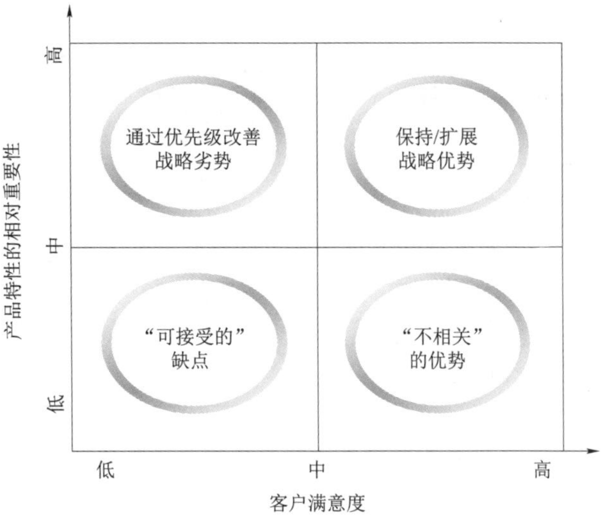

图 2.10　满意度四分图的四个区域

第 4 阶段：技术分类

使用第三阶段的 Kano 模型根据产品的重要性确定客户需求并进行分类之后，产品的接口就是第四阶段的重点。这些接口承担了描述产品属性以及技术的功能。从这个连接环节可以得到结构化解决方案集，这个解决方案集使得能够对轻量化技术及其产品中的所有条件进行使用评估。此外，技术要求和客户要求的简化实现了启动思维模式和前提条件的分离，并为除场景外的其他跨学科寻找新应用的方法提供了基础。功能图示可以通过功能树来实现。

为此，需要按照主要功能和次要功能对包括轻量化技术方案在内的产品进行系统分类。可以通过功能分析的方法支持这个步骤，功能分析方法可以对功能及它们之间的关系进行系统显示、分类和评估（DIN EN1325-1 和 DIN EN1325-2）。其中，产品是由其功能结构所确定的（功能方案是由功能和功能单元/模块构成的）。

功能树是一种帮助更好理解产品的图示，其是由结论推导出的，如使用哪些制造工艺（介质）可以实现预期的应用（目的）。功能分析的过程分为三个步骤（Akiyama，1994）：

步骤 1：收集轻量化技术信息

基于第一阶段所收集的信息，达到所需目的的相关信息构成了这些信息的结构化的第一级，即跨价值链地收集轻量化技术的所有要素（图 2.11）。另外，就各种应用的相应技术适用性咨询第一阶段中所确定的技术专家。然后对目前已实现的说法和涉及未来潜在适用性的说法以及进一步开发的可能性和必要性进行讨论。替代技术的命名在这一点上也是很重要的。最后，在理想情况下，每个功能都会形成几个技术组合，选择出适用于技术转化的技术组合，然后在最后阶段直接对它们彼此之间的相对适用性进行评估。

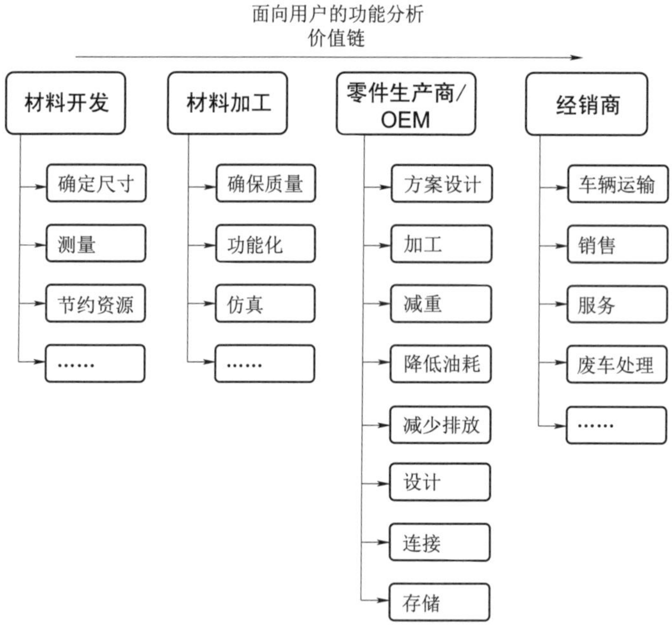

图 2.11　用于车辆轻量化设计的以价值链为导向的信息收集（摘录）

步骤 2：轻量化功能的命名

现在应可以通过收集的尚未结构化的信息创建一个产品相关的功能目录了。为了简化产品的功能划分，产品必须被分成几个主要模块，并以此为基础对各模块相应功能加以命名。功能的这一命名可以通过一个简单的名词-动词组合来实现，这个组合必须能够反映功能与整个系统的相互关系，并且尽可能使用无特定名称的一般术语来表达。

根据功能分析的不同详细程度可以按照类型和程度将功能标准或限制进行归类，然后在步骤 3 中将其集成到功能树中。在功能树中还可以记录产品规格或技术实现的限制并对相应的功能加以归类。

步骤 3：轻量化功能的结构化

各个功能之间的关系通过功能结构化来表示。这种关系链按照目的-手段-逻辑原理或如何-为什么-逻辑显示在一个功能树图中。通过功能树图可以识别出功能相互作用的方式，并且它可以进行可视化和任何书面形式的完整再现（DIN EN 1325-1）。

图 2.12 显示了构建功能树的基本原理。其中的等级是这样定义的，沿等级 1 的方向提出问题“为什么”（目的），并沿等级 2、等级 3 和后续等级方向提出问题

"如何"(手段)。其中左侧的各功能项的级别被划分为较高，右侧的功能项为较低。此外，可以在图中相应位置标示产品的规格或标准。

在功能树的辅助下，技术图示可以使用户能够通过结构划分充分理解复杂的系统和关系。通过其结构可以——从第一个分支开始——读取每种手段，使用这些手段可以达成一个特定的目的，反之亦然。当对现有技术缺乏了解，并且希望借此找到实现期望功能的新方法时，这尤为重要。

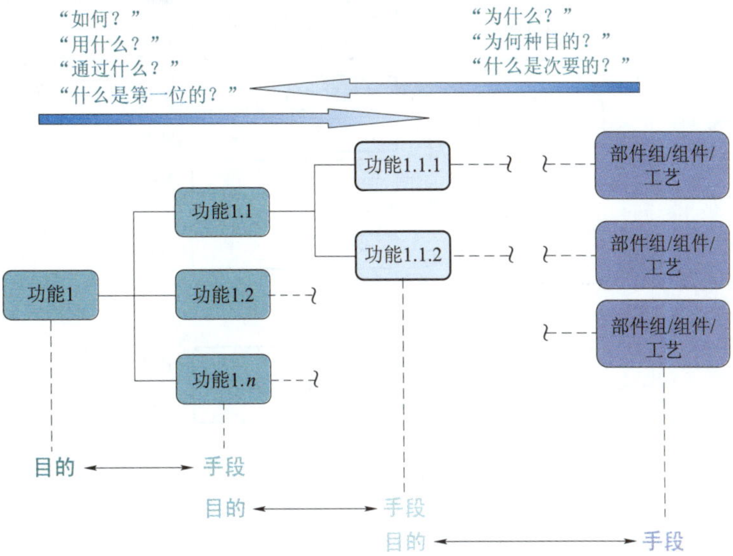

图 2.12 功能树图示

第 5 阶段：技术—产品—评估

对所有客户需求进行记录和分类，并对技术功能进行细分和归类后，在最后阶段将这两部分汇总在一起，并且对应用领域分别进行评估。其中，需要将技术与市场要求进行对比，并根据它们的达成度对其进行评估。本阶段的目的是创建一个产品-技术四分图，然后从其中得出行动建议。

在前两个步骤中，使用功能分析可以从第一阶段所取得的专家调查结果中创建一个关于功能的产品-技术连接（图 2.13）。通过功能描述了通过客户要求的适当技术设计元素所保证的特性（Vahs，Burmeister，2005）。这些功能都具有相应的应用，并在下一步骤中为其指定适用于实现功能的轻量化技术。因此，借助于功能树的图示可以使技术的结构与组织更加清晰（Lentes，Richter，2004）。

根据专家意见创建技术和客户需求之间的其他接口，通过这些接口检查每个备选方案的客户需求达成度。在这里，需要将第 3 步骤中由 Kano 分析所收集的数据与功能树最后一个分支进行对比，并使用 1 至 5 的评分系统对技术转化的当前状态进行打分，从而对每个轻量化技术的用户满意度进行评估（图 2.13）。其他项由专家们给出每个轻量化技术的适宜性、潜力和趋势发展的意见。

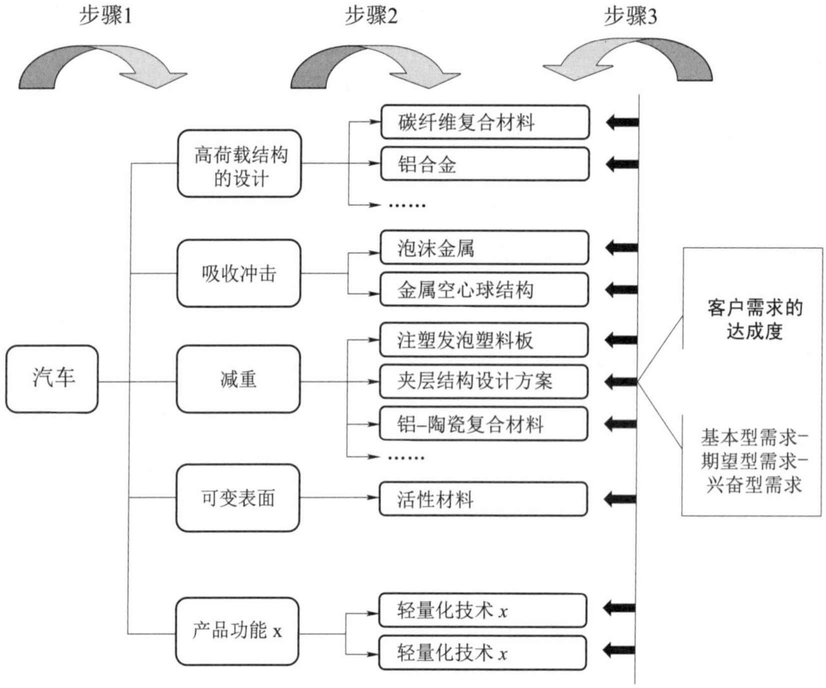

图 2. 13　产品技术与客户需求的连接

在第一个问题中，受调查的技术专家通过比较可能采用的轻量化技术，为它们的适宜性和技术实现按照 1（适宜性极低）到 5（非常好的适宜性）的分数进行打分。此外，专家们还要给出每个轻量化技术未来的潜力（5~20 年），以判断出可预见的变化和趋势。

随后，检查在使用相应轻量化技术条件下所获得的客户需求达成度。在这里也再次使用 1（达成度极低）到 5（达成度较高）的评分系统进行评估。在最后的步骤中，需求评估的每个结果都必须被汇总到一个总值中，从而由此从用户的角度确定每种技术的总体需求。通过将所有的得分相加并除以最高分，可以得出每个轻量化技术需求的百分比，这样就可以将其与其他替代技术进行直接比较。图 2. 14 中显示了从评估矩阵中截取的一部分。

结果可参见产品-技术四分图（Specht，Behrens，1999），四分图显示了适合每个应用的所有相关轻量化技术（图 2. 15）。四分图的横坐标为未来情景下基于专家估计的应用所需各种技术的要求，它以客户需求的各达成度总和为基础。四分图的纵坐标为技术的适宜性，它同样也基于技术专家的结论。可以使用一个八边形来表示技术，八边形的底边表示当前状况。根据上面八边形展开后的不同高度和宽度，可以通过对技术的进一步开发和用户需求的改变得出技术在未来的潜力。此外，替代技术也可被引入四分图中，从而能够对技术改造的机遇或风险进行良好的对比。

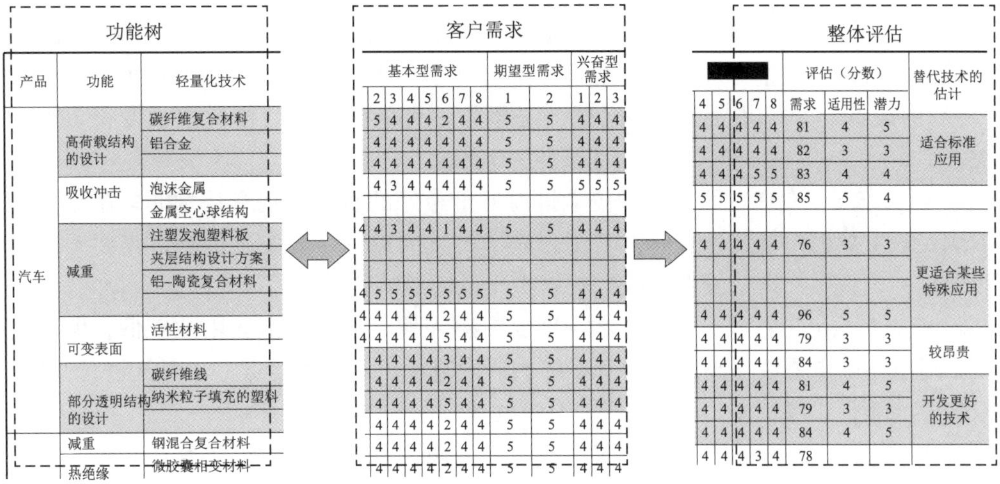

图 2.14　技术和客户需求的评估矩阵

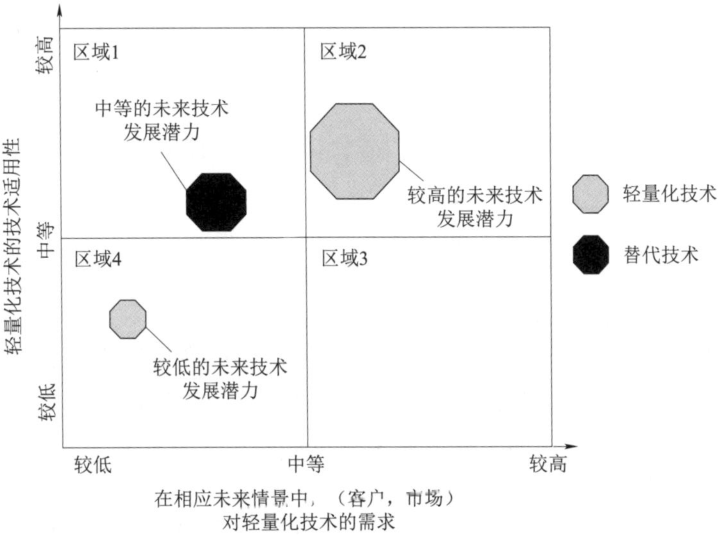

图 2.15　产品技术四分图

从四分图中可以推断出每个应用在第 6 个也是最后一个阶段中的结论，即哪些技术是目前最适合的。根据各个技术需求和适用性的评价，可以将单个技术安排在四分图四个区域中的一个区域中。从其位置可以推导出阶段 6 中应采取的不同行动建议，这个行动建议可以帮助用户做出自己企业所使用技术的相关决策。

第 6 阶段：行动建议

由四分图展开的区域可以分成四个领域，可以将相应的技术填到这四个区域当中。每个区域都有一个通用策略，通过这些策略企业可以为新技术的应用进行定位

(Specht, Behrens, 1999)。

- 区域1：处于这个区域中的技术对未来的产品或市场来说没有多大的意义。不应继续对该技术进行开发。然而，应该继续进一步监测市场，因为各种影响因素（原材料成本上升、可持续发展问题、法律等）可能会在今后使此技术变得再次受关注。
- 区域2：在这一区域中的技术目前处于最好的状况。现有技术非常不错，可以满足最重要的市场需求。研发费用限制了持续的进一步开发。但是，需要不断监测市场，以在客户需求发生改变时能够做出及时的响应。
- 区域3：在区域3中的技术特别令人感兴趣。虽然技术适用性较低，但这些技术对应用的重要性很高。如果有足够的研发资源可用，应当进一步对其进行开发，以使其能够到达区域2，从而形成独有特性。
- 区域4：由于这些技术不仅不适用于应用，而且对应用也没有什么意义，因此，目前也没必要对其采取行动。但这种情况可能会通过需求的转移而快速改变，这就是为什么要不断观察技术和市场，以对其做出及时响应的原因。

通过这个评估可以为企业可能的轻量化技术转变铺好道路，随后这个变量必须再次能为相关业务领域做出决定，并在符合企业的所有环境因素条件下对其进行检查。例如，适合上述情况的“工具”是：成本效用分析。

2.3 技术战略的建立和协调

为了能够与时间元素联系在一起，需要将从市场-技术分析中得到的相关轻量化技术转移到一个技术路线图中。技术路线图借用了日常路图的含义。类似于一个路图，技术路线图中也显示了可以遵循的不同路径，通过它们都同样能成功到达同一目标-技术战略。技术路线图主要是预测技术随时间发展的情况，这包括其众多的异构连接和那些维持或提高企业技术地位的措施推导，以确定该技术的当前地位和目标。通过与其他路线图的组合（市场、产品、竞争力等），可推导出未来具体的技术战略（图2.16）。

从技术路线图中可以导出很多行动建议，通过这些建议可以为战略性技术管理的任务和决策问题提供帮助（Möhrle, 2008）。因此，技术路线图可以在要做出例如“该走哪条路?”的决策时，给予相应的支持（技术选择）。从路线图可以清楚地推断出，在哪些时间点必须开发哪些技术或功能，以将一个新的轻量化产品引入市场。“制造还是购买?”的决定（技术采购），也可以通过多个产品相关的技术说明加以支持。由此也产生了另一个派生措施，在选定区域积极深化自己的研发，以通过活性轻量化材料在中期就能够使用（例如）振动性能优化后的薄壁部件。因此，通过显示市场、产品和技术之间的关系，技术路线图非常适用于必要活动的发现和启动，以在给定时间为某个产品提供产品或技术。路线图的持续维护为快速变化目标或不同的目标提供了高度的灵活性。

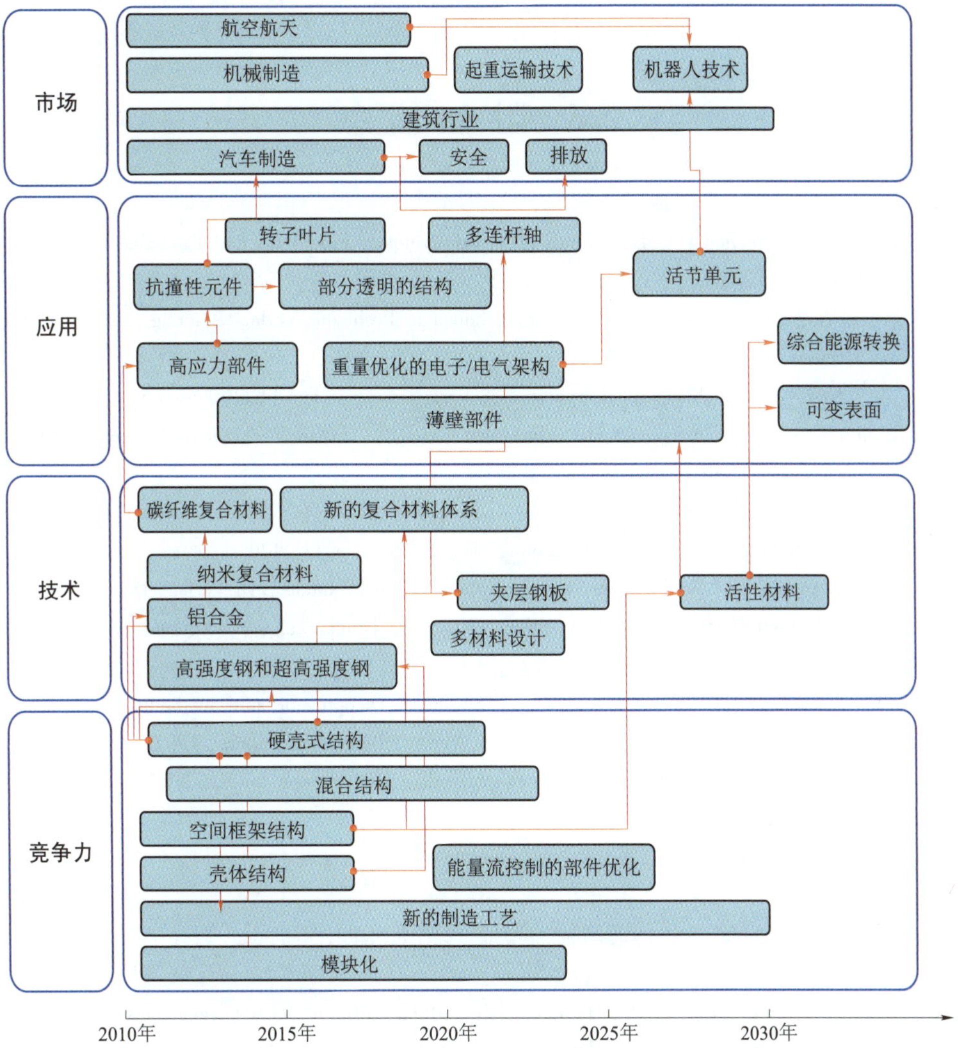

图 2. 16　应用轻量化技术的路线图

2.4　结　　论

轻量化创新对所有产品价值链的巨大影响，及采用轻量化方案和创新的连接技术之间的相互作用，如在承重汽车结构中，以及市场对可持续发展和资源节约型产品的需求，都使得对单一轻量化技术应用潜力进行系统评估变得十分困难。几乎没有企业可以负担不符合客户需求的昂贵错误开发。本章所提出的方法针对此问题提供了一个用于在各个市场和行业中判断轻量化潜力的系统方法。市场和技术专家的加入使得可以在收益、研发费用和时间的限制方面对各种技术进行具体的应用评估。

因此，所使用的复合方法可以很好地用作系统实施轻量化设计技术顺应管理的辅助工具。

2.5 附加信息

文献

Akiyama, *K.*: Funktionenanalyse. Der Schlüssel zu erfolgreichen Produkten und Dienstleistungen. Verlag Moderne Industrie, Landsberg, 1994

Altschuller, *G. S.*: Erfinden-Wege zur Lösung technischer Probleme. Verlag Planung und Innovation, Cottbus, 1998

Ardilio, *A.*, *Laib*, *S.*: Technologiepotenzialanalyse-Vorgehensweise zur Identifikation von Entwicklungspotenzialen neuer Technologien. In: H.-J. Bullinger (Hrsg.): Fokus Technologie-Chancen erkennen, Leistungen entwickeln. Carl Hanser Verlag, München, 2008

Bailom, *F.*, *Hinterhuber*, *H.*, *Matzler*, *K*, *Sauerwein*, *E.*: Das Kano-Modell der Kundenzufriedenheit. In: Marketing Zeitschrift für Planung, Bd. 2, 1996, S. 117-126

Birkhofer, *H.*: Analyse und Synthese der Funktionen technischer Produkte. VDI Verlag, Düsseldorf, 1980

BMBF: Die Hightech-Strategie für Deutschland. Ottweiler Druckerei und Verlag GmbH, Bonn/Berlin, 2006

Breiing, *A.*, *Knosala*, *R.*: Bewerten technischer Systeme: Theoretische und methodische Grundlagen bewertungstechnischer Entscheidungshilfen. Springer Verlag, Berlin/Heidelberg, 1997

Büchner, *M.*: Marktorientiertes Management technologischer Innovationen im Handel. Diss., Universität St. Gallen, Difo-Druck Bamberg, 1999

Bullinger, *H. J.*: Fokus Innovation: Kräfte bündeln-Prozesse beschleunigen. Carl Hanser Verlag, München, 2006

Bullinger, *H. J.*: Einführung in das Technologiemanagement: Modelle, Methoden, Praxisbeispiele. Teubner-Verlag, Stuttgart, 1994

Dornberger, *R.*, *Lind*, *P.*, *Lüthy*, *P.*: Technologiebewertung im Innovationsmanagement. Fachhochschule Solothurn Nordwestschweiz, Reihe A: Discussion Paper 2005-2006. Solothurn, 2005

Hall, *K.*: Technologische Potenziale sichtbar machen. In: new management, Heft 1, Januar/Februar 2002

Heubach, *D.*, *Slama*, *A.*, *Rüger*, *M.*: Der Technologieentwicklungsprozess. In: H. -J. Bullinger (Hrsg.): Fokus Technologie-Chancen erkennen, Leistungen entwickeln. Carl Hanser Verlag, München, 2008

Lang-Koetz, *C*, *Ardilio*, *A.*, *Warschat*, J.: Technolo-gieRadar-Heute schon Technologien für morgen identifizieren. In: H.-J. Bullinger (Hrsg.): Fokus Technologie-Chancen erkennen, Leistungen entwickeln. Carl Hanser Verlag, München, 2008

Lentes, *H.*, *Richter*, *M.*: Systematische Technologiebewertung zur Absicherung der Produktentwicklung. In: Forschungs-und Technologiemanagement. Carl Hanser Verlag, München, 2004

Möhrle, *M. G.*, *Isenmann*, *R.*: Einführung in das Technologie-Roadmapping. In: M. G. Möhrle und R. Isenmann: Technologie-Roadmapping: Zukunftsstrategien für Technologieunternehmen. Springer

Verlag, Berlin/Heidelberg, 2008

Sauerwein, E.: Das Kano-Modell der Kundenzufriedenheit: Reliabilität und Validität einer Methode zur Klassifizierung von Produkteigenschaften. Gabler Verlag, Deutscher Universitäts-Verlag, Wiesbaden, 2000

Specht, D., Behrens, S., Kirchhof, R.: Komplexität beim strategischen Technologiemanagement. In: ZWF Managementwerkzeuge. Carl Hanser Verlag, München, 1999

Specht, D., Behrens, S.: Systematisch Erfolg vorbereiten: Die Produkt-Technologie-Analyse ermöglicht eine anwendungsorientierte Technologieanalyse und-bewertung. In: Wissenschaftsmanagement, Heft 6, November/Dezember 1999

Vahs, D., Burmester, R.: Innovationsmanagement: Von der Produktidee zur erfolgreichen Vermarktung. Schäffer-Poeschel Verlag, Stuttgart, 2005

标准

DIN EN 1325 - 1 und DIN EN 1325 - 2: Value Management-Wertanalyse, Funktionenanalyse. Beuth Verlag, Berlin, 1996

3

轻量化策略与结构类型

3.1 引　　言

设计出重量轻而又可靠的产品是产品开发人员面临的一个主要挑战。尤其是在全球对温室气体二氧化碳的排放限制日益严格的背景下，减轻汽车的重量成为产品制造和运行过程中有效利用环境资源的一个越来越重要的因素。除了满足功能要求之外，尽可能小的重量也是新产品目标系统的一个重要组成部分。因此，轻量化成了成功开发受欢迎产品的先决条件。轻量化结构已经在各种应用领域中被广泛应用。它不仅仅只是被用于像火箭和卫星、飞行器如飞机和直升机等航空航天领域的设计当中，而且也常可在如汽车和赛车等公路车辆和铁路车辆或桥梁等建筑结构中见到。尤其是在汽车行业中，全电动汽车的开发带来了特殊的挑战，因为电池单元体积很大而且重，在最大行程的要求下，不可避免地要减轻车身的重量。在设计这样的轻量化结构时，需要有一个合适的策略和特殊的结构类型，以达到减轻重量的目的。

3.2 对轻量化结构的要求

轻量化结构的开发是一个跨学科的复杂过程。环境兼容性、移动性、安全性和舒适性是我们这个时代的核心要求。它们是汽车行业产品开发的重要挑战。图 3.1 中汇总了汽车行业对组件的要求。

除了基本功能或满足任务要求之外，轻量化结构设计还必须要考虑到社会、政治和法律规定以及市场等不同的框架条件。表 3.1 给出了框架条件、要求和适用标准的概览。

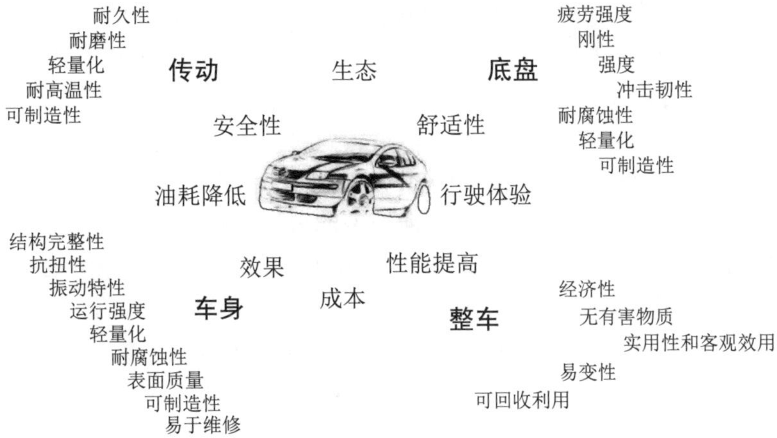

图 3.1　对汽车行业模块和组件的要求（Braess，Seifert，2003）

表 3.1　对轻量化结构要求的概览

框架条件	要　求	标　准
• 社会 • 政治 • 法律规定 • 市场 • 其他	• 生态 资源消耗 （生产与经营） • 安全性 载荷 许可规定 设计规定 • 客户认可 舒适性 个性化 • 成本 可互换性 平台的形成 装配过程 便于维修 • 结构类型 材料 加工技术 • 可回收利用 • 其他	• 质量 • 力 • 销售量 • 件数 • 可支配的预算 • 材料的选择 • 表面质量 • 其他

来自社会方面的框架条件

来自社会的框架条件是社会深刻变革的结果。在这个变革中，如个性化和享乐主义①的倾向越来越突出，自由和富有的体验及享受远远超出了对责任和可接受

① 享乐主义（Hedonism）是一种哲学思想，认为享乐是人类最重要的追求。享乐主义追求将享乐与痛苦的距差增至最大。

性价值的追求。此外，当今汽车领域的客户比以往明显更加挑剔，观念更加开放，更愿表达他们对某些特殊情况拒绝妥协的意愿（Neff et al.，2001）。因此，社会被分成许多不同的生活世界。总体而言，社会已变得更加模糊、变化快且微妙。在波动的小社会中，需要不断对具体状态进行重新定义。由这些变化在汽车市场带来的后果是西方文化中个性化不断增强的趋势。营销专家对此的解释是："以前，乘用车主要是运输工具，拥有这种工具是一种身份的象征……现在，拥有一辆汽车已经是一件再普通不过的事……因此，在过去的 20 年中，需要通过其他手段……说明某人想要并且能够从旁人当中脱颖而出。"（Winzenheim，2002）

虽然样式独特、抢眼和纯粹的汽车理念可以在一定程度上满足个性化的需求，但往往会忽略其他客户的要求。对于个性化的趋势，开发产品以及购买新车时都会强调理性的方面，如用途、成本和环保等因素。尤其是成本在这里起到至关重要的作用。

来自政治和法律规定方面的框架条件

移动性是我们社会繁荣的一个重要因素。据预测，到 2015 年，全球汽车年产量将会从 6 500 万辆增加到约 8 000 万辆（Nassauer，2007）。此外，对气候变化可能造成的影响，其中车辆废气造成的二氧化碳高排放已经是众所周知了。同时也在社会和政治上引起环保意识的日益增强。在未来，移动性将受到可持续性方面要求的严格限制。严格的立法，如欧洲委员会规定，从 2012 年起新乘用车不能超出每千米 130 g 的二氧化碳排放量的平均限值（2007 年欧洲共同体委员会），这就迫使汽车制造商必须生产节能型汽车。因此，汽车行业在近几年内都在加大减少废气排放的力度。

根据行驶阻力公式，3/4 的行驶阻力因素与汽车重量有关，这使得它成为影响常规动力车辆燃料经济性和排放的主要因素。

行驶阻力公式：

$$F_W=(1+C_{rot})\cdot m_F\cdot a_F+m_F\cdot g\cdot f_R(v_F)\cdot\cos\alpha_{St}+m_F\cdot g\cdot\sin\alpha_{St}+\frac{\rho_L}{2}\cdot c_w\cdot A_x\cdot v_{rel}^2$$

式中：m_F 汽车总质量［kg］

C_{rot} 旋转加速质量的因数（0.05 内燃机，0.03 电动机驱动）

g 重力加速度［m/s^2］

a 车辆的加速度

f_R 滚动阻力系数（取决于速度和轮胎）

ρ_L 空气密度

α_{St} 爬坡角度

c_w 空气阻力系数

ν_F 车速

A_x 车辆的前端面

ν_{rel} 相对行驶速度

在使用传统内燃机驱动方案的情况下（柴油发动机或汽油发动机），每减少 100 kg的重量——取决于车型和驾驶风格——每百千米可减少 0.3～0.6 L 的燃料，并可减少高达 10 g/km 的二氧化碳排放（Furrer，2007；Förderreuther，2008）。

新驱动形式，如混合动力或电力驱动，或多或少增加了轻量化结构的压力。这些驱动形式可以通过回收制动能量，即所谓的再生①来获得加速能量。然而，在这些车辆中，总重量会由于蓄电池而有所增加。此外，尽管制动过程中通过再生而转化为驱动能量，但其能量损失也不容低估。研究表明，驱动电动车辆的能量需求是由重量、空气阻力、滚动阻力和辅助设备确定的（图 3. 2）。用质量为 1 753 kg 的车辆在 NEFZ②、Artemis③ 城市、Artemis 公路和 Artemis 高速公路这四个不同行驶循环下模拟车辆的行驶特性。特别是在电动汽车未来主要行驶的城市循环中（市区），质量对能源需求的影响较大。除了能量再生之外，减轻车辆重量，尤其是在城市交通中，可以使车辆的行驶里程增加。

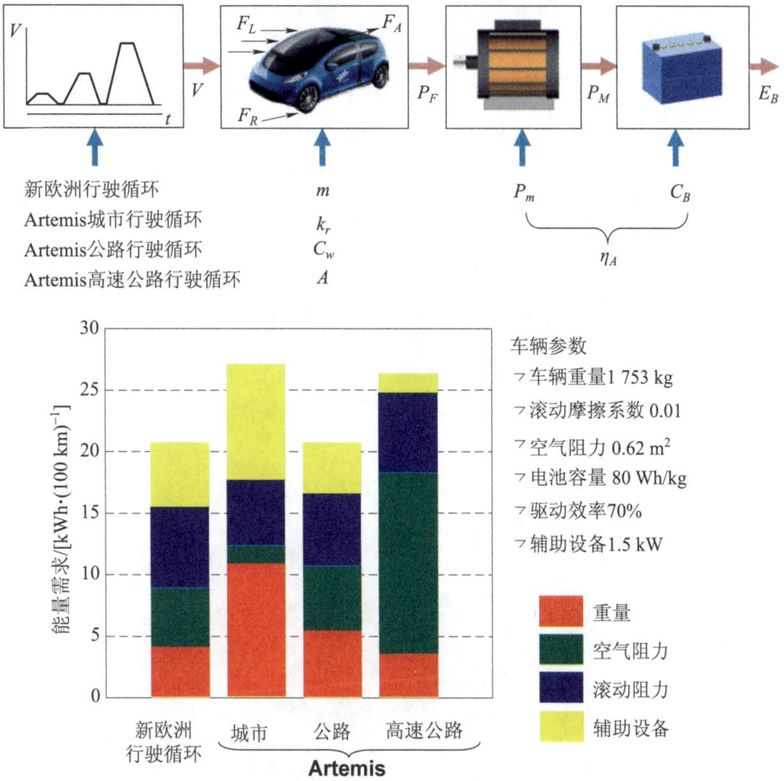

图 3. 2　电动汽车整车质量在能源需求中所占的比例（Friedrich 和 Hülsebusch，2009）

与减轻车辆重量的要求相反，人们对车辆性能、安全性和舒适性的要求不断增加，而这些要求也在不断增加着车辆的重量。这方面的一个典型例子就是大众高尔夫车型的整车质量，在过去 20 年中，其重量一直在不断增加（Goede et al.，2008）。一方面，车辆已经变得越来越大，另一方面，安装了更多的安全系统、舒

① 再生为一种能量回收的技术方法。

② NEFZ：新欧洲行驶循环。

③ Artemis：与 NEFZ 类似的接近现实情况的行驶循环。

适性装备等。为了抵消重量增加的影响，以及实现理想情况下车辆重量平衡补偿的附加功能，轻量化就成了开发者的核心主导理念（Röcker，2008）。这一理念通常应用于航空航天、铁路车辆制造、建筑等应用领域中。

3.3 轻量化策略

结构类型，材料和制造技术是新型轻量化结构和改进轻量化结构的关键，而轻量化策略使这些关键因素得以有目的地应用。目前，不同的轻量化策略使用了不同的名称，这些策略可以在结构上归纳为五类（图 3.3）。

在开发过程中，这些轻量化策略对重量优化的轻量化解决方案予以支持。如图 3.4 所示，轻量化条件不仅决定了对轻量化结构的要求，而且也是下一步轻量化策略的基础，通过方案轻量化、材料轻量化、轻量化设计和制造轻量化可以开发出一个轻量化结构。这四个轻量化策略在开发过程中可以基于可能的单个部件、组件、模块或整个轻量化结构，以不同的迭代循环来进行。

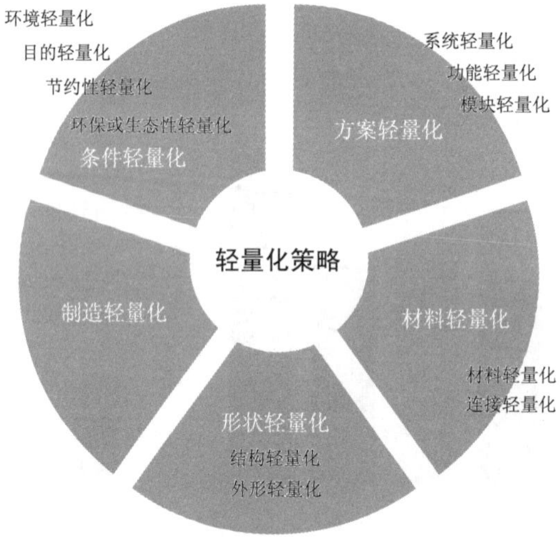

图 3.3 轻量化策略及其各种名称的分类

3.3.1 条件轻量化

条件轻量化，也被称为环境轻量化，包含了对轻量化结构的要求或条件。这些要求包括来自社会、政治和法律规定以及市场的框架条件。就拿对车辆结构安全性的要求举例来说，仅碰撞要求就有很多种，其中立法者就规定了新车上市许可的最低碰撞要求。在欧洲就必须要满足欧洲经济委员会规范的规定，而在美国则适用所谓的联邦机动车辆安全标准规范。此外，还有一些消费者权益保护组织，例如欧洲新车评估程序或者美国新车评估程序，其碰撞规范中包含更高的要求。从第 3.2 节中所述的框架条件中可以得出产品开发、生产、经营、维护和利用的各种其他必要要求。

从这种需求列表中仍然无法得出轻量化策略。只有通过对所有可能的要求进行深入分析研究，才能得出要开发结构的新轻量化潜力，从而编制出所谓的客户要求规范。规范中包含一些不可缺少的要求，通过不断地取消其中那些对结构重量没有直接影响的要求，从而达到减轻重量的目的。此外，还可以应用其他轻量化策略产生更多的选择和设计自由度，以进一步减轻重量。例如那些只允许在美国市场上销售的车辆，不一定非要符合欧洲新车评估程序的碰撞要求。轻量化策略中目的轻量化、节约性轻量化、环保性轻量化都被划分在轻量化术语“条件轻量化”之下，因为通过它们可以推导出条件轻量化或框架条件的要求。

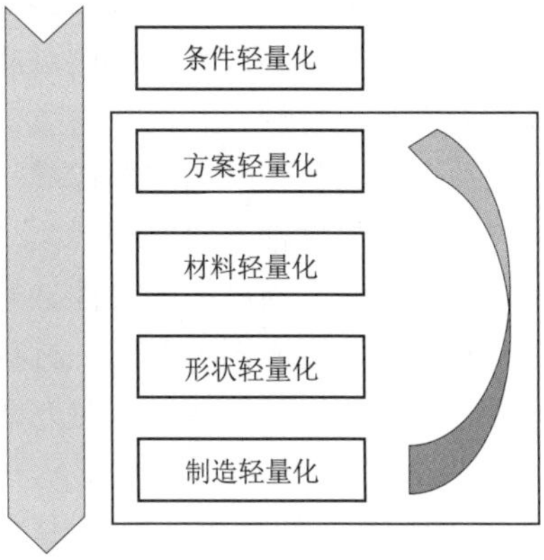

图 3.4　轻量化策略和开发过程中建议的流程

目的轻量化

从整个系统的功能要求中可以得出目的轻量化。因此，减轻重量对于满足整个系统功能来说是必不可少的或适宜的方法。以汽车为例，目的轻量化将确保安全驾驶动态的轴载分布。在一辆发动机前置的车辆中，必须要降低前车结构的额外重量，以实现平衡的重量分布。在赛车或飞机制造中，轻量化的目的可能是，例如更高加速度的要求，尤其是通过降低质量的手段可以实现的要求。

节约性轻量化

节约性轻量化是实现生产过程中节约成本要求的结果。它也可以被称为直接节约成本策略。通过节省材料或缩短过程链以及在轻量化结构中集成功能的方式降低生产成本可实现轻量化的节约性。

环保轻量化

环保轻量化，在一些文献来源中也称为生态轻量化，是轻量化结构在运行期间实现生态或经济方面特定要求的结果。因此，有时候也可以使用一些成本较高的材料或产品，以减少之后的运行成本或对环境的影响。例如在航空航天领域中，增加生产和制造成本有利于降低能耗、降低运行的燃料成本或者有利于增加有效载荷。在费用方面，相对于节约性轻量化，这种轻量化策略也被称为间接节约成本策略。

3.3.2　方案轻量化

方案轻量化，有时也被称为系统轻量化，其特点是从整个系统或部分系统来考虑轻量化。通过从系统的角度对结构件、组件和模块进行分析并加以调整，使其适合整个系统或部分系统，从而降低整个系统的重量。其应用实例是具有较高部件和功能集成度的新负载路径整合或结构开发。方案轻量化虽然可能会对部件（组件）

的布置和部件的设计产生较大的影响，但由此可明显降低整个系统的重量。

现在以飞机机翼的外皮为例对此加以说明。飞机机翼的几何形状主要基于飞机空气动力学基本特性，并最终为飞机提供升力。它的额外功能还包括满足刚性的要求。另一个功能是在机翼内部构成一个油箱结构，即所谓的集成油箱，所形成的结构同时也被作为燃油箱（图 3.5）。飞机机翼的例子表明，结构必须满足不同的要求，如表面质量、强度、密封性、耐腐蚀性等。机翼结构负责多项任务，因此，往往无法明确地设定方案轻量化、材料轻量化、形状轻量化和制造轻量化之间的界限。

有时候也使用功能轻量化对方案轻量化加以描述，这其中还有被动功能轻量化（图 3.5）和主动功能轻量化之分。如果为了减少机动载荷或阵风载荷，在技术系统“机翼”中增加了主动元件或使用了现有的元件，如副翼和襟翼，那么它可能会降低某些要求，例如对刚性的要求。在这种情况下，不能忽视由于添加元件（例如：传感器或控制单元）而增加的额外重量。在使用活性材料和活性材料系统时，如在主动功能集成的其他实例中所使用的压电元件或碳纳米管，它们与材料轻量化的直接联系是显而易见的。如果在独立的模块或子系统中采用方案轻量化，也可以将其称为模块轻量化。

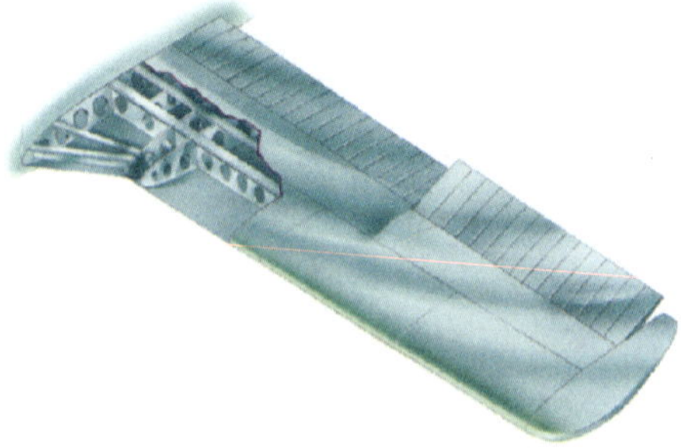

图 3.5　飞机机翼翼肋之间的集成油箱（图片来源：fotolibra）

通过图 3.4 所示流程，方案轻量化会对其他轻量化策略产生重大影响。从它们的关联中可以得出减轻重量的潜力。通过整个系统的基本定义，方案轻量化可以对结构设计产生深远的影响。通常有选择材料或几何形状方面的限制。

3.3.3　材料轻量化

材料轻量化的目的是尽可能使用最轻的材料生产出符合规定要求的结构。通过用一种密度较低的材料替代另一种材料，可以减小结构的重量。这似乎是一个很容易实现的策略。然而，替代时必须要考虑到，材料轻量化的实施并不是简单地选择不同的材料，而无须调整几何形状以及结构生产相关的制造工艺条件。有时候，随着一种材料的调整会产生另一个重大创新和技术飞跃。在飞机制造中，通过纤维增强塑料取代铝材就是这方面的一个典型例子。为了能够实现材料轻量化，仅仅简单地改变材料往往是不够的。此外，还必须在力的传递或连接技术的基础上进行调整。

当为一个结构部件选择了一种具有与其相似的特征和类似加工技术的高强度材

料时，其壁厚和重量均可随之降低，因此，材料轻量化也就相对容易实现。图 3.6 通过 VW（Lupo FSI）的后轴弹簧给出了这样的一个例子。其中使用钛金属弹簧替代了 1.1 kg 的钢制弹簧。在相同的参数条件下，减少了 450 g 的质量（Schauerte et al.，2001）。

在材料轻量化中所使用的各种材料和复合材料如下：

- 金属材料：钢材，铝材，镁材，钛金属。
- 非金属材料：塑料，技术陶瓷。
- 复合材料：纤维增强塑料（碳纤维复合材料、玻璃纤维复合材料），陶瓷复合材料，金属复合材料。
- 活性材料：压电材料，碳纳米管。

在此，复合材料的使用，特别是纤维增强塑料的使用，似乎尤其适用于材料轻量化。其特性可以根据相关要求通过选择纤维或纤维组合，或者选择纤维方向和纤维基质来进行调整。根据不同的应用，使用这样的复合材料可能会是非常昂贵的或完全不适用的，因为除了重量之外，还必须要考虑到整个系统可能还有其他的标准。

图 3.6　钢制和钛金属材料的车辆后轴弹簧（Schauerte et al.，2001）

自适应材料对于主动功能轻量化来说是一种非常值得研究的材料，例如通过使用压电陶瓷，可以通过结构减振和峰值负载来降低不希望的振动，使其达到减轻重量设计的结构允许范围。

3.3.4　形状轻量化

形状轻量化的目标是根据给定要求调整结构，以通过优化力的分布和造型，使其成为具有最小重量的结构。除了重量之外，最重要的要求是负载、安装空间、制造技术和负载引入元件的功能集成。这意味着轻量化设计与方案轻量化和材料轻量化是密切相关的。在形状轻量化中，在建设性地实现结构零件的几何形状、数量和布置的同时，还应考虑到要求，特别是对负载的要求。在开发过程中，除了各种成型和设计规范之外，同样还会应用到像拓扑优化法和成型优化法这样的优化方法

（图 3.7）。

在轻量化设计中，结构设计的实现不仅与上述的轻量化策略紧密相关（方案轻量化和材料轻量化），而且在很大程度上还取决于所选择的结构形式，即分体结构或整体结构（第 3.4 节）。在分体结构中，形状轻量化就是以所选择的材料和制造工艺对各个结构元件进行重量优化结构设计，并确定装配的顺序，在这里，装配是指通过连接技术使结构元件成为一个承载整体结构的形式。对比之下，在整体结构中，形状轻量化负责几何形状和表面形状以及基于所使用的材料和生产过程优化诸如集成部件的壁厚等因素，从而获得重量优化的结构。形状轻量化有时也由于其所描述的设计和结构调整而被称为外形和结构轻量化。

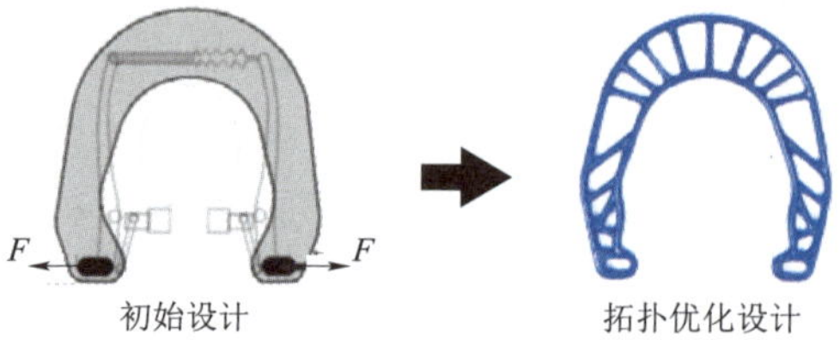

图 3.7　自行车制动助力器的拓扑优化（Spickenheuer et al.，2009）

3.3.5　制造轻量化

术语“制造轻量化”是指制造过程，加工过程和装配过程中减轻重量的潜力。然而，制造轻量化很少单独拿出来进行讨论，因为它与两种轻量化策略——材料轻量化和形状轻量化非常紧密地联系在一起。以拼焊板或定制的轧制坯料为例，制造工艺可以生产出具有不同壁厚的金属板结构，并由此对结构中出现的应力进行优化。此外，成型工艺中也可以加入加工轻量化，因为这样可以改善材料的性能并有目的地降低壁厚。热成型时选择的钢合金和镁的超塑性成型就是这方面的应用实例（图 3.8）。

图 3.8　超塑性成型的镁合金测试体

图 3.9 所示的样品是在 250 ℃的温度下以 0.3 mm/min 和 5 mm/min 的成型速率制成的。

在诸如激光焊接、钎焊或黏合等连接技术和装配技术过程中，也可以安排制造轻量化。相对于诸如法兰等螺栓连接、铆接或点焊结构，上述方法可以减小连接尺寸，或者可以在待连接的结构之间实现均匀连接。

3.3.6　轻量化与成本

在轻量化技术中提出了如下问题，即减轻 1 kg 质量的成本允许是多少。这个问题的答案在不同行业内是完全不同的，甚至在不同应用领域中的差异也很大（图 3.10）。

由于应用领域以及结构部件的位置和整体结构内的区域而形成了与减轻重量相

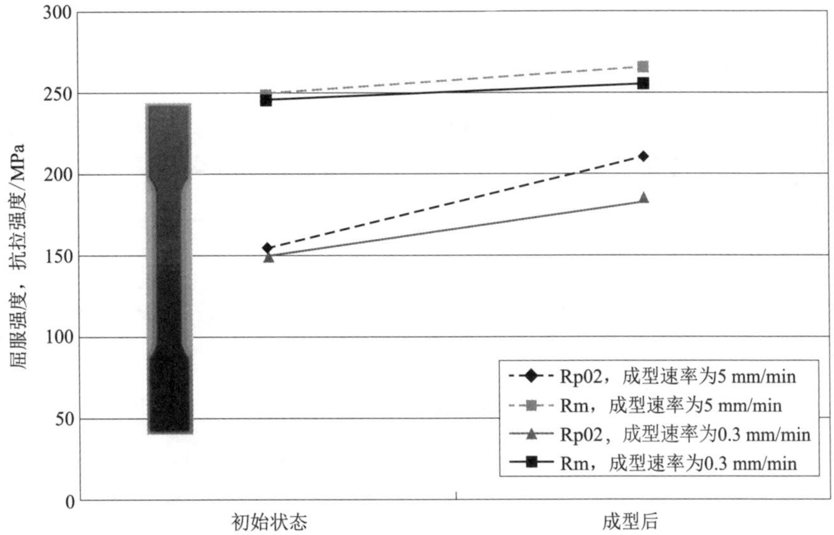

图 3.9　室温下，镁合金 AZ31 在超塑性成型之前和之后的力学特性

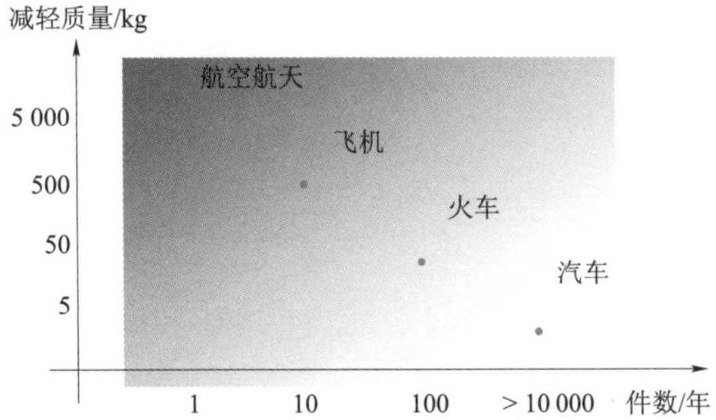

图 3.10　客户可接受的每减轻 1 kg 质量的轻量化成本（Friedrich，2008）

关的仍可接受的不同的额外成本目标设定。例如在汽车各个领域中，驱动方式和动力总成距离重心的位置不同的情况下，其可接受的每减轻 1 kg 质量的成本也各不相同。图 3.11 给出了一个驱动单元在前围的前轮驱动示例。由于重心及其相关的驾驶动态的原因，前部区域减轻重量所用成本比在车辆后部的更高是可以被接受的。此外，车顶区域每减轻 1 kg 质量的成本比在车底部高也是可以接受的。

从整个系统考虑时，考虑成本时可以加入二次减轻重量。二次减轻重量是指结构减轻对其他结构的影响。在汽车行业中，减轻重量，例如减轻车身的重量，可以通过在底盘、制动系统、变速器直至传动单元中的进一步调整减轻所谓的“二次”重量。图 3.12 显示了其与两种轻量化策略——材料轻量化和方案轻量化之间的关系。

对于通过材料轻量化和方案轻量化产生的主要减轻重量，可以通过在发动机、变速箱和底盘上的进一步调整进行二次减轻重量。二次减轻重量不仅会对总重量产生影响，而且每减轻 1 kg 质量还有可能会产生额外成本。

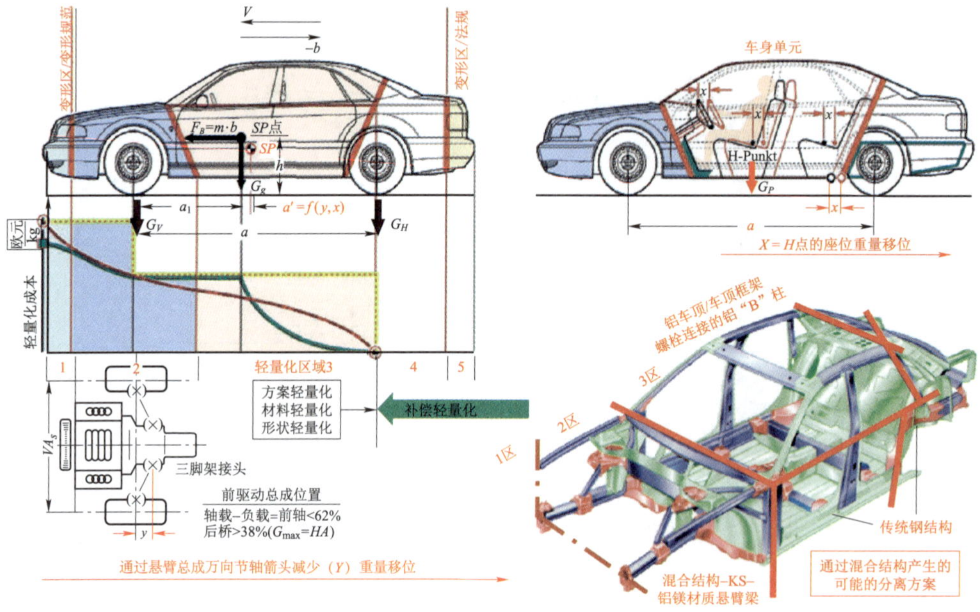

图 3.11　汽车中的轻量化区域（Haldenwanger，1997）

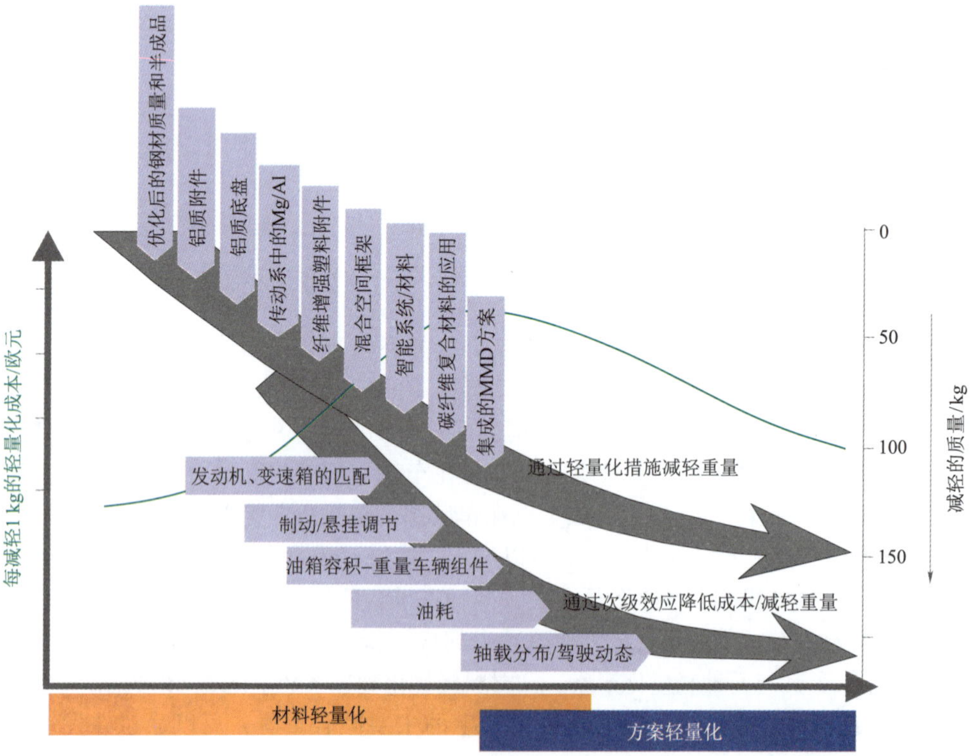

图 3.12　汽车二次减量相关轻量化成本示例（Friedrich et al.，2003）

3.4 结构类型

一个整体结构可以通过不同的结构类型分开建立或者连续建立。此外，结构类型可能只是基于一个零部件、整个组件或整个结构。哪些结构应该采用哪种结构类型，一方面取决于所使用的设计策略和结构元件，例如部件的尺寸和数量、材料以及制造工艺的选择，另一方面还取决于涉及的环境或范围。

3.4.1 分体结构

分体结构是一种建立整体结构的传统结构类型。它通过将单个结构元件、单个部件或者组件和半成品连接起来组合形成一个整体结构。与其他结构相比，组件在结构上比较简单。图 3.13 显示了分体结构通过单个板材组成的车辆前部车身结构的一部分。这种方式具有一些优点。应用时，它可以由不同材料的单个元件组合而成，从而开发出其特殊的轻量化潜力。这种结构类型也有利于故障安全理念。在故障情况下，可以对单个元件进行局部维修，它们可以相对容易地被更换。在部件达到使用寿命时，单个元件更易于回收。

除上述优点之外，分体结构也有缺点。在各个金属材料之间的接缝上可能会产生接触腐蚀。除了材料成本较高之外，如通过接合凸缘产生的成本，单个部件还会因此而增加安装成本。

3.4.2 整体结构

整体结构则与其相反，其目的是生产出一个整体结构并通过功能（螺钉连接点、加强筋等）和部分部件的整合尽可能多地减轻重量。在整体结构中，方案轻量化这一轻量化策略与功能整合的目标紧密相连。这种结构的优点是零部件重量最轻且零部件的连接成本较低。这可以通过在相同组件范围或相同功能范围内直接对比分体结构（图 3.13）与整体结构明显看出。图 3.14 显示了一个整体镁铸件，与分体结构的钢制变型件的对比，前者具有超过 60% 的重量减轻潜力。

但除这些优点外，整体结构也存在着缺点。有时候制造成本过高，并且生产部件的模具更加复杂，因此也比较昂贵。此外，部件的材料变化也受到限制。

3.4.3 模块化结构

总成的另一种类型是模块化结构。在这里，模块定义可概括如下：一个模块是更大总成的一个组件。总成周围区域有强大的相互关联性，而相比之下，其与相邻部件或模块的关联性则较弱。这些相邻的部件和模块可以通过明确的接口加以区分。通过这个确定的接口，模块可以与整体结构进行机械连接并接入周围系统中，从而用于所有要传送的服务和信息。通过在整体结构层面上优化功能和子功能的整合和链接，就产生了模块化结构。VW Polo 的前端就被设计成了模块化结构（图 3.15）。

安装支架上装配有集成在横梁上的前大灯、散热器与保险杠模块。可以根据不同的关联标准确定模块，如基于功能、过程或结构（表 3.2）。

图 3.13 分体结构类型的车辆结构（超轻型汽车）

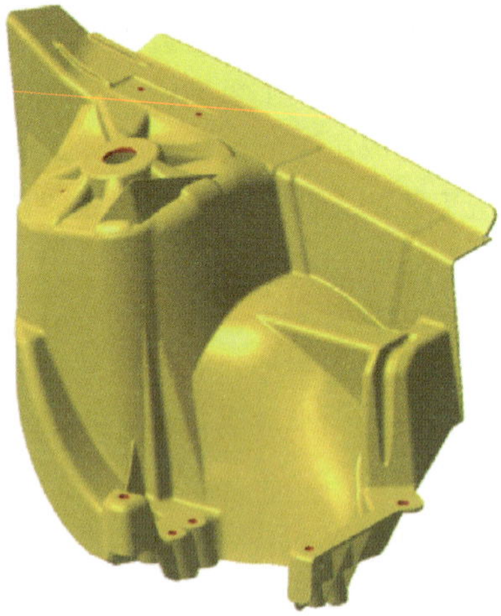

图 3.14 车辆前围结构的整体铸件

表 3.2 模块定义示例（Schindler，2008）

关联标准	模块概念	飞机制造示例	汽车制造示例
功能相关	功能模块	前起落架和主起落架模块 驾驶舱模块	空调模块 弹簧腿模块 暖气模块
过程相关	安装模块	襟翼 机门模块	前端或后端模块 车顶模块 车门模块 行李箱盖模块
	开发模块	空调 驱动装置模块	动力传动系 排气装置
结构相关	结构模块	机身模块 机翼和翼盒模块 尾翼	前围 车身结构模块

功能相关模块包括如空调或控制等功能。它往往包含了功能类似的元件、部件或组件，有时候会在整个系统的较大范围内进行分散布置。

过程相关模块基于例如开发过程、制造过程或装配过程。例如汽车行业中 VW Polo 的前端就是这样的安装模块（图 3.15）。在这里，预组装的部件和组件被作为安装模块安装在车辆结构中。因此，模块的预组装成本要比在车辆结构中的实际装配成本更高。这个模块可以通过供应商预制和预装配，并且按照汽车制造商的时间周期运输到装配线上。这些模块和其他模块都可以选择合适的接口用于其他车辆平台和产品系列中。这个优势可以根据变型和供应链纳入企业战略中或通过这样的企业战略推动这一优势。

图 3.15 VW Polo 中模块化结构前端的示例（Henning，2005）

结构相关模块包括从结构部件到整体结构的所有部分，例如汽车行业中的车身制造模块或航空行业中的整个飞机结构。

通过选择适当的接口开始进行模块化结构设计，并对模块进行汇总及区分以进行平台设计，从而增加了一个产品系列的关联度。通过这种涵盖整个结构的思维方式和采用通用件策略的可能性，可以降低开发、制造和装配成本。然而，在模块化结构中并不总是能够实现在系列产品中单个整体结构的最优轻量化解决方案，这也可能是它的一个缺点。

3.4.4 复合结构

在复合结构中，一个部件中存在不同的材料，这样可以在性能不变或性能得到改善的条件下，通过其不同的特性获得重量减轻的部件结构。这些材料包括金属、技术陶瓷、增强塑料或者未增强塑料，根据不同需要将它们以不同的方式彼此组合在一起。一个常见的例子就是夹层结构，其内芯为泡沫材料（金属或塑料），蜂窝状或粉末制成的金属结构，覆盖层则由金属板或塑料板制成（图 3.16）。

与实心材料相比，这些夹层结构在相同的或更高的抗弯强度下具有更轻的结构重量。图 3.17 显示了取决于高度的不同结构的比刚度。

复合结构的优点是在减轻重量的情况下仍然能够达到较高的刚度，并且集成了更好的隔音和保温功能。

除了这些优点之外，也有一些缺点，例如故障安全性能较低，尤其是在纤维增强复合材料中很难进行力的传递，且制造成本较高，相比之下，有些材料的成本也较高。在开发阶段，部件特性仿真决定着许多加工参数，因此增加了准确进行仿真预测的难度。对于夹层结构，其几何形状差异很大，很难进行仿真，这也是它的另一个缺点。在部件范围内，易维修性同样受到很大的限制。

图 3.16 夹层结构的不同芯材（Kopp et al.，2009）

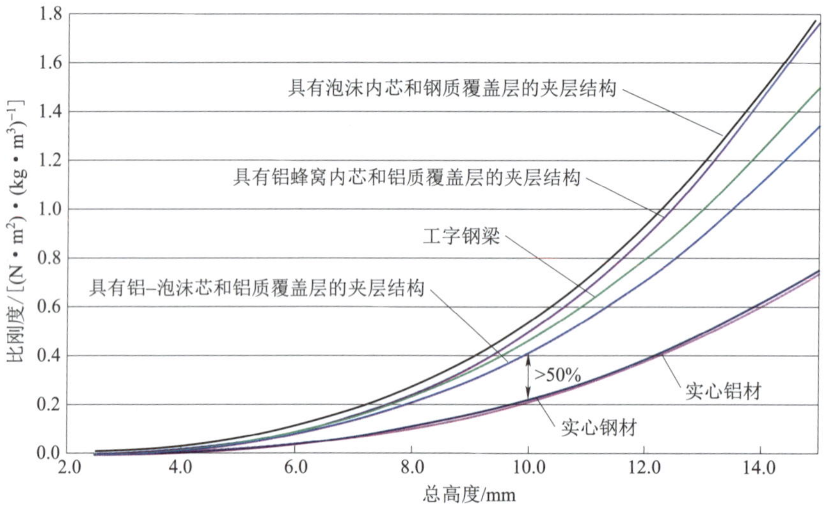

图 3.17 与高度相关的比刚度（Kopp et al.，2009）

3.4.4.1 混合结构

在混合结构中，不同的材料在零部件层面上被组合。混合结构表现为一种材料混合结构。复合材料可以通过至少一种轻金属材料以成型工艺（铸造、成型或包覆成型）与另一种材料连接在一起进行生产（图 3.18）。它们之间的连接由形状和材料共同来决定。

通过这种组合，可以最好地利用部件每个元素的特性和它们不同的材料特性。单个材料特性可以通过混合结构加以补充，从而使其具有更高的轻量化潜力。与此相反，成型工艺也具有较高的制造成本，它相对于其他结构可导致更高的额外成本。

缺陷评估和修复可能性也受到了限制，而且在开发时就应考虑形状和材料配合接触点上的腐蚀风险。

3.4.4.2 多材料设计

多材料设计是对上面所述几种结构的进一步发展。其中，每个部件都使用合乎要求的材料，即在多材料设计中实现的结构是由不同的材料，如钢、铝、镁或复合材料并通过诸如浇铸、成型、挤压或注塑等不同加工工艺来制造的。这种材料混合是必要的，这样可以充分利用全部轻量化潜力。在连接结构元件或连接组件与模块或整体结构时，可以使用冷、热连接技术。然而，这种组合不仅包含材料层面和制造层面，而且也包含系统层面上整体结构的结构设计类型。

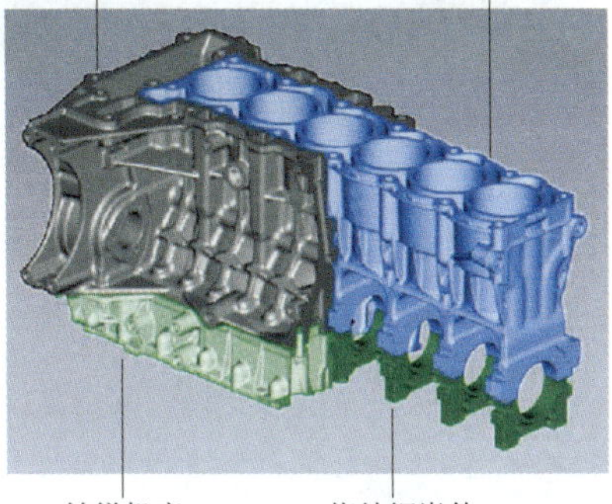

图 3.18 铝镁复合材料制成的宝马六缸发动机曲轴箱（曲轴轴瓦）（Klüting，2004）

但是，这些不同材料的应用也要求使用各自合适的连接工艺，如焊接或钎焊等热连接工艺无法用于塑料当中，因此，主要使用如铆接、冲压铆接、咬合连接、螺栓直接连接等机械连接工艺或化学连接工艺（胶合）。这些连接技术的组合，即所谓的混合连接，同样也被用于多材料设计当中。

在选择相应连接工艺时，要计划好装配过程以及为此所需的可接近性，例如连接过程中的单侧或双侧可接近性和连接装置所需的空间。由于力的传递和不同材料热膨胀系数、耐久性或使用寿命、耐高温性和耐腐蚀性等方面机械性能的差异，增加了选择合适连接工艺的难度。

这种结构的优点是可以通过改变参数找到各种重量优化的方法。但是，这种参数的多样性也为开发带来了巨大的挑战。除了模拟特性外，在材料腐蚀和再利用方面，装配工艺和连接工艺是导致多材料设计更加复杂的话题。

就拿奥迪 TT 举例来说，其车身上使用了各种不同的材料，例如铝和钢，并且组合了诸如铸造和成型工艺等不同的部件制造工艺（图 3.19）。与钢质材料相比，多材料设计具有 48% 的重量优势，与全铝结构相比，其具有 12% 的轻量化潜力（公司手册，奥迪股份公司 2006）。

另一个例子来自欧洲同名研究项目“超轻型汽车”（图 3.20）。在这个项目中，所开发和通过原型展示的多材料设计车身与传统的钢制车身相比，其重量共减少了 35%。

图 3.19 奥迪 TT 的多材料设计（图片来源：奥迪 2006）

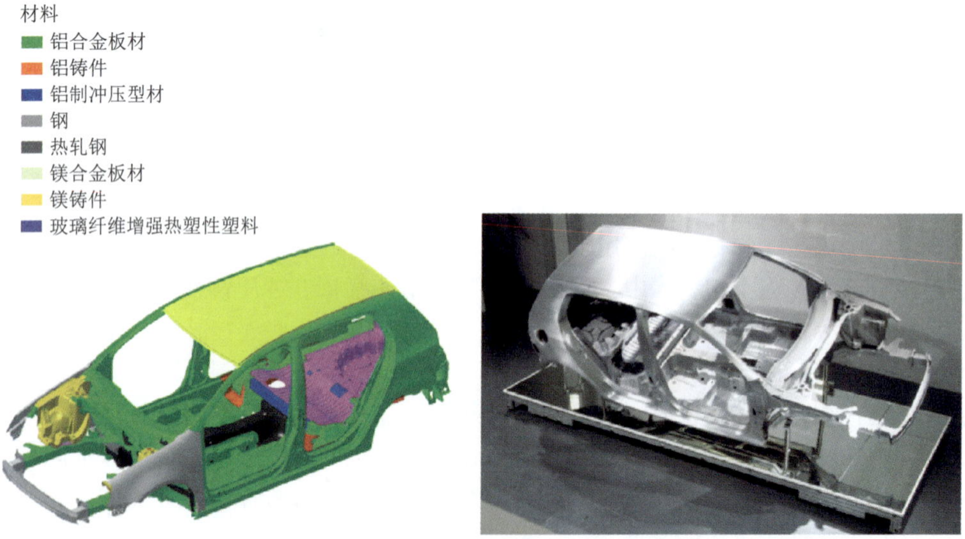

图 3.20 多材料设计的超轻型车车身，左侧为 CAD 模型，右侧所示为示范产品

3.5 结 论

在减少二氧化碳排放的可持续策略方面，改善移动质量的能源效率和资源效率起着重要的作用。通过应用合适的轻量化策略和具有成本吸引力的新结构，例如多材料设计结构，可以实现大幅减轻重量的目标。这也表明在连接技术和必要性方面所面临的挑战，开发过程中应考虑与轻量化结构相关的各种轻量化策略。

因此，未来的轻量化产品会通过不同的轻量化策略越来越多地追求材料上灵活的、模块化的结构设计方案。

3.6 附加信息

文献

Braess, *H.-H.*, *Seiffert*, *U.*: Vieweg Handbuch Kraftfahrzeugtechnik. 3. Aufl., Vieweg+Teubner Verlag, Wiesbaden, 2003

Förderreuther, *A.*: Reduction of Greenhouse Gases by Aluminium-Intensive Lightweight Design. International Circle of Experts on Car Body Engineering 2008. Bad Nauheim, 26./27. Februar 2008

Friedrich H. E., *GoedeM. F.*, *Krusche T.*: Bauweisen für neue Fahrzeugkonzepte im Spannungsfeld von Leichtbau und Kostenattraktivität. Tag der Karosserie, Aachen, 6. Oktober 2003

Friedrich, *H. E.*, *Hülsebusch*, *D.*: Elektro-Fahrzeug-konzepte und Leichtbau: Anforderungen für neue Werkstoffe? 1. Internationaler eCarTec Kongress für individuelle Elektromobilität, München, 13./14. Oktober 2009

Friedrich, *H. E.*, *Kopp*, *G.*: Trends, Bauweisen-Konzepte für neue Entwicklungen im Fahrzeugbau. FAT-Forum "CO2-Reduzierung durch Leichtbau". VDA, Frankfurt, Dezember 2008

Furrer, *P.*: Karosseriebau mit Aluminiumblech-Neue Lösungen für den kosteneffizienten Leichtbau. 16. Aachener Kolloquium Fahrzeug-und Motorentechnik, Aachen, 8.–10. Oktober 2007

Goede, *M.*, *Stehlin*, *M.*, *Rafflenbeul*, *L.*: Leichtbaupotenzial durch Mischbauweise im Karosseriebau. International Circle of Experts on Car Body Engineering 2008. Bad Nauheim, 26./27. Februar 2008

Haldenwanger, *H. G.*: Zum Einsatz alternativer Werkstoffe und Verfahren im konzeptionellen Leichtbau von Pkw-Karosserien. TU Dresden, 1997

Henning, *J.*: Modulare Karosseriekonzepte. 2. Braunschweiger Symposium, Braunschweig, 25. Januar 2005

Klüting, *M.*, *Landerl*, *C.*: Der neue Sechszylinder-Ottomotor von BMW. Teil I: Konzept und konstruktiver Aufbau. In: MTZ, 65, 2004, S. 868–880

Kopp, *G.*, *Friedrich*, *H. E.*, *Kuppinger*, *J.*, *Henning*, *F.*: Innovative Sandwichstrukturen für den funktionsintegrierten Leichtbau. In: ATZ, 04/2009, S. 298ff

Nassauer, *J.*: Globaler Automobilmarkt. Munich Network Forum Automobil und Innovation-Internationale Märkte, technische Entwicklungen. München, 28. November 2007

Neff, *T.*, *Junge*, *M.*, *Köber*, *F.*, *Viert*, *W.*, *Hertel*, *G.*: Bewertung modularer Fahrzeugkonzepte im Spannungsfeld zwischen Kundenorientierung und Standardisierung. In: Fahrzeugkonzepte für das 2. Jahrhundert Automobiltechnik. VDI-Berichte Nr. 1653. VDI Verlag, Düsseldorf, 2001, S. 373–379

Röcker, *O.*: Untersuchungen zur Anwendung hoch-und höchstfester Stähle für walzprofilierte Fahrzeugstrukturkomponenten. Diss., Technische Universität Berlin, 31. Januar 2008

Schauerte, *O.*, *Metzner*, *D.*, *Krafzig*, *R.*, *Bennewitz*, *K.*, *Kleemann*, *A.*: Fahrzeugfedern federleicht: Erster Serieneinsatz einer Achsschraubenfeder aus Titan. In: ATZ, 103, 2001, S. 654–660

Schindler, *V.*, *Sievers*, *I.*: Forschung für das Auto von morgen. Springer Verlag, Berlin/Heidelberg, 2008

Spickenheuer, *A.*, *Uhlig*, *K.*, *Gliesche*, *K.*, *Heinrich*, *G.*, *Albers*, *A.*, *Majic*, *N.*: Steifigkeitsoptimierung von Faserverbundbauteilen für den extremen Leichtbau. 12. Chemnitzer Textiltechnik-Tagung, 2009

Winzen, U.: Neue Trends in der Automobilindustrie. In: Die Wirtschaft, Ausg. 7/8, 2002

规程

Kommission der Europäischen Gemeinschaften: Ein wettbewerbsfähiges Kfz-Regelungssystem für das 21. Jahrhundert. Mitteilung der Kommission an das Europäische Parlament und den Rat, Stellungnahme zum Schlussbericht der hochrangigen Gruppe CARS 21. Brüssel, 7. Februar 2007

企业文件

Audi AG: Automobil Industrie. Sonderheft Audi TT, 2006

4

虚拟产品开发

在过去的几十年中，随着计算机性能的日益强大，虚拟产品开发也日益发展，并决定了当前的产品开发过程，这在创新的轻量化产品系统开发方面显得尤为突出。其成了降低成本和节省时间方面提高竞争力的关键。甚至在产品实际生产出来之前，就可以基于计算机的应用在很大程度上模拟出从生产过程到成品的整个产品开发过程，从而显著降低从产品构思到样机的时间跨度。

4.1 计算机辅助设计（CAD）

以前的二维设计图是由设计师在制图板上制作的，如今，计算机上的3D部件虚拟设计已经成为标准。这种计算机辅助设计（computer aided design，CAD）是一种"电子制图板"。CAD系统的应用在如今已经不仅仅是工作条件，它同时还改变了设计师的工作流程，此外，人们正在开发一种被称为"未来工程师"的工具，以提高虚拟的真实性（图4.1）。其目标是通过数据头盔与特殊的眼镜替代电脑屏幕，以使用户可以看到三维的数字化原型，从而能够直观地进行互动和评价。通过使用

图4.1 设计工程师工作条件的发展

3D 投影系统，整个设计模型的制作可以通过多名人员在虚拟空间中的协作来完成。然而，“未来工程师”要掌握完整的虚拟世界还有大量的开发工作要做。

现代 CAD 系统可以在屏幕上通过空间几何数据虚拟地设计产品。在这里，可以以零件和组件的形式建立体模型，然后组装成虚拟的整体产品，从而导出 2D 或 3D 设计图（图 4.2）。这些数据模型是进一步规划生产和开发直至达到成批生产水平的基础。

图 4.2　轮辋数字 CAD 模型分解图

可以通过线模型、边模型或面模型、体模型和混合模型来表示 3D 设计对象。通过 3D 线模型或边模型可以推导出体模型或面模型剖面图以生成技术图纸。这种表现形式需要有顶点的空间坐标以及连接它们的线性单元（多边形）。线模型或边模型可以将由平面和曲面构成的包络面扩展成于 1983 年开始采用且至今仍用于汽车行业的面模型。

从 20 世纪 90 年代中期开始，作为三维设计对象的体积元也被纳入了设计工作。对其继续发展形成了混合模型，即面模型和体模型的组合。

现代 3D-CAD 系统的另一个特征是参数化模型的建立，其中体积、体、面和条件通过关联参数形成参数模型。例如，在设计管件时，可以任意改变其外径并采用任意壁厚。在这些参数关联模型结构的帮助下，可以快速地进行设计变更。

现代 3D-CAD 系统支持这些具有不同功能的建模方法，在其辅助下可以生成所有复杂的三维模型。目前，3D 模型最常见的商用 CAD 软件包包括：

- 参数技术公司（PTC）的 Pro/ENGINEER 和 CREO；
- 达索系统公司的 Catia V6；
- 达索系统 SolidWorks 公司的 SolidWorks；
- 西门子 PLM 软件公司的 NX；
- 西门子 PLM 软件公司的 Solid Edge；
- 欧特克公司的 AutoCAD；
- 欧特克公司的 Autodesk Inventor。

这些程序中的大部分使用自己的文件格式，这有时使得不同 CAD 软件数据之间的交换很难。这也是 CAD 系统无关数据格式与 CAD 系统特定数据格式之间的区别。一般情况下，使用 CAD 系统无关格式只能传输线模型、面模型和体模型，设计历史记录通常会丢失。因此，通常只能在一定限制条件下对所传输的数据做进一步处理。主要 CAD 系统无关数据格式有 VDAFS、IGES、SAT、IFC 和 STEP。作为数据交换格式的欧特克公司图形交换格式（DXF）成为应用广泛的图纸标准。这种文件格式可以被用于 AutoCAD 和其他许多 CAD 程序中。

随着 3D 模型的产生，建立起被称为数字化样机（DMU）的组件虚拟测试的新方法。这个数字化样机包括被分成组件和单个部件的未来产品数字测试模型。诸如安装测试和拆卸测试、碰撞试验和可装配性等各种试验都可以通过它来实施。此外，在对开发成果进行调整、分析和具体化时，它还能成为一种决策平台。

目前，对 CAD 模型进行进一步处理已经成为行业标准。从 CAD 模型中可以得出生产数据以及为控制机床而创建的自动化程序，从而取代了耗时且往往极易出错的数控编程。

由于市场上有大量关于部件设计和开发的文献，因此，以下只列出其中少量的权威著作：Steinhilper 和 Sauer，2008；Conrad，2005；Hoenow 和 Meißner，2004；Klein，2009；Kurz 等，2004；Koller，1994；Wiedemann，2007；Hoenow 和 Meißner，2009；Pahl 等，2005。

4.2 计算机辅助开发（CAE）

为了提高虚拟产品开发效率并由此而达到增加品种、缩短产品形成周期和小批量生产的目的，计算机辅助开发和计算机辅助工程分析（computer aided engineering, CAE）已作为关键技术被广泛使用。在 CAE 的帮助下，开发工程师在其日常科技任务中将术语 CAE 的语言使用归入计算和仿真领域中。特别是在创新轻量化产品开发中，通过不同计算变体，在工程师有风险的经验的基础上补充了量化陈述，甚至代替了工程师的有风险的经验。

4.2.1 采用有限元法（FEM）进行产品模拟

计算机辅助开发的一个重要特征是使用有限元法（FEM）设计并评估部件或系统特性。由于只能在简单的情况下计算求解，因此，在大多数情况下，所创建的待解问题的有限元模型对应于现实需要有足够的精确性，从而能够确定一个近似解。由此开启了有限元作为数值逼近方法在工程领域中应用的一个新层面。广泛的应用领域和极具成本效益的应用可能性已使其成为一种替代方法或者至少成为实验研究的一个补充。由此可以减少甚至完全省略掉产品开发过程中昂贵的原型和测试设施，从而使开发与成品之间的距离变得更短。为了能够快速响应不断变化的客户需求，有限元提供了早在原型制造出来之前就能够快速测试和评估产品的可能性。有限元法的主要优点还包括：

- 减少/完全省略掉原型；
- 减少开发时间；
- 降低开发成本和生产成本；
- 节约材料；
- 早期发现潜在弱点；
- 提高产品质量；
- 通过产品优化节约成本和减轻重量；
- 灵活适应客户的需求。

4.2.2 有限元法发展的简要回顾

术语有限元法是 Clough 在 1960 年第一次提出的，其特点是将结构分解成有限个具有限制性条件的单元。随着计算机技术的飞速发展，在每个有限元特殊函数（所谓的试探函数）的基础上建立起方程系统，并结合成一个整体方程系统，然后通过所谓的有限元求解器对这个方程组进行求解。在 20 世纪 60 年代初，有限元法作为数值计算方法首次被应用于航空航天工业对飞机机翼结构分析的工程任务中。这种方法的成功应用使其也被应用于汽车行业中，并被广泛接受。随着计算机技术的飞速发展，这种方法受到越来越多的重视，并逐渐变得更加高效且成熟。自 20 世纪 70 年代起，几乎没有一个技术发展能够像有限元法的应用这样在实践中给计算过程带来革命性的变化。同时，它还涵盖了广泛的应用范围。但是，使用有限元法进行处理需要接受过相关培训，这些经过培训的专业人员被称为有限元分析工程师。有限元分析工程师可以通过他们功能强大的计算机和专用软件随意重复虚拟实验。然而，由于 CAD 系统和有限元分析系统之间的巨大差异，设计师近年来在有限元法应用方面却屡遭失败。同时，商用 CAD 系统中集成了不同的 FEM 工具，这些工具使得在设计阶段中就能够进行计算处理。因此就需要一个在设计和计算之间被称为 CAD 有限元系统的连接单元，诸如 CATIA、Pro/ENGINEER、I - DEAS 或 UNIGRAPHICS。制图师和设计师可以在没有具体有限元法知识的情况下进行计算，只是目前只能进行复杂度极低的计算。

4.2.3 有限元法的应用领域

目前大多数商用有限元软件包都允许进行线性变形分析和应力分析，同时还可使用各种静态和动态问题的其他计算功能。有限元法主要应用于机械工程、汽车、航空和航天以及建筑领域当中，它也越来越多地应用于生物力学的功能研究和医疗领域的移动设备结构中。图 4.3 和表 4.1 给出了不同分析类型的概览。

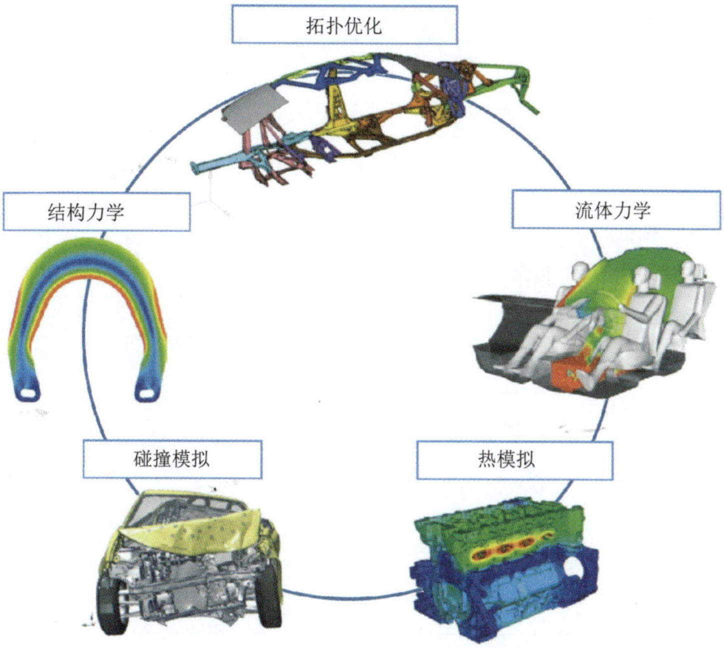

图 4.3　不同模拟和分析类型一览
（图片来源：TECOSIM 股份有限公司）

表 4.1　各种有限元分析概览

静态分析 • 线性变形和应力分析 • 非线性材料特性/几何特性
稳定性分析 • 屈曲试验
动态分析 • 模态分析 • 频率响应分析 • 响应谱 • 寿命
影响分析 • 跌落测试 • 碰撞 • 爆炸
优化 • 拓扑优化 • 形状优化 • 参数优化

续表

断裂力学 • 裂纹形成 • 裂纹扩展
复合材料 • 线性/非线性变形和应力分析 • 对纤维断裂和纤维间断裂的检查 • 脱层检查
热计算 • 热传递 • 稳态和非稳态特性
流量计算 • 稳态，非稳态 • 层流，紊流 • 可压缩，不可压缩
电场和磁场 • 磁场计算 • 电磁场计算
声学计算 • 降噪 • 声分布

4.2.4　有限元程序

随着计算机技术的飞速发展，商用模拟模型的数量也在不断增加。美国航空航天局在1965年开发出其中的第一个商用有限元软件，即著名的NASTRAN（NASA structural analysis），其是目前仍然被广泛使用的有限元软件。现在，已经根据不同的应用领域创建了不同的有限元法程序。表4.2中可以找到有限元软件的摘录。

表4.2　商用模拟与优化软件

软件	
名称	互联网链接
结构力学	
MSC. NASTRAN	www. mscsoftware. com
NX. Nastran	www. plm. automation. siemens. com
ABAQUS	www. simulia. com
ANSYS	www. ansys. com

续表

名称	互联网链接
PERMAS	www. intes. de
OptiStruct	www. altairhyperworks. de
瞬态过程	
PAM-CRASH	www. esi-group. com
LS-DYNA	www. dynamore. de
RADIOSS	www. altairhyperworks. de
ABAQUS	www. simulia. com
流体力学	
ANSYS CFD	www. ansys. com
STAR-CCM+	www. cd-adapco. com
拓扑优化和形状优化	
TOSCA	www. fe-design. de
OptiStruct	www. altairhyperworks. de
参数优化	
optiSLang	www. dynardo. de
LS-OPT	www. dynamore. de
OptiStruct	www. altairhyperworks. de
Optimus	www. cybernet. co. jp
Isight	www. simulia. com
modeFRONTIER	www. esteco. com
多体仿真	
SIMPACK	www. simpack. com
MSC. Adams	www. mscsoftware. com
MADYMO	www. madymo. com

有些商用有限元软件提供了使用不同求解器的可能性，这使得用户能够选择最适合于应用领域的求解器。所谓的通用有限元软件，如 ABAQUS、ANSYS、NASTRAN、PAM-CRASH 或 LS-DYNA，其中大多数求解器都具有一个或多个有核心竞争力的特性。

4.2.5 有限元法分析流程

以有限元法为基础的计算过程包括了几个步骤，其中有限元软件必须包含有步骤（3）（4）和（5）：

（1）设计数据；

（2）理想化；

（3）预处理；

（4）求解器；

（5）后处理。

图 4.4 中显示了以自行车制动助力器为例的具体步骤示意图。下面给出对确切流程的描述，其中附带的检查清单在日常实践中应会对用户有所帮助。然而，应指出的是，绝不能认为检查清单是全面的，其只能作为一般性指导。

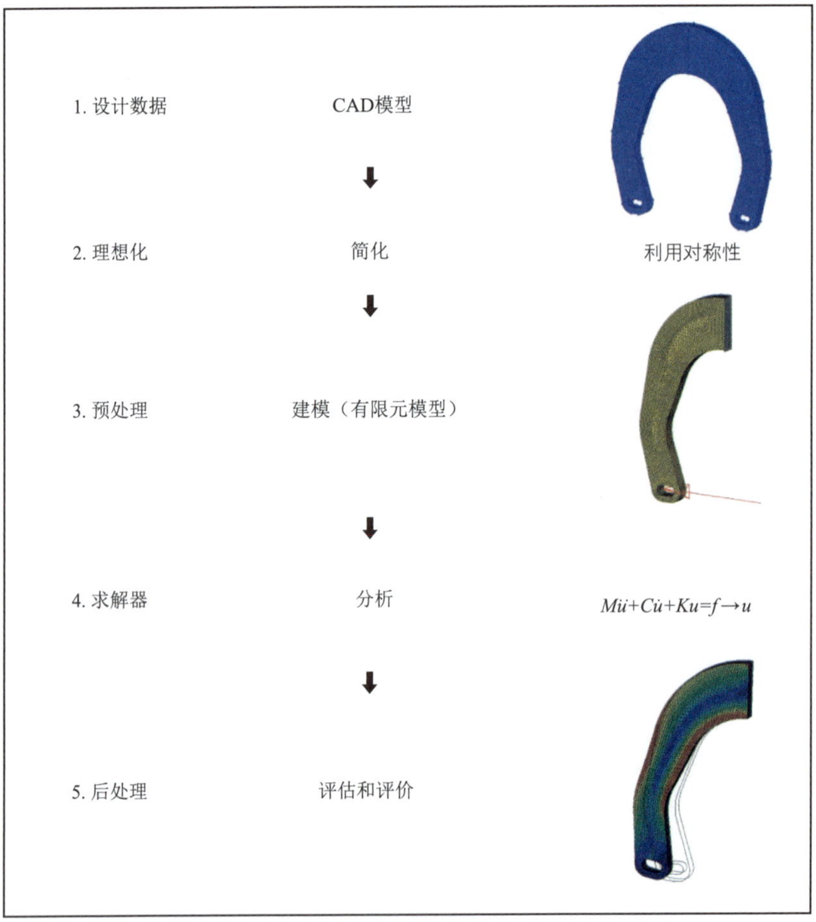

图 4.4　以自行车制动助力器为例的有限元法分析流程

1. 设计数据

原则上都会提供建模用的设计数据。大多数预处理程序都具有与 CAD 格式兼容的接口。因此，常见的 CAD 格式，例如 IGES、STEP 或 VDA，都能被读取。如果在早期的方案设计阶段不存在 CAD 数据，也可以在预处理程序中创建简化的 CAD 模型。

2. 理想化

为了尽量缩短预处理和分析的时间，必须将问题简化。此外，不可能对整个实际部件特性进行建模，通常也没有这个必要。它们在很大程度上取决于用户期望的计算目标。例如，在进行结构特性研究中进行车辆碰撞模拟时，就不一定要对蒙皮单元进行建模，如翼子板。

一个非常重要的问题是，在哪些维度下才能确保问题的研究具有足够的准确性（1D/2D/3D）。进一步建模简化包括利用对称性（系统和负载是对称的）和反对称性（不对称负荷下，系统是对称的）和忽略那些与分析不相关的细节。

理想化的检查清单：

- 建模维度（1D，2D 或 3D）；
- 忽略不相关的细节；
- 简化关系；
- 单元类型（线性，二次型……）；
- 材料类型（弹性材料/弹塑性材料……）；
- 刚性支承和弹性支承；
- 利用对称性和反对称性。

3. 预处理

以前，为了进行有限元分析，有限元分析工程师必须在设计图纸的基础上创建有限元模型，如今可以通过高度标准化交换格式将 CAD 数据传输到预处理中。在进行这种前处理时，在考虑到理想化的情况下，创建一个接近现实的计算模型。这个过程主要是将部件分解成有限元，常用的叫法是离散化或网络化（划分网格）（图 4.5）。

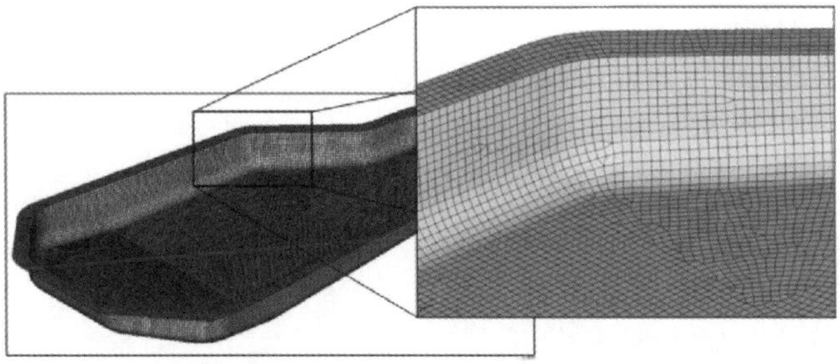

图 4.5　油底壳的 2D 有限元网格化

虽然也可以人工划分网格，但这在许多问题中是不切实际的。因此，通常在给出所选择的单元尺寸后自动进行离散化。然而，必须确保单元尽可能精确地表示出几何轮廓，并且它们在相关区域要具有足够小的单元尺寸。图 4.6 中显示了不同的单元类型。根据所选单元类型的不同，结果的精确度也不同。

图 4.6 中所示基于线性试探函数的单元类型，即首先计算单元顶点的位移，然后对这些顶点之间的位移进行线性近似。在高应力变化或变形区域中，例如在缺口区域，出于精度的原因，可以进行更细的网格化或选择高阶单元类型，例如一个带有二次试探函数的单元，然而，除了计算顶点的位移之外，还需要测定单元边界中

心的位移。由此可以在计算出的顶点位移值之间确定一个具有更高精度的二次位移曲线，但这个较高的精度是以增加计算时间为代价的。

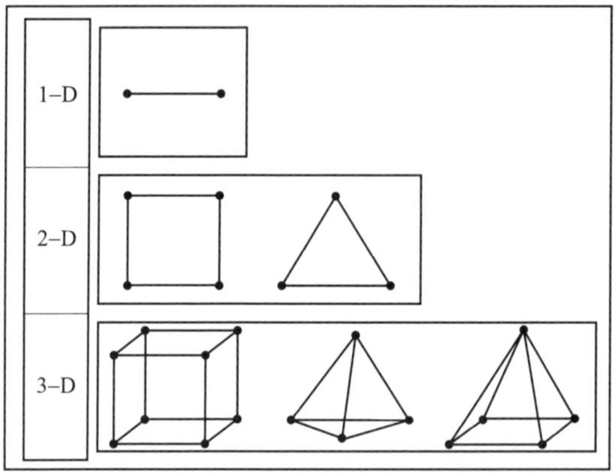

图 4.6 CAD 模型网格化单元类型概览

除了单元类型之外，有限元还可以具有其他属性，例如壁厚和材料类型。用有限元法求解器分析的前提条件是：应确定荷载条件，并应考虑荷载条件和边界条件。例如一方面是力或压力，而另一方面是由其带来的支承或强迫位移。预处理的检查清单给出了实施步骤的概述，但绝不能认为这些列举是全面的，其只能作为一般性指导。

预处理检查清单：

- 读取 CAD 数据。
- 准备 CAD 数据。
- 简化 CAD（对称性，半径，平台高度……）。
- 抽象（2D 或 3D，忽略不相关的细节）。
- 形成中间面。
- CAD 数据的网格化。
- 手动或自动划分网格。
- 几何轮廓上没有大的偏差。
- 注意网格的标准和质量。
- 有限元数据的分配（有限元类型，壁厚……）。
- 材料分配。
- 连接（螺栓连接，粘接，焊接点……）。
- 接触定义（碰撞，严重变形……）。
- 定义摩擦模型。
- 请求后处理的结果范围。
- 荷载和边界条件。
- 轴承：

—浮动轴承；
—固定轴承；
—夹紧。
- 荷载方式：
—静态；
—动态；
—随机；
—稳态；
—非稳态。
- 载荷类型：
—强制位移；
—力，扭矩，压力；
—温度；
—残余应力/预应力；
—自重。
- 载荷条件：
—单一载荷条件；
—组合载荷条件。
- 设置求解器（静态，固有频率分析……）。
- 检验计算模型。

4. 求解器（Solver）

使用求解器将预处理建立的有限元模型作为输入进行分析。有些预处理程序由于其与求解器存在耦合，因此允许在预处理的用户界面上开始分析。与此相反，通常需要在操作系统的控制台中输入命令才能开始计算。可以通过软件安装操作说明确定所使用的软件是否能够在所有的操作系统（UNIX、Windows 和 Linux）上运行，以及是否能够在 32 位和 64 位下运行，以便用户能够充分利用求解器的整体性能。一个完全并行软件，例如可以将计算分配到多个处理器中，从而使计算时间明显缩短。即使是经验丰富的有限元分析也不总是能够很容易地分析出求解器自动生成的错误日志，并在此基础上修正有限元模型。这就是为什么大多数预处理程序都会提供控制有限元模型功能的原因。因此，创建可运行计算模型的过程在大多数情况下是一个迭代过程。只有在成功地执行了计算并提交了结果文件之后，才能在后处理的框架内进行评估。

5. 后处理

有限元流程的最后一个步骤包括结果的可视化及其解释。评估的前提条件是根据计算得出的结果文件，例如对力、应力或变形进行评估。然而，应该指出的是，只能在预处理的框架下请求结果范围。也就是说，如果某个结果参数无法评估，就必须在整个范围内重新进行一次模拟。因此，特别是在计算量大的情况下，可能会有几小时的等待。也有些所谓的独立后处理程序是专门用于结果可视化的。此外，还具有涵盖两个方面的综合预/后处理环境。评估过程即可以使用曲线来进行，例如力-位移曲线，也可以通过动画来进行。特别是在进行结构的碰撞计算时，动画对了解结构性能具有重要的意义。可以隐去单个组件，例如发动机罩或发动机单元，以对纵梁结构的变形情况进行评估。

除了有限元模型的质量外，结果解释的质量依赖于用户的经验。由于计算过程的复杂性，计算过程中的每一步都可能会出现很多错误，没有一定的相关知识几乎无法发现这些错误。因此，为了能够对计算结果的合理性成功地进行技术评估和测试，用户应该有工程力学的基本知识和基本的数学知识。

后处理检查清单：

- 可信度测试：

—手动计算；

—变形状态；

—与简化有限元模型进行比较；

—动态分析时的能量守恒。

- 静态平衡检查。
- 与实际测试结果进行比较。

所描述的计算过程是一个迭代过程，其特点是不断地进行变化和调整。其所需的时间成本和工作量很难计算，一般情况下只能依靠有经验的有限元用户通过模拟程序进行估计。已显示，有 65% ~ 75% 的工作量是用来建立有限元模型的，5% ~ 10% 的工作量用于故障排除，20% ~ 25% 的工作量用于进行结果评估和分析。

4.2.6 计算程序和有限元方面的文献

很遗憾，几乎没有关于商用预/后处理程序方面的书。对此很多程序都提供了所谓的“教程”，通过它们可以了解操作、分析和评估中的基本功能。另一种选择是参加培训班，培训班一般情况下也会提供培训教材。

由于 FEM 的应用非常广泛，因此，有大量关于有限元法的书籍。其中许多都给出了数学方面的引导和应用实例。目前，还无法找到其中包括所有应用领域而且完整详尽的有限元分析指南的手册。然而，关于有限元法基本知识和应用描述的书籍，推荐选择以下权威著作：Fröhlich，1995；Steinbuch，1998；Müller 等，1999；Link，2002；Bathe，2002；Klein，2007；Steinke，2007；Knothe et al.，2008。

4.3 结构优化

结构优化在产品开发过程中支持产品的不断具体化。其目标是改变承载机械或热载荷部件的形状，使它们能够尽可能地符合要求和条件，这些要求和条件中的一部分会不断变化。目标可以通过一个所谓的目标函数来确定，在确定的优化算法辅助下，可以最小化或最大化这些目标函数。目标函数中通过优化程序改变的量通常被称为设计变量。由此可以选择性地改变整体结构的支承结构和作用面。可以根据这些设计变量的不同类型划分出结构优化的不同体系（图 4.7）。这也说明了拓扑优化、形状优化和参数优化之间的差异。事实上，尽管这些优化方法被严格区分开来，但要实现轻量化的最大潜能必须使用上述所有方法。

	拓扑优化	形状优化	参数优化
原有	设计空间，载荷情况，轴承	设计草图	设计草图
变化	材料分布	部件表面网格化	例如：壁厚和纤维取向

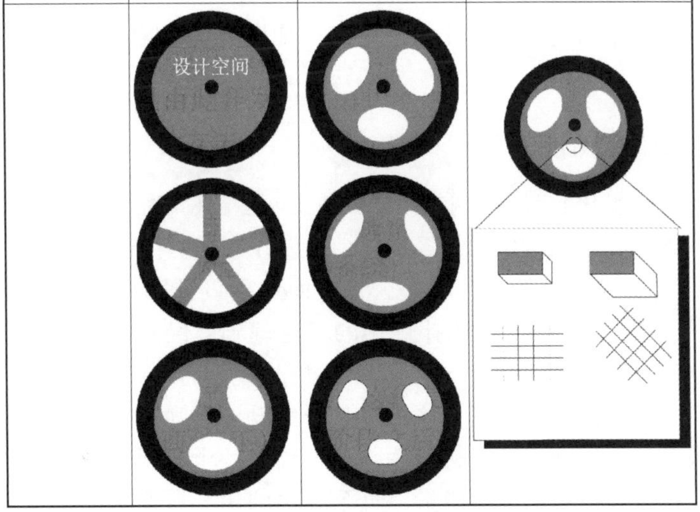

图 4.7　以轮毂中心为例的结构优化的子分类

各分类可以通过以下特征加以区分，每个分类都假设具有一定的负载前提条件：

- 在拓扑优化中，在给定的空间中确定材料分布。在这种情况下，设计变量是设计空间中的密度或弹性模量分布。
- 在形状优化中，可以改变一个给定部件的表面轮廓。
- 在参数优化中，可以改变诸如壁厚、纤维层或纤维方向。

相对于其他优化方法，拓扑优化提供了最大的减少部件重量的潜力。在实践中，通常使用以下目标函数：

- 质量→最小化；
- 刚性→最大化；
- 应力→最小化；
- 变形→最小化；
- 固有频率→最大化。

优化问题的一般定义为：

“在遵守规定边界条件的前提下，最小化（或最大化）目标函数”。

为了实现优化方法，需要一个数学公式。其可以表示如下：

最小化：$F(X)$　　目标函数（例如部件的柔韧性）

$g_j(X) \leq 0 \quad j=1, 2, \cdots, m$　　不等式约束条件（例如不得超过总重）

$h_k(X) = 0 \quad k=1, 2, \cdots, l$　　等式约束条件（例如有限元基本方程 $F=Ku$）

$X_i^l \leq X_i \leq X_i^u \quad i=1, 2, \cdots, n$　　边界条件（例如弹性模量不得高于 210 000 MPa）

所谓的设计变量共同构成一个向量：

$$\boldsymbol{X} = [X_1 \cdots X_n]^{\mathrm{T}}$$

这些变量表示那些可以在优化过程中改变的参数。所以，它们也决定了要优化模型的性质和特性。

在下面的章节中将对结构优化的各个分类加以详细介绍，其中的应用实例有助于更好地理解。

4.3.1 拓扑优化

部件设计对轻量化起着非常重要的作用。因此，在产品开发过程的早期阶段就应当应用拓扑优化，以确定用于新轻量化结构设计过程的符合力的方向的设计方案。有时，设计方案会与设计草图有明显区别，而这些设计草图是以传统工程技术的“反复试验法”为基础设计的。拓扑优化的理论基础已经是一个很好的说明，即使是在今天，这种方法也广泛地用于工业设计过程中。拓扑优化过程的前提条件是一个由制图师定义的结构空间。基于这个可被分为设计空间和非设计空间的结构空间以及相关的载荷、边界条件和材料特性，可以创建一个有限元模型。通过改变有限元刚度可以改变设计空间中的虚质量，直至其达到用户所要求的减重量。在这种情况下，设计变量是值在 0 和 1 之间变化的标准化密度。在中间值的基础上，一般不存在一个纯粹的 0-1 分布。一个高标准化密度对应一个材料分配。

图 4.8 中显示了对负载下单侧固定梁的拓扑优化结果，其中设计方案 $\Omega*$ 是由预先给定的结构空间 Ω 确定的。

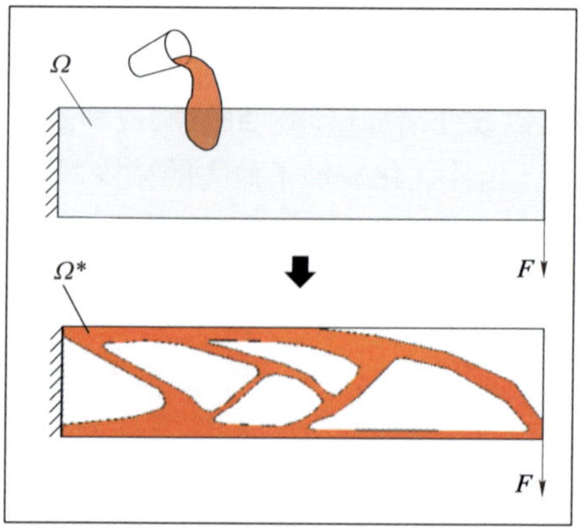

图 4.8　材料分布原则作为拓扑优化的目标（以单侧固定梁为例）

拓扑优化流程图如图 4.9 所示。

初始化步骤包括创建一个可行的有限元模型，这个模型可以通过分析程序（有限元求解器）进行静态、动态或非线性分析。实际的优化过程被限制在有限元求解器和优化模块之间的迭代过程。根据一个由有限元求解器为设计空间计算出的响应变量，如作为柔韧性大小的应变能，通过优化模块修改有限元模型。根据优化任务的不同，可以使用不同的优化算法进行修改。

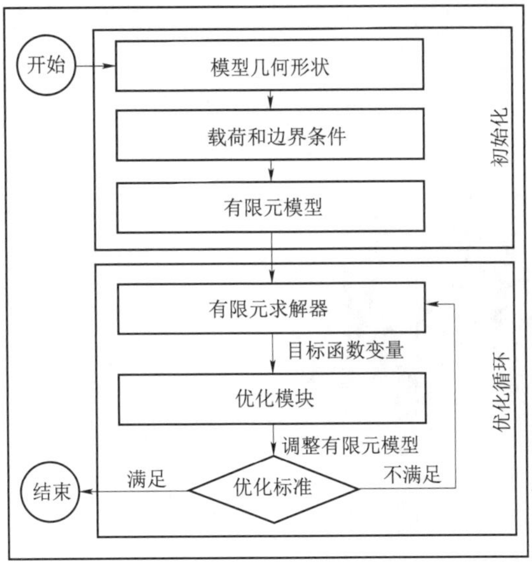

图 4.9　拓扑优化的基本流程

制造工艺约束

在高效产品开发的意义下，在结构优化中作为约束的制造工艺相关边界条件，对于实践中优化方法的成功具有十分重要的意义。一些制造技术的约束因素已经在商用软件工具中实现（图 4.10）。其中包括：

- 脱模性能。
- 最小/最大允许壁厚。
- 对称性。

图 4.10　具有不同脱模方向的悬臂梁

（图片来源：FE-DESIGN）

- 密度（结构中没有裂口）。

能够提供各种制造限制范围的知名商用拓扑优化程序包括，例如 FE-DESIGN 公司（德国）的 TOSCA 结构、ALTAIR 公司（美国）的 OptiStruct、ANSYS 有限责任公司（美国）的 ANSYS、Quint 公司（日本）的 OPTISHAPE-TS。

4.3.1.1 自行车制动助力器的拓扑优化

在本例中，其目的是确定具有高质量比刚度的自行车制动助力器的形状。为了能够将这种优化后的几何结构与市售铝制自行车制动助力器进行对比评估，应得出拓扑优化的结果并进行实验检验。

图 4.11 所示的自行车制动助力器可被称为一个 U 形加固夹，其被用在所谓的 V 形制动器上，以改善制动力的定量性能并提高制动效果。

自行车制动助力器

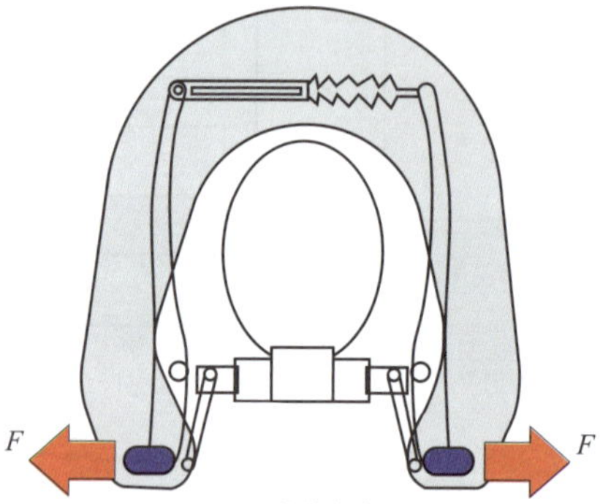

荷载条件

图 4.11 负载状态下的自行车制动助力器

（图片来源：德累斯顿高分子研究协会莱布尼茨研究所）

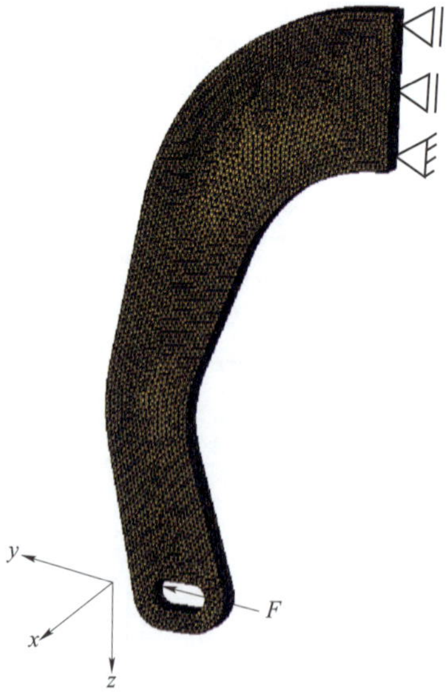

图 4.12 具有体元、单一作用力和对称性边界条件的有限元模型

基于图 4.11 中所示的制动助力器，其高度约为 130 mm，宽度约为 120 mm。为拓扑优化选择结构空间，根据前一节中所述的优化流程，第一步先是进行几何建模和通过体元生成网格。约 1 mm 的平均边长可能会导致较高分辨率的材料分布。利用设计空间几何形状的对称性可以将体元减少一半，从而产生总共 56 000 个体元。图 4.12 显示了有限元模型及其相应的对称性边界条件和沿 y 轴的 500 N 的分力 F。

在拓扑优化过程中，确定了初始质量减少 30% 这一附加条件。图 4.13 显示了拓扑优化的结果与所采取的各个步骤（参见卡尔汉瑟出版社下载网站中本书相应的动画）。优化程序的第一步就是在拓扑优化中建立 TOSCA 结构。基于拓扑优化的结果，使用 TOSCA Structure. smooth 使其轮廓变得平滑。这有时会导致支撑变得非常薄且不均匀。因此，必须要转换成适于制造的几何形状，特别是那些短支撑所涉及的部分。通过对这个材料分布进行评估可以得出加工均匀支撑所必须具有的特定最小直径。为了避免太多地偏离平滑的轮廓，在被分割成两个部分的区域里分别采用不同的壁厚（图 4. 14）。几何形状差异过大可能会导致较差的质量比刚度。除了减少体积的约束条件之外，有意识地避免将最小壁厚作为一个可选约束条件，以强调几何形状可加工性这个需要额外考虑的因素。在这一新几何形状的基础上创建另一个有限元模型，现在，新创建的有限元模型就可用于测定质量比刚度了（图 4. 14）。

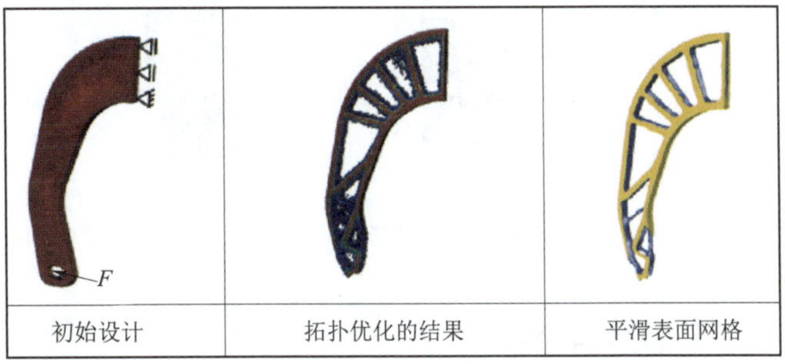

图 4. 13　自行车制动助力器的拓扑优化

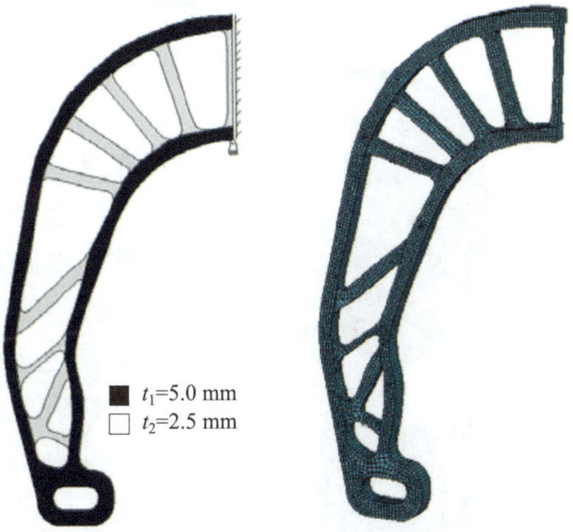

图 4. 14　具有体元、单一作用力和对称性边界条件的符合加工条件的有限元模型

现在就可以通过铣削生产出优化后的铝制部件了。将市售的制动助力器和经优化后的制动助力器都放在拉伸试验机上进行实验研究，从而确定力-位移曲线。

质量比刚度是用于评估刚度特性的，通过它可以将结构位移与质量联系在一起。图 4. 15 中就显示了由此确定出的经优化后的制动助力器与参考零件的质量比刚度。从中可以清楚地看出，经拓扑优化后的形状的质量比刚度几乎达到了原来的两倍。通过数值模拟和实验结果的比较使两个变体具有极好的一致性。

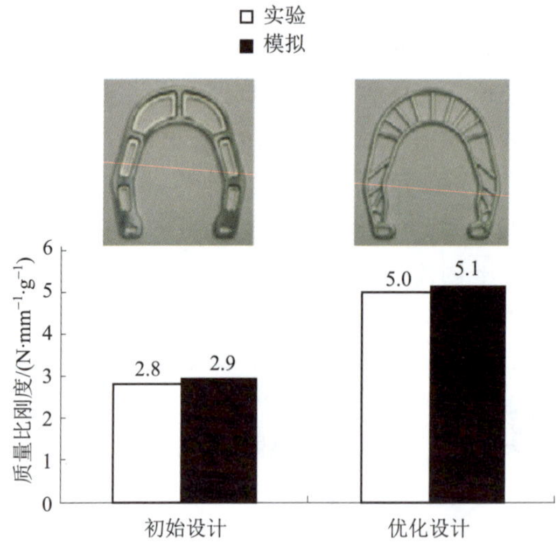

图 4.15 制动助力器的初步设计（参考）和拓扑优化后的质量比刚度对比

4.3.1.2 星形轮辋的拓扑优化

在这个例子中，应确定辐板的设计方案。需要的几何形状应是通过三轮辐达到最大刚度的几何形状。为了便于将数值结果转化到实际生产中，优化时需要将一些特殊限制考虑在内。

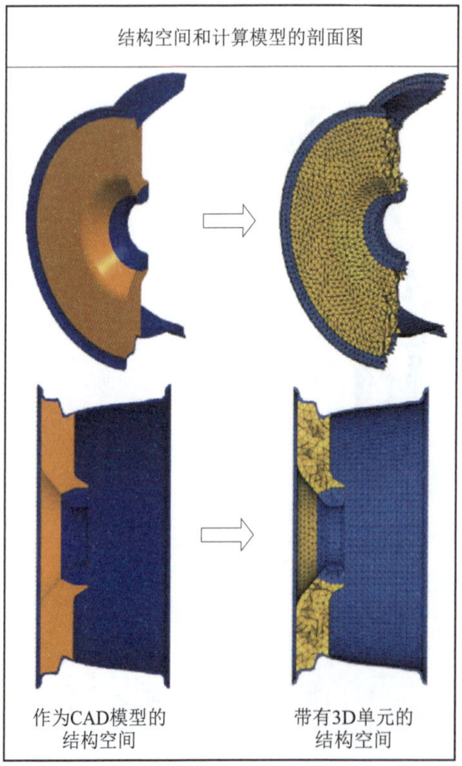

图 4.16 CAD 模型的结构空间（左）和通过 3D 单元对结构空间的离散化（右）

首先，基于轮辋的 CAD 模型创建一个计算模型。图 4.16（左）所示的轮辋断面图显示了其结构空间。为了能够单独对辐板的拓扑结构进行优化，在 CAD 系统中，将待确定辐板区与其余结构分离，这个其余结构中包括轮辋底部及其附近的区域。在此分离的基础上，将待优化的区域定义为拓扑优化的设计空间。

使用预处理程序 HyperMesh（Altair）读取此 CAD 模型，以对设计空间和轮辋的其余结构进行网格化。通过四面体元将各个区域的空间填满，其结果如在图 4.16（右）中所看到的那样。设计空间中元件边缘长度为 8 mm，而在薄壁区域元件边缘长度如在轮辋底部一样会有所缩短。在这里必须要注意的是，使用大小类似的四面体元网格化的设计空间，其横截面在拓扑优化中也不会产生较大的跳跃。为了避免各向异性材料的无方向性，应通过各向同性材料确定分析模型。

选择“极限过弯”作为荷载条件，在这种情况下，占主导地位的侧向力（$F_{W,Y}$）和支撑力（$F_{W,Z}$）作用在轮辋边缘上（图 4.17）。为了在两个方向上都可以转弯，因此内、外侧轮辋边缘都会受到横向力的作用。在这个例子中，忽略了由中央螺栓拧紧导致的轮胎压力和表面压力。

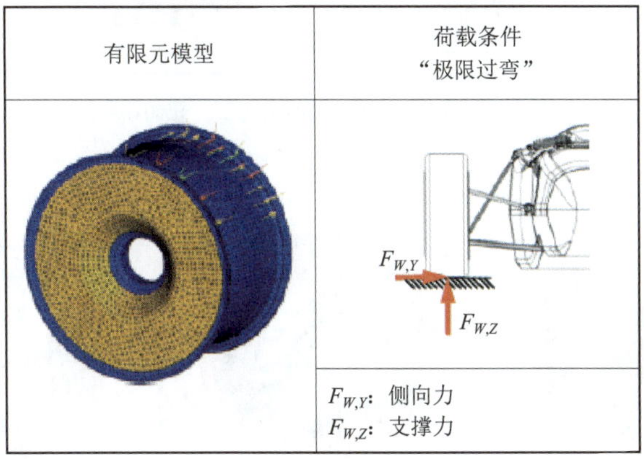

图 4.17　“极限过弯”荷载条件下的有限元模型

在优化任务中，柔度被定义为目标函数，应在体积减小 70% 的约束条件下对其进行最小化。这样，在 OptiStruct（Altair）中，在其周长上形成重复的结构区域，因此，循环对称被定义为另一个约束条件。也可以考虑将最小机件尺寸的要求作为另一个约束条件，从而在优化结束时能够使轮辐满足特定最小直径的要求。这样就可以避免出现较薄支撑形状的典型拓扑优化结果。图 4.18 显示了不同最小厚度对优化结果的影响，开始是在没有形成三轮辐的边界条件下。

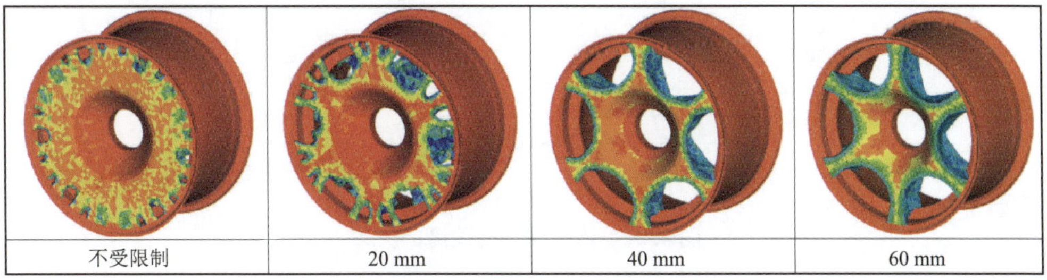

图 4.18　最小厚度对循环对称轮辐构造的影响

从结果中可以看出，通过循环对称并不能直接确定所需的三轮辐数目。轮辐的构成受到下图所示所受的力及其分布的较大影响。由于原来分布在圆周上的载荷主要集中作用在三个区域，据此可以形成所需数量为三个的轮辐。比较图 4.18 和

图 4. 19 可以明显看出这个差异。由于优化结果尤其影响体积减小的程度，因此这个参数是个变量。图 4. 20 显示了其结果。

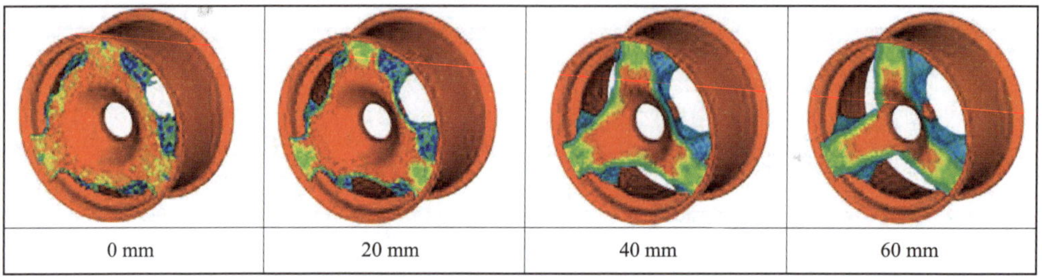

图 4. 19　考虑合适的力传递和循环对称的情况下，最小厚度对轮辐构造的影响

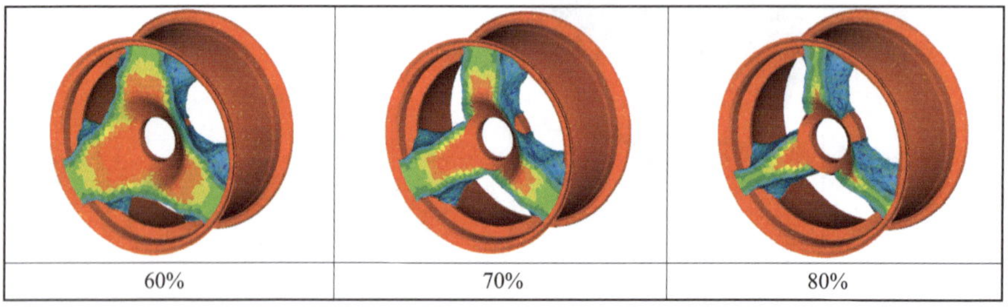

图 4. 20　不同的体积减小对拓扑优化结果的影响

在这种拓扑优化中，已证明体积减小了 70%。图 4. 21 也支持这种说法，因为体积减小超过 70% 将获得明显更高的柔度。

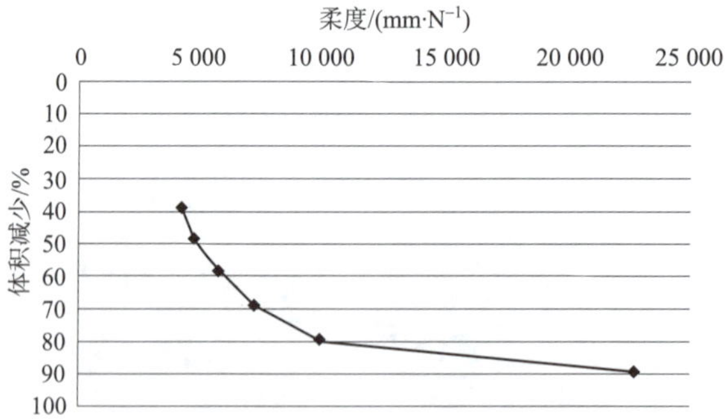

图 4. 21　体积减小与柔度的关系

约束条件和周长上变化的载荷都导致产生直径约 60 mm 的三轮辐。然后，这个设计方案在拓扑优化中使用 OptiStruct 中的 OSSMOOTH 功能进行平滑，并转换成 IGES 格式的文件。由此创建的 CAD 几何尺寸可以在 CAD 程序中继续使用，并用于制定轮辋方案（图 4. 22）。

图 4.22 从经拓扑优化的星形轮辋过渡到轮辋方案

4.3.2 形状优化

形状优化的目的是在一个局部严格限制的区域对零部件的外部形状进行优化。倒圆或零部件过渡区域的优化就是形状优化的例子。往往相对于初始状态的几何尺寸很小的变化，可能用肉眼几乎都看不出，但可以大大降低零部件优化区域的应力峰值。通过给定建造区域和定义设计变量可以限制可能的形状变体的数量。在这些限制下，使用优化程序来优化形状变体，并使用合适的算法确定最佳解决方案。根据问题和可用程序描述所有可接受的解决方案是非常困难和费时的，同时还要求用户具有一定的专业知识。

形状优化主要用于降低应力峰值并由此提高零部件的使用寿命。当然，这反过来又影响到出现的最大位移。因为在形状优化时材料可能积聚，也可能被去除，所以零部件在形状优化后有可能变得比以前更轻。除了实际的优化目标之外，形状优化还有助于重量优化。如果还有其他优化目标要考虑，例如固有频率，则要注意其可能的反馈。

有两种方法来改变形状：

（1）基于 CAD 的方法（参数化形状优化）；

（2）基于网格的方法（无参数形状优化）。

在基于 CAD 的形状优化中，设计变量直接与参数化 CAD 模型的 CAD 参数联系在一起。这种方法可以在流行的 CAD 程序中实施，例如在 UNIGRAPHICS（UG）、ProEngineer（PTC）、CATIA（Dassault Systèmes）或 Pro/ Mechanica 中。相比之下，在基于网格的形状优化中，就不能使用零部件的 CAD 描述，而只能使用同样描述零部件几何形状的有限元网格。基于网格的形状优化是在诸如 Nastran（MSC 软件公司）、OptiStruct（Altair）、TOSCA（FE-DESIGN）或 CAO（CAOSKO）等程序中来实现的。

4.3.2.1 基于 CAD 的形状优化

常用的 CAD 程序提供了使用零部件的 CAD 描述进行形状优化的可能性。原则上，所有描述 CAD 模型几何形状的参数都可以被用作设计变量。例如针对部件表面特定缺口的形状优化，只需要改变导致缺口产生变化的 CAD 参数（例如缺口半径、

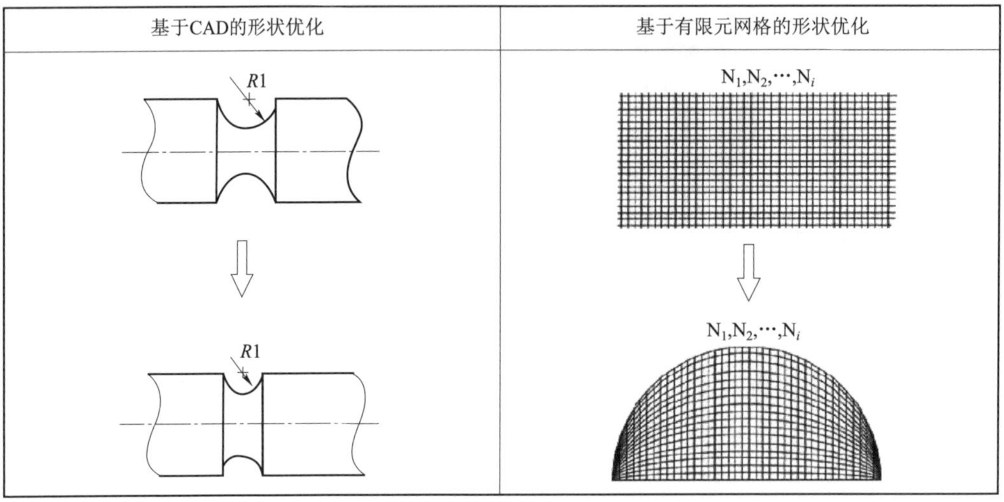

图 4.23 基于 CAD 的形状优化与基于网格形状优化的对比

缺口半径的弧相对于相邻部件表面的坐标）和描述相邻几何形状的参数就可以产生相应的变体。图 4.24 清楚地显示了一个基于 CAD 的形状优化的基本流程。下面将对其各个步骤加以详细说明。

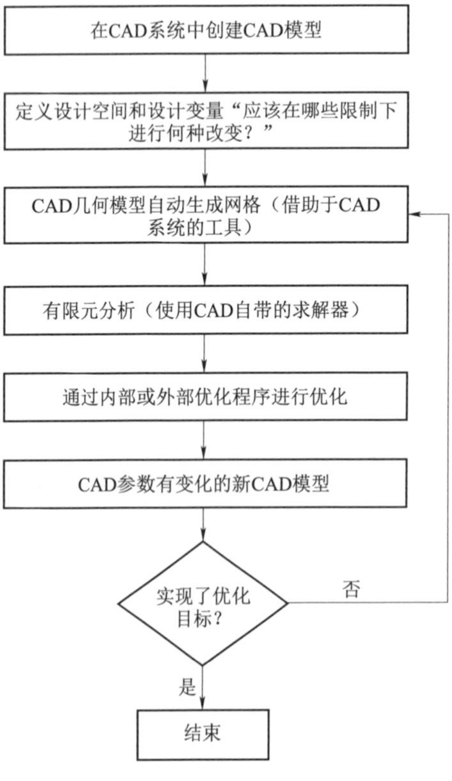

图 4.24 带有迭代循环的形状优化流程

在第一个步骤中，必须建立起 CAD 几何模型。其中必须要考虑到 CAD 模型中所包含可变参数的优化（设计变量）。在优化前，往往需要对来自设计部门的 CAD 模型进行修改，以确定 CAD 模型中相应的设计变量。此外，CAD 模型应当是通过一致的参数化创建的，以确保在优化过程中能够无缺陷地改变模型。如果零部件非常复杂，则需要耗费大量的时间。即使是无缺陷的 CAD 模型，即使是极小的形状变化也可能使 CAD 的描述失效（因参数改变而使得表面相互渗透），从而导致无法再建立 CAD 模型。

在第二个步骤中，必须通过数学方法定义设计变量，即将变化的 CAD 参数以及设计参数在其中可发生变化的界限。有时，这种可能解决方案空间的数学描述极复杂并且费时。

在第三个步骤中，在 CAD 系统中

网格生成器的帮助下，自动对 CAD 模型进行网格化。将网格生成程序称为网格生成器是一种常见说法。自动生成网格不一定总能够得到所期望的结果。因此，经常要对自动生成的网格进行手动修改，以适应模拟目标的要求和细化所关注的位置。在一些情况下，甚至根本不能自动生成网格。

第四个步骤是在第三个步骤中所得到的有限元网格的基础上进行有限元分析。这个分析的结果被传输到优化程序中。

在第五个步骤中，优化程序借助于算法（取决于优化问题和优化目标）评估零部件特性，并识别出其弱点（例如最大应力位置，优化问题如寿命、热应力等，优化目标如降低应力）以及确定设计变量的新值。

新值被传输到 CAD 几何模型中，并在第六个步骤中创建一个经修改后的新几何模型。

在对经修改后的新 CAD 模型重新网格化之后（第三个步骤，第一次迭代），再次进行有限元分析（第四个步骤，第一次迭代）。优化程序将零部件变化后的特性与前一次迭代步骤进行比较评估（或对于原始零部件则 $i=1$），并根据优化算法的规定改变设计参数。

基于 CAD 形状优化的主要优点是可以使用 CAD 系统的几何形状描述，并且在优化过程结束时可以由此而将优化后的零部件作为一个 CAD 模型。此外，在形状发生变化时，不会出现网格畸变的情况，因为在每次修改后都会（自动）生成一个新网格。在实践中，目前不进行任何人工后处理的复杂几何形状的自动生成网格是不可能的，这也使得基于 CAD 的形状优化变得较为困难。表 4.3 中列出了基于 CAD 的优化方法的优缺点。

表 4.3 基于 CAD 形状优化的优点和缺点

优点
• 参数可以作为设计变量 • 每次形状改变后重新网格化 • 优化后的形状可以作为 CAD 模型
缺点
• CAD 模型通常不适用于形状优化 • 生成用于形状优化的 CAD 模型可能会非常耗时 • 自动重新网格化可能会失败 • 创建修改后的 CAD 模型可能会失败 • 从范围广泛的清单中选择相关参数可能很困难

4.3.2.2 基于有限元网格的形状优化

在基于网格的形状优化中，只能使用有限元网格作为零部件的几何描述，而不能使用 CAD 描述。因此，基于网格的形状优化可以在完全独立于零部件的 CAD 模型下进行。形状变化仅通过有限元网格节点的位移来产生。其原理可以通过一个简单的例子（图 4.25）来加以说明。

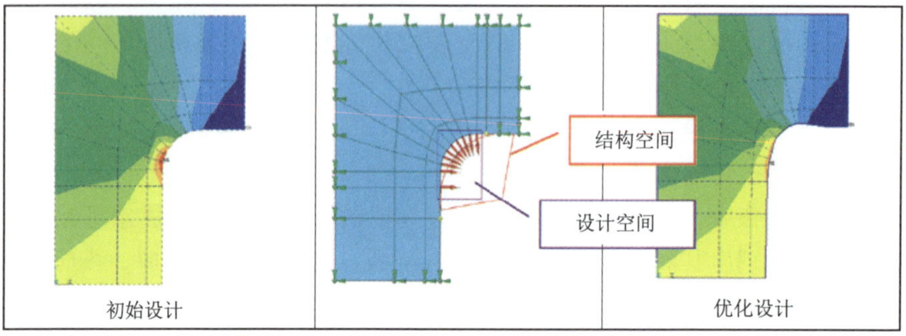

图 4.25 基于网格的形状优化原理
（图片来源：FE-DESIGN）

基于网格的形状优化可以分为两类优化方法。在采用数学优化算法时，可以使用所谓的形状基本向量来描述形状的变化，而在使用基于优化标准的 CAD 方法时，可以直接获取每一个节点的坐标。文献（Harzheim，2007）对基于网格的形状优化的这两种方法进行了详细讨论。

4.3.2.3 基于网格的形状优化示例

在这里，将用差速器支架优化的示例对基于网络的形状优化加以说明（图 4.26）。差速器支架的优化是卡尔斯鲁厄理工学院产品开发研究所在与 KA-RaceIng 的合作项目中实施的（Reinhardt 和 Maier，2009）。KA-RaceIng 是卡尔斯鲁厄理工学院的方程式赛车学生团队。所展示的开发过程是 2009 赛季用赛车 KIT09 设计阶段的一部分，其可以被认为是任何企业开发部门中优化过程的范例。

图 4.26 2008 赛季赛车 KIT08 的差速器支架
（图片来源：KA-RaceIng）

将要实现的目标是：

- 开发 2009 赛季用赛车 KIT09 的后桥差速器悬挂；
- 导出重量优化的设计方案；
- 实施设计。

示例显示了拓扑优化（第 4.3.1 节）的形状优化是如何衔接到开发过程中的。首先，根据差速器支架的 CAD 模型创建一个合适的有限元模型，使用有限元模型通过随后的拓扑优化制定设计方案。这个设计方案被再次转换到 CAD 模型中，然后通过随后的形状优化对 CAD 模型的形状在产生的应力方面进行优化。

拓扑优化

基本流程是从通过 CAD 软件创建结构空间开始的。由此而产生的结构空间模型（图 4.27 左）大多数是以系统开放的格式输出的，以便其可以在所使用的预处理程序中使用。术语“预处理”描述了仿真的数据预处理。此时，应将结构空间模型与约束条件结合在一起，并加载将要形成的力。

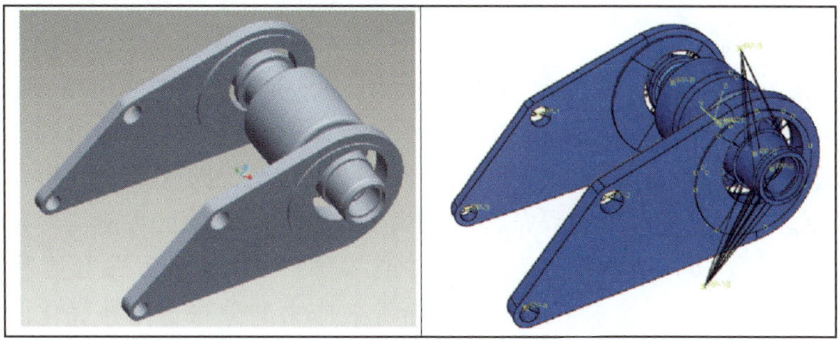

图 4.27　左：带有差速器而未显示出轴承的差速器支架 CAD 模型；
右：带有差速器、边界条件和力的差速器支架 CAD 模型
（图片来源：KA-RaceIng）

图 4.28（a）显示了设计空间，在其中可以对拓扑优化进行更改。图 4.28（b）显示了在所谓的“冷冻元素”的辅助下形成的在空间上固定的不可变节点。结构空间模型的离散化同样在预处理中通过有限元网格来实现（图 4.29 左）。

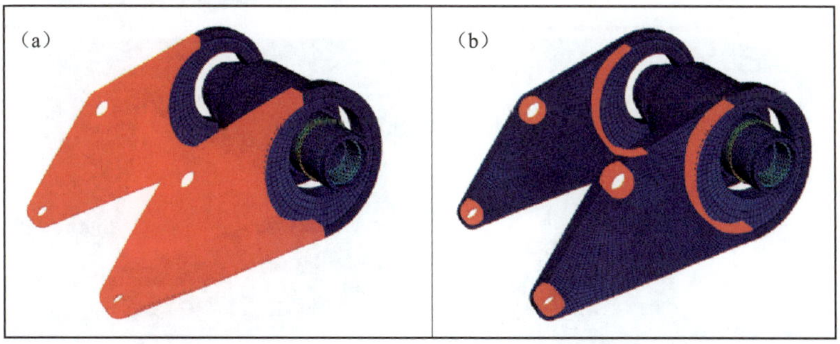

图 4.28　设计空间（a）和“冻结元素”（b）
（图片来源：KA-RaceIng）

在计算第一次成功运行后，拓扑优化软件就可以产生第一个设计方案。一般情况下，需要在不同的优化参数下进行多次运行，从而能够更好地理解结果。

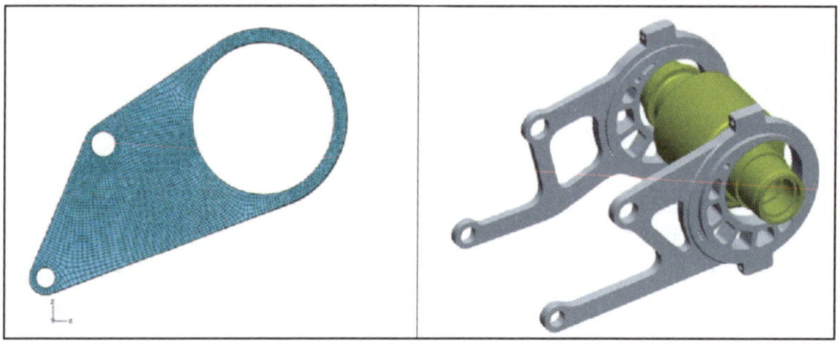

图 4.29 左：差速器支架的网格化结构空间；右：拓扑优化结果作为 CAD 模型
（图片来源：KA-RaceIng）

根据确定的设计方案，设计一个 CAD 模型（图 4.29 右）。使用相同的边界条件对这个初步设计重新进行有限元模拟，以评估设计中的应力。如果出现过大的应力或不可接受的变形，在必要的情况下，需要通过随后运行的有限元分析多次重复调整 CAD 模型。对于具有多个边界条件和约束的较大组件，验证可能需要很长时间才能完成。然后，可以对由此而产生的组件或零部件 CAD 模型进行形状优化。图 4.30（a）（b）和（d）显示了冯米·塞斯等效应力的分布与拓扑优化的结果。这

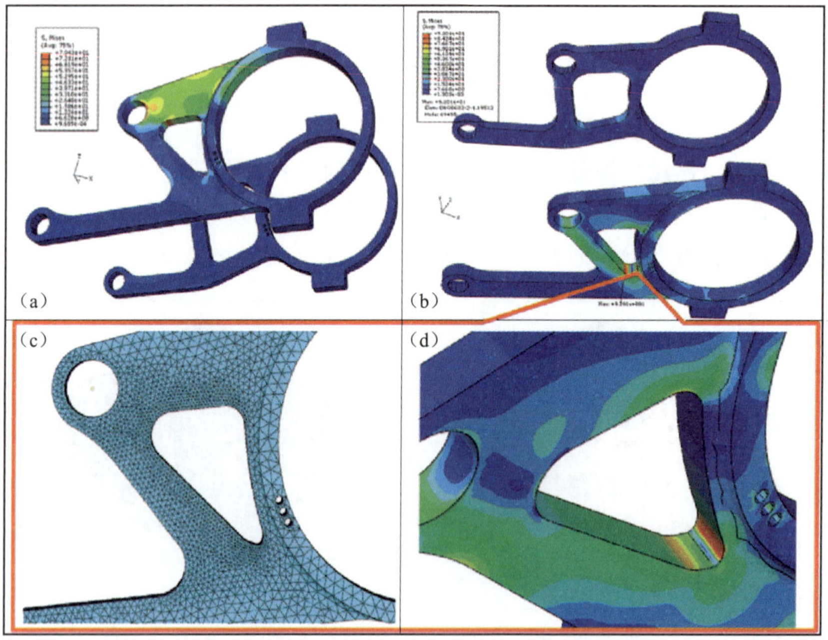

图 4.30 拓扑优化
（a）“驱动”负载情况下，拓扑优化后的冯·米塞斯应力；（b）“推动”负载情况下，结构拓扑优化后的冯·米塞斯应力；（c）Tet10 单元网格化的差速器支架；（d）“推动”负载情况下，临界位置的放大
（图片来源：KA-RaceIng）

里所显示的应力分布可作为随后进行的形状优化的参考。其中，需要改变那些有较高应力梯度的临界半径和横截面过渡区［图 4.30（a）（b）（d）中以红色显示的部分］，以使这个过渡区域的应力能够均匀分布。设计者的任务是在一个新的或修改的 CAD 模型中构建经形状优化的设计方案。最后可以通过重新进行有限元分析检查修改后的 CAD 模型特性。

形状优化

通过上述拓扑优化对现有的零部件结构进行优化，并借助有限元法对结果进行分析。结果发现，左支架上检测到的应力峰值出现在惯性滑行状态和牵引运行（驱动）中的掏空位置。这个掏空位置范围适合于随后进行形状优化，从而可实现应力分布的均匀化。

形状优化和拓扑优化都需要一个设计空间，可以在其中进行改变。然而，与拓扑优化相反，形状优化指定了允许用于纠正移位的表面节点。在上面的示例中，通过拓扑优化的后处理程序已经确定了这些相关的节点。对于上述差速器支架的示例零部件，出现峰值的两个区域被确定为合适的优化点。一方面，峰值对于载荷较高的左侧支架来说，其所涉及的是内部几何形状［图 4.30（d）］，另一方面，还涉及前牵杆的表面［图 4.30（a）］。需要对两个确定的区域单独进行优化：一个在前牵杆区域，另一个是支架的内部轮廓。

首先，计算前牵杆区域。在这个区域内没有出现大的应力梯度。不过，下部牵杆负载较小，可以设计得更薄，以减轻重量。使用 TOSCA Structure. shape 进行研究的优势在于，在优化过程中可以同时考虑到惯性滑行状态和牵引状态这两种负载情况。第二个计算是平滑内部轮廓中的应力峰值。图 4.31 显示了形状优化的结果。其

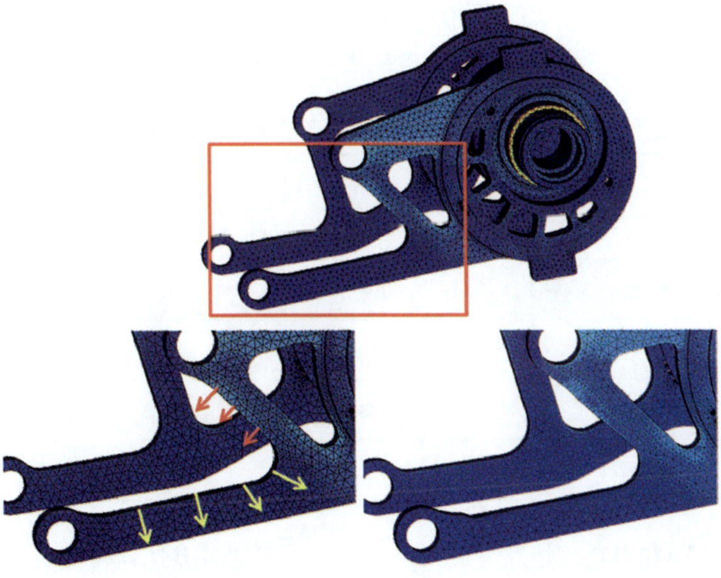

图 4.31　前牵杆区域形状优化的结果（右下）——通过 TOSCA Shape 进行优化

（图片来源：KA-RaceIng）

中，红色箭头表示材料的增加，而黄色箭头则表示在相应的地方材料被去除。

图 4.32 显示了初始状态（步骤 1）和中间步骤（步骤 2 和步骤 3）以及结果（步骤 4）。在步骤 2 中，重新以箭头指出其中节点位移发生的方向。随后，采用有限元法对形状优化后的部件重新进行评估。此外，对形状优化后的左支架进行与出现应力相关的检验，并且与以前的拓扑优化结果进行比较。随后，对比组件 KIT08 和 KIT09 的重量和应力（表 4.4 和图 4.33）。

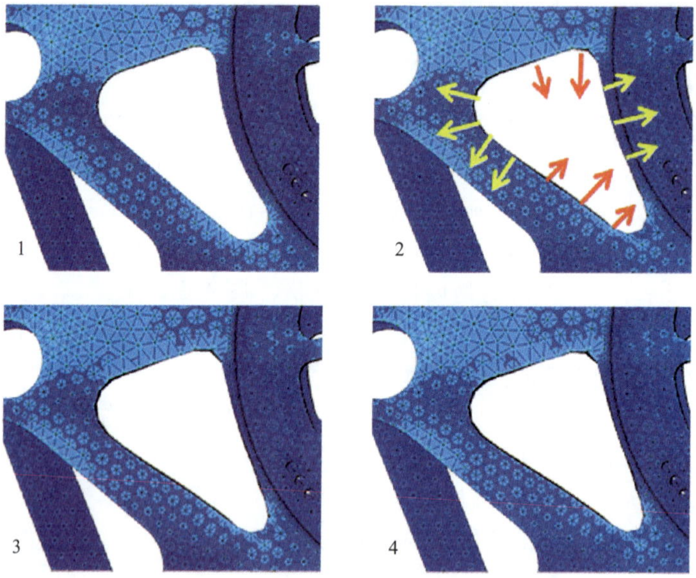

图 4.32 内部掏空区域形状优化的结果——使用 TOSCA Shape 进行形状优化
（图片来源：KA-RaceIng）

表 4.4 基于上年零部件与通过拓扑优化和形状优化后的差速器支架结果的对比

	KIT08 参考	KIT09 拓扑优化	KIT09 形状优化
最大应力（驱动状态）/（N · mm^{-2}）	107.1	81.6	79.4
最大应力（惯性滑行状态）/（N · mm^{-2}）	不详	92.0	82.5
左支架重量/g	388.4	338.3	298.1
右支架重量/g	342.8	271.8	230.5

在对比牵引状态负载情况下最大应力时，采用通过差速器传递负载的相同模式重新创建 KIT08 差速器支架模型。图 4.34 显示了最终完成后的差速器支架和预装配的组件。表 4.5 最后再次总结了基于有限元网格方法的优点和缺点：

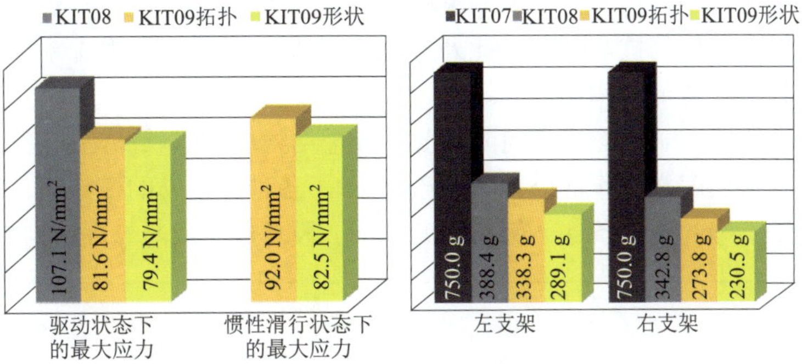

图 4.33 应力峰值和质量的对比

（图片来源：KA-RaceIng）

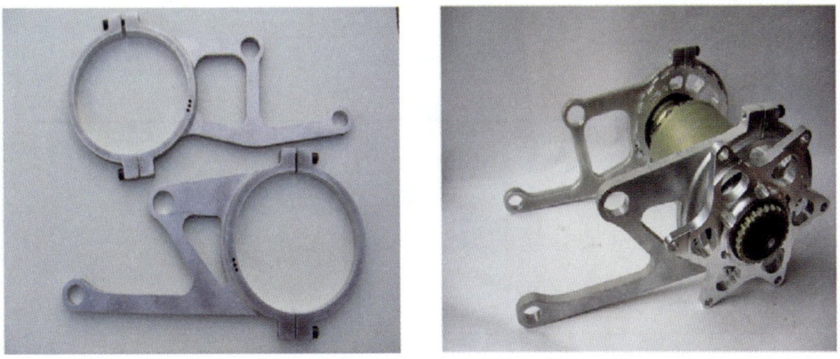

图 4.34 优化后的差速器支架（左）和总成（右）

（图片来源：KA-RaceIng）

表 4.5 基于有限元网格形状优化的优点和缺点

优点
• 独立于 CAD 模型（质量，参数化） • 独立于 CAD 系统
缺点
• 基向量的生成可能很困难 • 优化后的形状不以 CAD 模型的形式存在 • 网格扭曲可能使有限元法结果的质量变差 • 重新网格化非常耗时

4.3.3 通过加强筋进行形状优化

直至今天，汽车及车辆制造中采用的都是金属板壳结构。除了设计形成的蒙皮元件之外，车身的特点还在于其大面积的薄壁结构。薄壁钣金结构通常也是高性能产品和轻量化产品的一个组成部分。为了使部件在达到高刚性的同时其重量最小，会使用加强筋对这些结构进行增强。也就是说，它的作用方式主要是通过增加断面惯性矩提高钣金结构的抗弯刚度。此外，还可以提高零部件的固有频率。然而，有时这种设计只是起装饰性作用。

加强筋的特征在于平面或空间曲面薄壁钣金结构中的槽状凹陷或者凸起，另外，加强筋的深度与长度之比非常小。图 4. 35 显示了各种加强筋的横截面，加强筋形状的选择取决于不同的边界条件，例如刚度要求、模具成本或与外围结构的连接点。

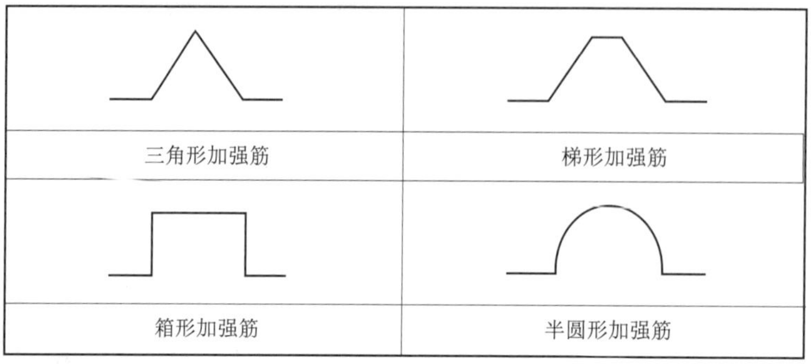

图 4. 35　不同横截面的加强筋概览

加强筋的另一个区别是加强筋的末端部分，取决于加强筋是一个封闭结构还是一个开放结构（图 4. 36）。

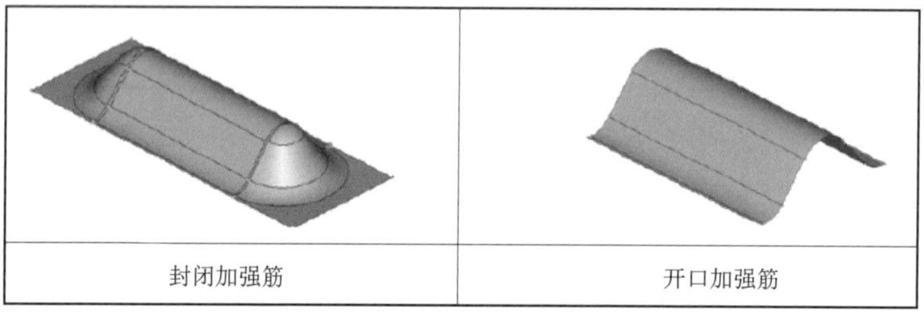

图 4. 36　加强筋的末端部分作为区别特征

各种加强筋都有一个加强筋结构或加强筋样本，加强筋可以布置成诸如多个加强筋并列排放的形式或十字形式（图 4. 37）。

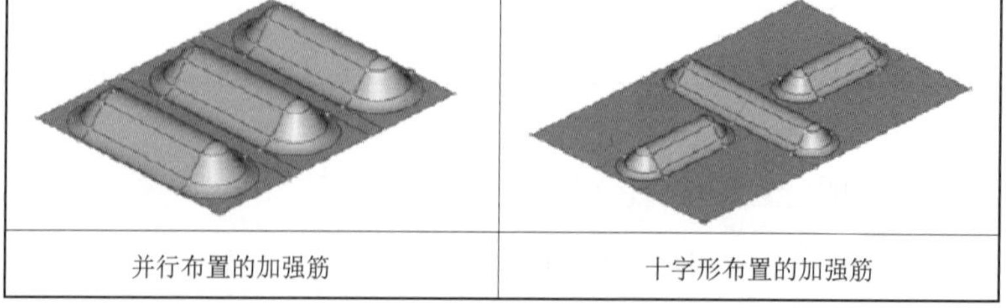

图 4. 37　加强筋的布置

对于简单的形状和负载，设计目录及设计规程往往有助于钣金部件的设计（图 4.38）。

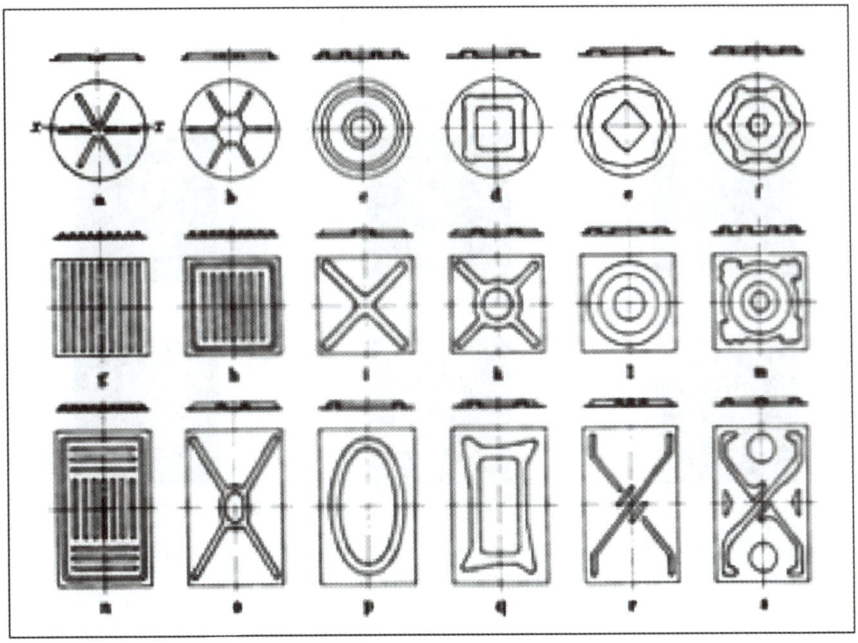

图 4.38　加强筋图样（Oehler 和 Garbers，1968）

但是，对于几何尺寸复杂的零部件，往往超出了这些经验性辅助工具的极限，最终不会形成好的或最佳的加强筋。仅在最近几年，才基于有限元法开发出自动确定加强筋形状和位置的程序。对此有参数化和非参数化两种设计方法。举例来说：Altair 的优化工具 OptiStruct 就是基于参数化方法的，在形状-基础向量的辅助下，可以生成加强筋草图。图 4.39 显示了在一个作用于中央的垂直力的作用下，平面方形钣金结构的优化结果（边长 600 mm）。

图 4.39　加强筋图集中加强筋图样的设计示例（D. Schwarz，2002）

然而，为了将这些加强筋草图在 CAD 中形成相应的加强筋图样，首先需要设计者对所产生的加强筋图样进行分析，由于图样的复杂性，大多会导致不同的分析结果（图 4.39）。除此之外，在中间高度上，还经常会有一些特征不明确的加强筋，使对加强筋的分析非常困难。为了能够更易于分析，OptiStruct 具有进行自动分析结果的功能。然而，并不能保证所形成的 CAD 几何形状没有缺陷。相对于参量化的方法，FE-DESIGN 的 TOSCA 软件提供了一种非参数化的方法用于生成明确的加强筋图样，由此而省去了复杂的分析过程（图 4.40）。

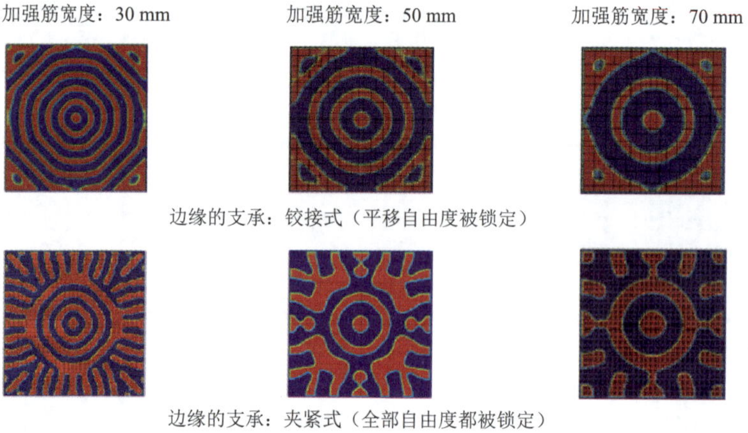

图 4.40　具有不同加强筋宽度和不同支承的非参数化加强筋设计

从图 4.40 中可以看出，加强筋图样根据所使用的支承类型而明显改变。其原因在于边缘附近区域中的弯曲状态彼此之间差异很大，而弯曲状态在板坯中心几乎没有改变，由此可以得出一个类似的加强筋形状。为了能够对不同加强筋图样的机械质量给出一个粗略的定量评估，图 4.41 对所选定的加强筋图样进行了比较。其中，铰接板（600 mm × 600 mm）具有 10 mm 高的加强筋。相比不带加强筋的板，所有变体的强化作用都非常大，其中使用无参数法得出的图样具有最好的强化效果。

	无加强筋	Oehler	加强筋图集	TOSCA
图样				
最大位移（单位为mm）	21.7	2.4	1.1	0.4

图 4.41　对比不同加强筋布置的强化效果（Emmrich，2005）

制造工艺约束

目前，在优化过程中仍没有充分考虑到制造工艺约束。只有随后的深冲模拟能够给出关于加强筋零部件的可制造性结论。在失败的情况下，可能会改变零部件的几何形状，直到能够确保良好的可成型性。在这种情况下，通常会得到一个不太理想的可加工加强筋图样，即未达到理论计算的部件刚度。因此，往往需要进行一些校正循环，直到零部件几何形状的可制造性和刚度都达到相应的要求。现在已经产生了第一种方法，可以将加强筋优化与成型模拟关联在一起，从而成功地生成带有加强筋的结构（Albers et al.，2010）。这种方法的一个主要优点是，在加强筋优化过程中，可以确保结构加工过程的可靠性，最终可大大缩短开发时间。

油底壳加强筋的设计实例

在这个例子中，将在油底壳上设计加强筋以尽可能增加其刚度，通过优化最终形成 6 mm 高和 20 mm 宽的加强筋。油底壳是钢制的，它的材料厚度为 1.3 mm，总质量为 1.62 kg（图 4.42）。采用的计算程序是 TOSCA Structure. bead。选择 1 bar（100 kPa）的内部压力作为其负载。在这里，忽略对油流动的影响。除了较为复杂的轮廓之外，油底壳的一个特殊特征就是表面上有轻微折弯。计算模型使用方形和三角形单元，平均单元边长大约为 2.5 mm。选择加强筋区域时，应使加强筋可以从边缘形成。

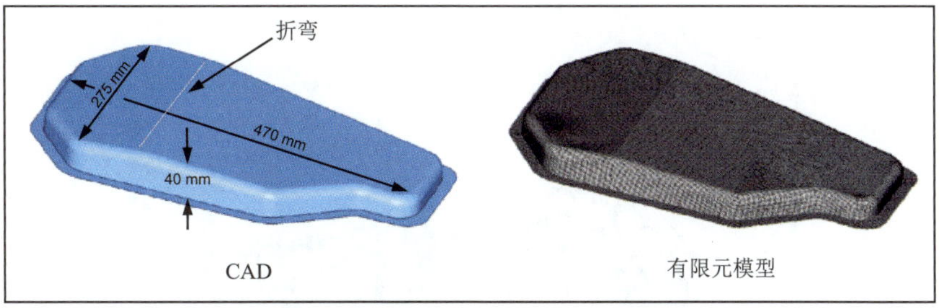

图 4.42　油底壳的 CAD 几何形状和有限元模型

在压力下，网状几何形状的最大位移为 12.0 mm。观察图 4.43 中的变形可以发现，壳体中折弯的影响非常明显。通过折弯的强化作用，最大位移明显右移。

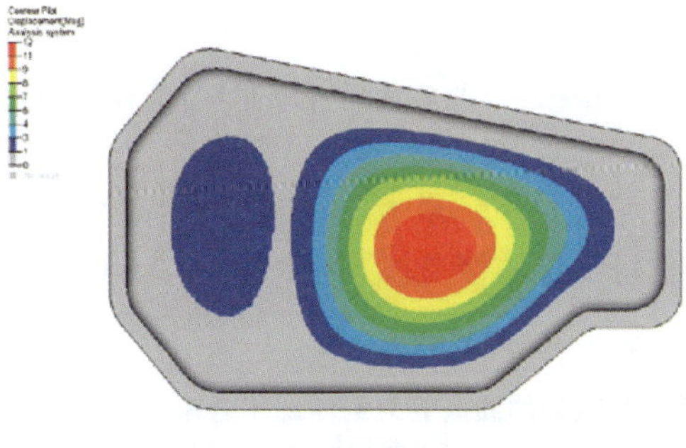

图 4.43　在压力下，油底壳的变形情况（单位：mm）

图 4.44 为通过 TOSCA 计算出的加强筋图样。基于此加强筋图样的可解释性，可以将其转移到 CAD 模型中，图 4.44 中显示了其结果。目前，在优化过程中，加强筋的形状尚未形成箱式加强筋，而这可以在转移到 CAD 时得以实现，从而达到最大的强化效果。

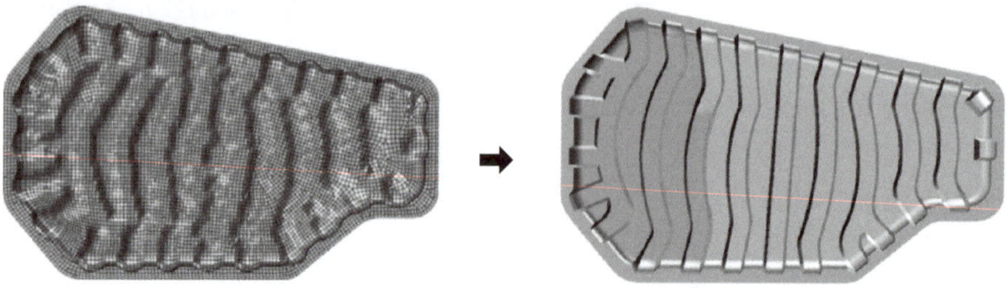

图 4.44 加强筋优化和解释为 CAD 模型的结果

图 4.45 显示了利用分析的模型取得的变形分析结果，其中最大位移为 1 mm。在最大强化下，由于在加强筋优化过程和零部件表面增大的过程中壁厚是恒定的，从而会使质量增加 0.22 kg，然而，在实际实施过程中，质量增加会由于壁厚变薄而明显减少或根本不存在质量增加。

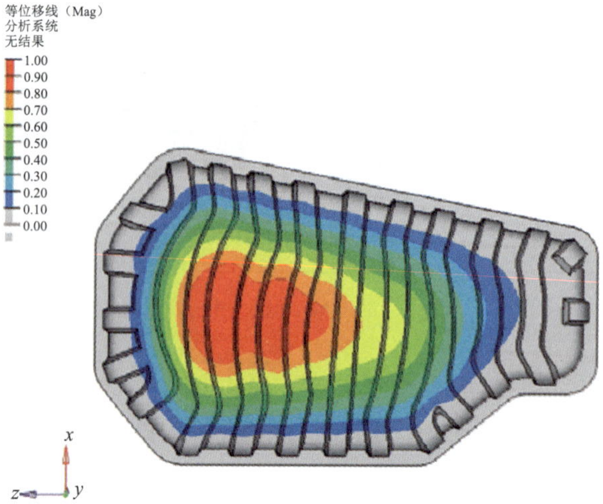

图 4.45 1 mm 的最大位移下，带有加强筋的油底壳的变形情况（单位：mm）

在 12.0 mm 的相同参考位移下，最大质量减少了 1.27 kg，这几乎减少了 80% 的质量。表 4.6 列出了所测得结果的概览。当壁厚调整为标准壁厚时，其刚度一般可能会有轻微的变化。

表 4.6 以带有加强筋的油底壳为例体现质量减少的强化效果和潜力

要 求	模型	壁厚 /mm	最大位移 /mm	质量 m/kg	Δm/kg（相对于参考值）
—	无加强筋	1.30	12.0	1.62	—
最大强化	带加强筋	1.30	1.0	1.84	+0.22
相同质量下的最大强化	带加强筋	1.15	1.2	1.62	±0
相同参考位移下的最大质量减少	带加强筋	0.25	12.0	0.35	-1.27

4.3.4 参数优化

除了拓扑优化和形状优化之外，参数优化也是结构优化的一个重要部分。在完成了拓扑和形状优化之后，可以通过参数优化进一步确定零部件的详细尺寸。在此，可以改变离散的零部件参数，例如多层复合材料的纤维方向、板材的壁厚或结构的横截面值。

纤维结构的优化

在这个例子中，将通过参数优化对碳纤维增强塑料制成的轮辋层压体的最大刚度进行优化。所使用的软件是 Altair 公司的 HyperWorks（版本 10），使用其求解器 OptiStruct 对层压体进行优化。

层压体优化：在这里，层压体的优化被分为三个阶段。在第一阶段中，确定每个单元的纤维数量。然后将结果导入到可加工的单层中，从而最终能够在最后阶段里进行层压顺序的优化：

- 设计阶段："自由尺寸"优化——优化每个单元的壁厚。
- 尺寸确定阶段："尺寸"优化——基于位置解释"自由尺寸"结果和在可加工的单层厚度方面离散优化单个补丁程序。
- 层化阶段："铺层"优化（或"重排"优化）——通过改变各个层的位置优化层结构。

图 4.46 显示了三阶段优化方案，下面对其过程进行详细描述。

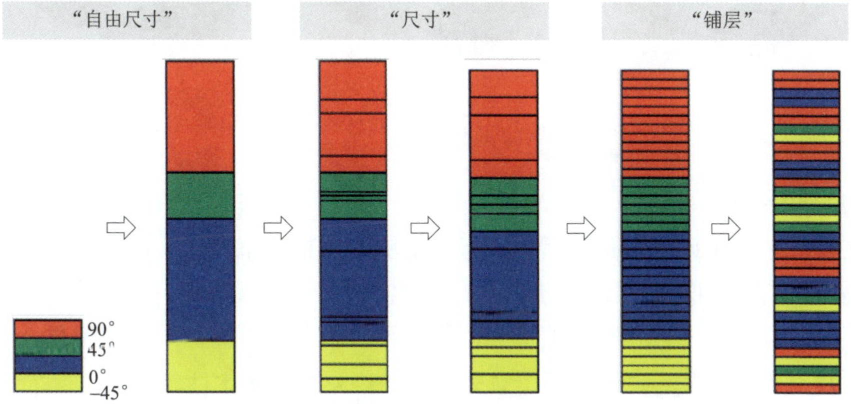

图 4.46　使用 OptiStruct（Altair）实现的层压体设计的三阶段优化方案

建模

为了创建计算模型，首先要将轮辋的 CAD 体积模型转换成有限元模型。为此，仅需将体积模型的表面导入到 HyperMesh 中，并通过 2D 单元进行网格化，从而可以为这些单元分配一种各向异性材料。轮辋只能用［0°/90°/45°/–45°］的层压体类型制造，因此所有要优化的 2D 单元都要使用这四个位置角度来构造，并且通过可自由选择的单层厚度进行定义。

这个用于优化的原始层压体也称为“超级层片”。为了确定“超级层片”的构造方向和方位，在接下来的步骤中，首先要确定单元的法向量并进行校准。为进行离散化，选择一个5 mm 的平均边长，从而得到近15 000 个壳体单元。将它们根据4个位置角度进行进一步划分。采用“极限过弯”作为负载情况，此时两个轮辋边缘主要要承受侧向力和支撑力。另外，在有限元模型中添加轮胎压力和中心螺母与轮毂拧紧时所产生的力。

“自由尺寸”优化

柔度被定义为优化任务的目标函数，在1 500 g 的最大质量约束下对其进行最小化。此外，循环对称（cyclical symmetry）和最大层压体厚度被视为加工条件的约束。图4.47 显示了不同最大层压体厚度对材料分布的影响（参见卡尔汉瑟出版社下载网站中本书相应的4 mm 最大层压体厚度的动画）。如果允许层压体有较大的厚度，将会导致有些区域在层压体厚度上出现较大的跳跃，这在加工方面是十分不利的。基于这种材料分布，可以显示出每个纤维方向上的层压体厚度，如图4.48所示。

图4.47 最大层压体厚度对材料分布的影响

“尺寸”优化

在进行“自由尺寸”优化后，进行基于层的材料分布转化，以分解单个层束中的“地形”。图4.49 显示了0°方向上的分解实例。

实际的“尺寸”优化将先前优化的层束转换为多个可加工的单层厚度。在这个优化步骤中，采用了“自由尺寸”优化的目标函数和约束条件。

“铺层”优化

在最后的“铺层”优化阶段中，将调整后的层束转换到可加工的单层中，并且按照它们的顺序最佳化堆叠在一起。图4.50 显示了三个优化阶段后的结果。通过上述优化方法，轮辋的刚度明显提高，并转换到面向生产的层压体草图中。对于一个约1 500 g 的轮辋，图4.51 给出了采用 OptiStruct 进行优化的每个优化阶段的柔度曲线。

对于纤维增强塑料材质零部件开发的详细介绍，推荐参阅下面的参考文献：Schürmann，2007；Flemming 和 Roth，2003；Ehrenstein，2006。

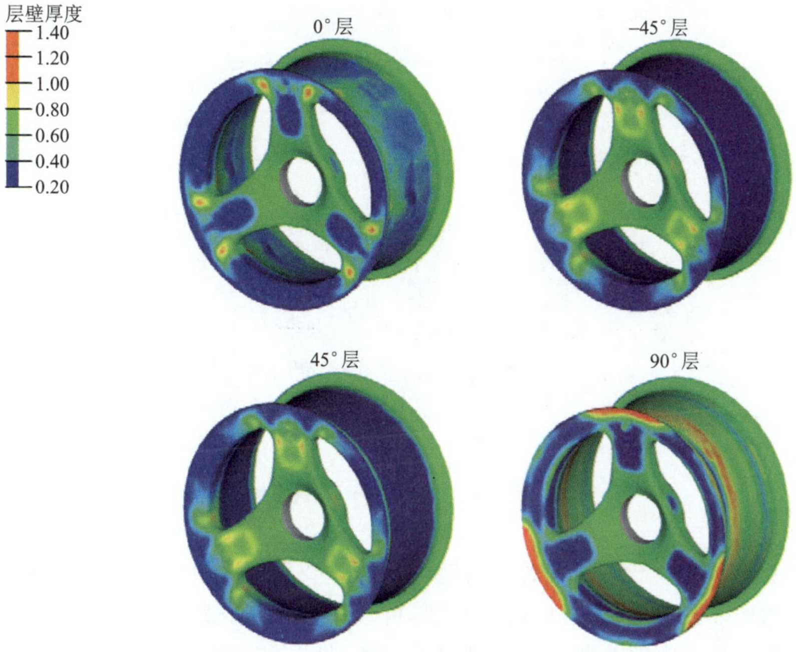

图 4.48 “自由尺寸”优化结果——每个纤维方向的层压体厚度

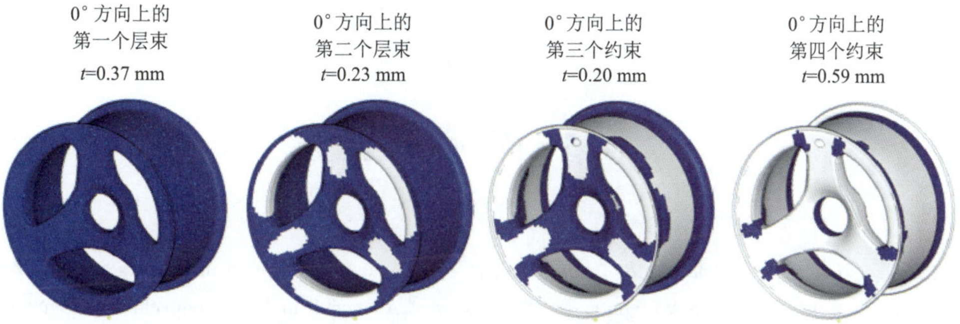

图 4.49 0°方向上基丁铺层解析之后的层束

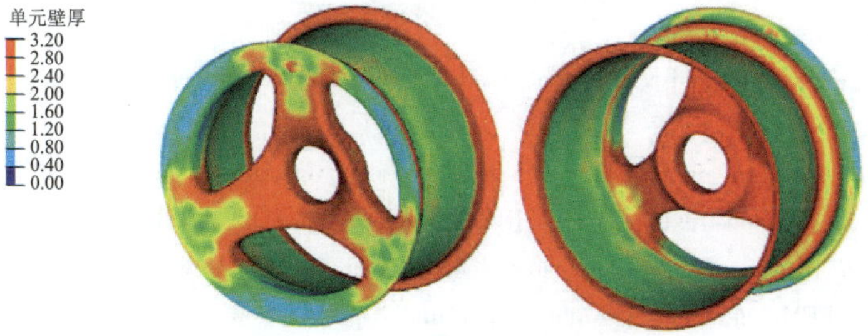

图 4.50 三个优化阶段后的结果

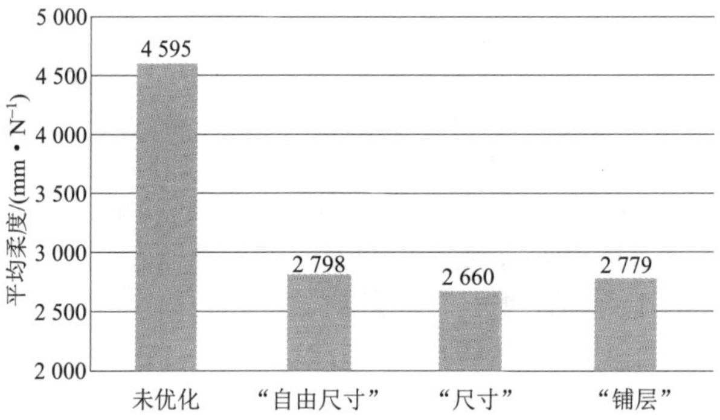

图 4.51　不同优化阶段柔度的比较

4.4　结　　论

本章说明了虚拟产品开发对当前轻量化的重要意义。介绍了对设计和结构优化领域工程师来说最重要的工具，这些工具可以用于轻量化结构的虚拟设计，从而明显地减少在实际零部件上费时而又昂贵的“累试法”过程。在考虑不同流程的情况下，为体现减轻重量的潜力，通过详尽的实例描述了每种结构优化的方法（拓扑优化、形状优化和参数优化）。

最后应指出的是，虚拟产品开发及其仿真和优化工具本身也仍在不断发展中，从而能够满足高能效和创新的轻量化结构发展要求。

4.5　附加信息

文献

Albers, *A.*, *Majic*, *N.*, *Krönauer*, *B.*, *Hoffmann*, *H.*: Manufacturing Aspects in Simulation Based Bead Optimization. 10. Internationales Stuttgarter Symposium “Automobil-und Motorentechnik”, Stuttgart, 16./17. März 2010

Bathe, *K.-J.*: Finite-Elemente-Methoden. Springer Verlag, Berlin/Heidelberg, 2002

Conrad, *K.-J.*: Grundlagen der Konstruktionslehre: Methoden und Beispiele für den Maschinenbau. Carl Hanser Verlag, München, 2005

Ehrenstein, *G. W.*: Faserverbund-Kunststoffe: Werkstoffe-Verarbeitung-Eigenschaften. Carl Hanser Verlag, München, 2006

Emmrich, *D.*: Entwicklung einer FEM-basierten Methode zur Gestaltung von Sicken für biegebeanspruchte Leitstützstrukturen im Konstruktionsprozess. IPEK-Forschungsberichte, Bd. 13, Karlsruhe 2005

Flemming, *M.*, *Roth*, *S.*: Faserverbundbauweisen. Springer Verlag, Berlin/Heidelberg, 2003

Fröhlich, *P.*: FEM-Leitfaden: Einführung und praktischer Einsatz von Finite-Element-Programmen. Springer Verlag, Berlin/Heidelberg, 1995

Harzheim, *L.*: Strukturoptimierung: Grundlagen und Anwendungen. Verlag Harri Deutsch, Frankfurt/

Main, 2007

Hoenow, *G.*, *Meißner*, *T.*: Konstruktionspraxis im Maschinenbau. Fachbuchverlag, München, 2009

Hoenow, *G.*, *Meißner*, *T.*: Entwerfen und Gestalten im Maschinenbau: Bauteile, Baugruppen, Maschinen. Fachbuchverlag, München, 2004

Klein, *B*: Leichtbau-Konstruktion-Berechnungsgrundlagen und Gestaltung. Vieweg + Teubner Verlag, Wiesbaden, 2009

Klein, *B*: FEM: Grundlagen und Anwendungen der Finite-Elemente-Methode im Maschinen-und Fahrzeugbau. Vieweg+Teubner Verlag, Wiesbaden, 2007

Knothe, *K.*, *Wessels*, *H.*: Finite Elemente. Springer Verlag, Berlin/Heidelberg, 2008

Koller, *R.*: Konstruktionslehre für den Maschinenbau. Springer Verlag, Berlin/Heidelberg 1994

Kurz, *U.*, *Hintzen*, *H.*, *Laufenberg*, *H.*: Konstruieren, Gestalten, Entwerfen: Lehr-und Arbeitsbuch für das Studium der Konstruktionstechnik. Vieweg+Teubner Verlag, Wiesbaden, 2009

Link, *M.*: Finite Elemente in der Statik und Dynamik. Teubner Verlag, Stuttgart, 2002

Meske, *R.*, *Lauber*, *B.*, *Puchner*, *K.*, *Grün*, *F.*: Parameterfreie Gestaltoptimierung auf Basis einer Lebensdaueranalyse. Springer VDI Konstruktion, Heft 6, 2004

Müller, *G.*, *Groth*, *C.*: FEM für Praktiker. Bd. 1: Grundlagen. Expert Verlag, Renningen, 2002

Oehler, *G.*, *Garbers*, *F.*: Untersuchung der Steifigkeit und Tragfähigkeit von Sicken. Forschungsberichte des Landes Nordrhein-Westfalen, Nr. 1918, 1968

Pahl, *G.*, *Beitz*, *W.*, *Feldhusen*, *J.*, *Grote*, *K.-H.*: Konstruktionslehre: Grundlagen erfolgreicher Produktentwicklung, Methoden und Anwendung. Springer Verlag, Berlin/Heidelberg, 2005

Reinhardt, *F.*, *Maier*, *T.*: Einbindung der Topologie-optimierung in den Entwick-lungsprozess bei KA-RaceIng. Studienarbeit, Nr. 1623. IPEK-Institut für Produktentwick-lung, Karlsruhe, 2009

Schürmann, *H.*: Konstruieren mit Faser-Kunststoff-Verbunden. Springer Verlag, Berlin/Heidelberg, 2007

Schwarz, *D*: Auslegung von Blechen mit Sicken (Sickenatlas). Forschung-svereinigung Automobiltechnik e. V., FAT-Schriftenreihe Nr. 168, Frankfurt, 2002

Steinbuch, *R.*: Finite Elemente-ein Einstieg.

Springer Verlag, Berlin/Heidelberg, 1998

Steinhilper, *W.*, *Sauer*, *B.*: Konstruktionselemente des Maschinenbaus 1. Springer Verlag, Berlin/Heidelberg, 2008

Steinhilper, *W.*, *Sauer*, *B.*: Konstruktionselemente des Maschinenbaus 2. Springer Verlag, Berlin/Heidelberg, 2008

Steinke, *P.*: Finite-Elemente-Methode. Springer Verlag, Berlin/Heidelberg, 2007

Wiedemann, *J.*: Leichtbau: Elemente und Konstruktion. Springer Verlag, Berlin/Heidelberg, 2007

5

系统轻量化——降低整体重量

轻量化的目的就是通过各种轻量化策略实现重量的减轻，例如形状轻量化和材料轻量化。单个零部件的重量减轻主要是通过诸如有针对性地选择合适的材料以及零部件的几何形状设计和拓扑结构。与此相反，系统轻量化则是一种减轻技术系统整体重量的方法。

5.1 术语的定义

就此而论，技术系统可以被定义为一个与周边有明显界限的单元，其内部单元彼此之间都有比与其外部单元更加明确的关系。

系统的作用要大于单个单元作用的总和。单元是根据特定目的组织起来的，并通过系统边界与周围环境区分开来。黑盒模型（图 5.1）是系统论的基本体现。单元可以包含其他子系统，而这些子系统又可以含有另外的单元和子系统。功能表示系统的转换可能性，其具有通过系统边界相互作用的特点（Meboldt，2008；Ottnad，2009；Pahl 等，2007）。

如何在技术上实现这些功能并不重要。满足功能所需要的单元和子系统的数量在技术系统中并不固定，是可变的。为了满足功能的需要，单元可能会与子系统发生各种相互作用。

系统轻量化是指在考虑到系统内的所有关系和相互作用以及在一般技术和经济框架条件下，一个技术系统在重量和惯性方面的整体优化。因此，系统轻量化代表了一种跨材料和产品的轻量化方法。

如果既要降低一个系统的重量又要降低其惯性，则可能会出现矛盾，因为重量减少并不表示惯性一定会降低。在这里，我们以钢制中空轴为例对此加以说明。将其中的材料换成铝来取代钢，这样就可以略微降低重量，但在相同空心轴内径和传

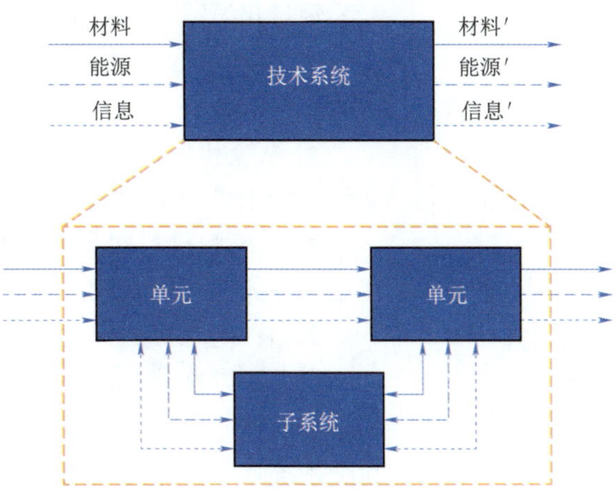

图 5.1 技术系统的黑盒模型

递相同扭矩的条件下，惯性力矩可能会明显增加。

技术系统的功能是由系统组件和它们之间的相互作用决定的。接口非常重要，特别是在轻量化方面，例如要考虑到系统中的不同材料和它们的组合，因此产品开发人员在进行设计定义时就要对其加以考虑。可以根据各个系统的情况减少或增加所需组件的数量（图 5.2），或者重组整个系统中的单元和子系统。由于要实现额外的功能或改变载荷，这可能会导致单个单元的重量增加。但这种状况与系统轻量化并不矛盾，因为单个单元的重量增加可以通过系统整体重量或者惯性力矩的减少加以补偿。根据定义，在系统轻量化中，在考虑系统及其单元之间的相互作用时，也要与单个单元联系起来。

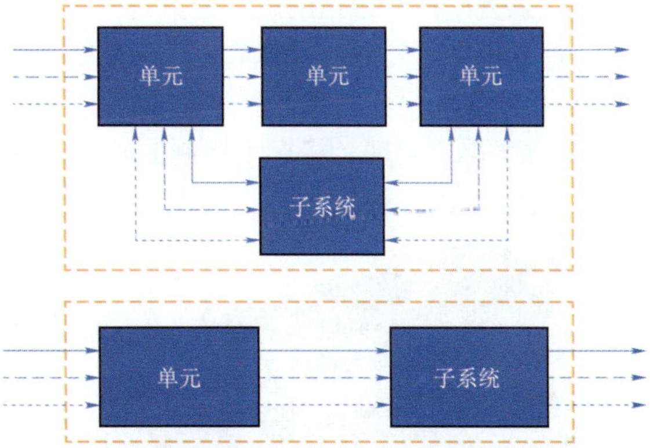

图 5.2 黑盒模型的变体

因此，系统轻量化并没有脱离其他轻量化策略，并且同样与其他轻量化策略相互作用（图 5.3）。轻量化系统比形状和材料轻量化具有更高的优先级（Fischer, 2008）。在系统中可以发现形状和材料轻量化应用，从而减少重量实现系统轻量化。

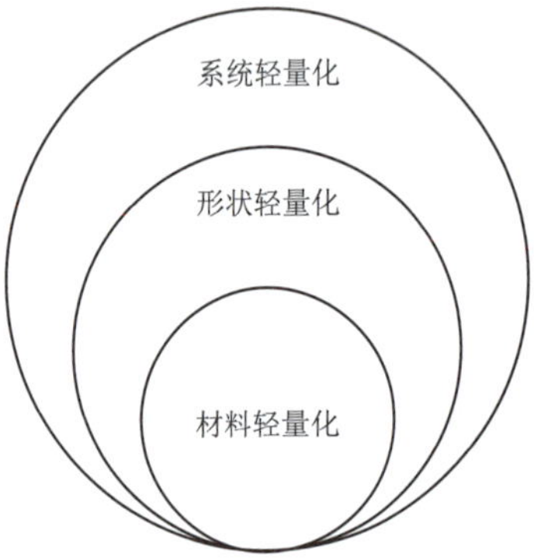

图 5.3 轻量化策略之间的相互作用

轻量化策略之间可能的相互作用包括：

- 形状和材料轻量化：零部件可能的形状与所使用的材料有很大关系。
- 系统和形状轻量化：零部件可能的形状受到系统中可用结构空间的限制。
- 系统和材料轻量化：材料取决于零部件在系统中的布置及其相关联的环境条件。

例如：内燃机的优化。

现在，以优化内燃机技术系统为例对系统优化加以阐述，其中的内燃机包括了大量单元和子系统。在系统总重量中占很大比例的单元特别适合优化。占发动机重量 25%～30% 的曲轴箱就是内燃机中这种零部件的代表。

在不考虑与周边系统和各种轻量化策略之间相互作用的情况下，可以通过铝制曲轴箱优化灰铸铁制成的曲轴箱，从而使重量减少约 40%。曲轴箱在活塞导向装置区域与活塞和活塞密封件有相互作用。在这一位置要求有良好的摩擦学性能。在燃烧室附近，材料会受到高温和较大温度波动的制约。

由于密度较低，镁在轻量化方面具有更大的潜力。由于摩擦学性能的原因，镁不能用作气缸工作面。由于镁在超过约 105℃ 时具有蠕变性质，因此也不能应用于高温区域。基于这些考虑，可以进一步挖掘曲轴箱重量减少的潜力。在这里，需要创建一个技术系统模型，其描述功能和实现功能的位置。

通过系统分析确定曲轴箱中热量、机械和摩擦应力较高的区域。为所确定位置分配适用的材料及其载荷，可以通过合成法对多种材料制成的壳体进行划分。

BMW 股份有限公司在系列生产中采用的解决方案是，在曲轴箱采用一部分铝制单元和一部分镁制单元（图 5.4）。其中，铝制单元可承受较高的热和摩擦负荷。通过曲轴箱中所使用的镁制单元来满足材料要求。通过使用镁重铸包封铝制单元的制造技术，可以使这一解决方案得以实现。相对于铝制曲轴箱，通过所得到的复合材

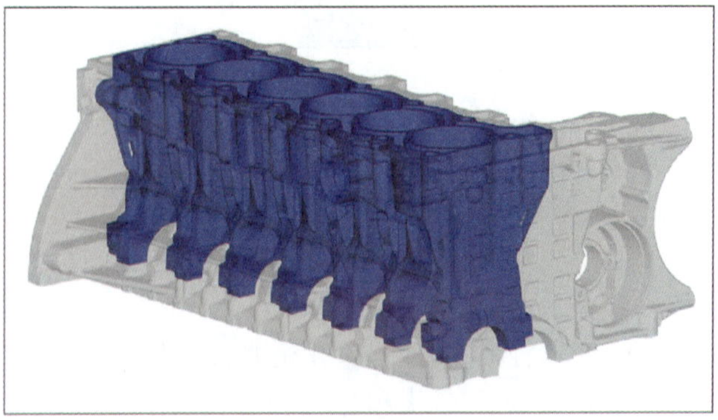

图 5.4 由镁制部件和铝制部分组成的曲轴箱

（图片来源：BMW 股份有限公司）

料结构可以进一步减少约 25% 的重量（Klüting，2004）。

这个例子表明，系统轻量化与诸如材料轻量化等其他轻量化策略有着紧密的相互作用，优化时必须同时加以考虑。

5.2 系统轻量化的框架条件

除了技术条件之外，开放市场中的每种产品还受到经济条件的制约，因此，通常并不能完全利用技术角度上的轻量化最大潜力。在这些条件下，从整个系统的角度去考虑轻量化显得尤为重要，只有这样，才能在指定条件下充分利用产品的轻量化潜力。一个产品可能的框架条件包括（图 5.5）：

• 结构设计在系统轻量化中具有举足轻重的地位，首先它受到许多其他方面因素的影响，另一方面，它还会受到自身的影响。它包含了确定零部件形状的过程，这对许多产品特性都起着很关键的作用。在结构设计中可以根据要实现的功能采用各种结构类型，例如差分结构、整体结构或混合结构。产品设计的视觉外观对产品的成功通常也起着重要的作用。

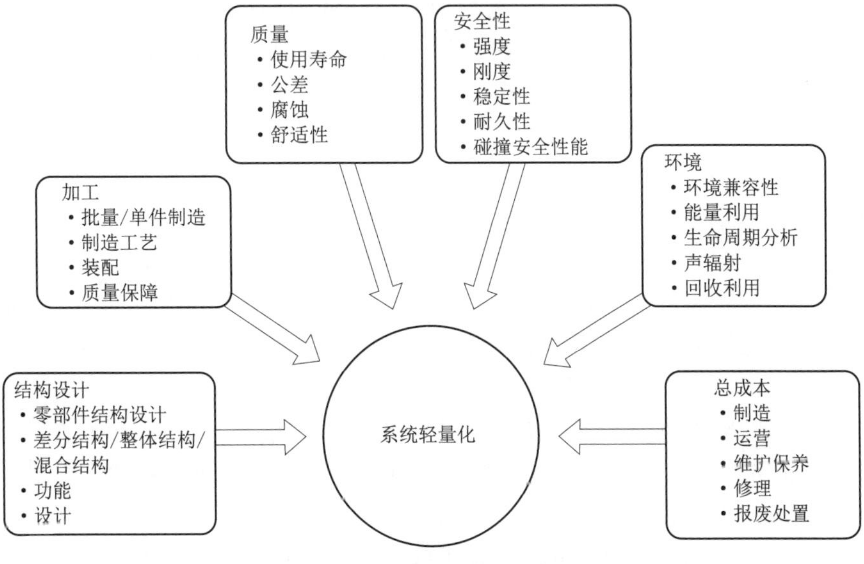

图 5.5 系统轻量化的框架条件

• 批量大小对制造起着重要作用，因为它决定了加工工艺的方法，从而也决定了由加工工艺方法带来的优点和缺点。因为需求量很小，有许多方法只适合于小批量生产。以前面所述的纤维增强塑料制轮辋为例，目前它的生产只能通过大量的手工劳动来完成。此外，加工工艺方法在很大程度上也会影响到生产的成本。另外，由于经常受到所使用材料的限制，因此还必须考虑到组装和接合的可能性。生产中的质量保证也非常重要，这对于纤维增强塑料更是一个难题。

- 主观上，一个产品的质量是由客户对产品要求的满意度来确定的。另外，也有客观而又可以定量的评估参数，例如产品可实现的使用寿命。在许多应用中，很小的公差或无腐蚀表面也属于高品质的表现。另一个非常重要的方面是产品的舒适度。这可以通过诸如降低噪声水平或者保持人机界面的稳定来实现。
- 产品的安全性是由强度、刚度、稳定性、耐久性和碰撞安全性能决定的。在许多情况下，可以通过实验确定的参数来定量地评估。只有针对试验验证进行大量的测试和试验方法，才能对安全特性，如稳定性或耐久性等进行定量评估。这个试验验证是全面验证过程的一部分，而验证过程必须针对轻量化组件的特殊要求。
- 产品对环境的影响也必须从产品的生产、使用和回收利用方面进行全面考虑。首先，产品本身必须符合环保要求，另一方面，还要考虑到在生产、产品应用期间以及报废处置时使用的能源。零部件的表面振动造成的声辐射也会对环境造成污染。在产品生命周期结束时，必须对产品进行报废处置，这时应尽可能使用更少的能源得到最大的回收率。特别是对于纤维增强塑料，或在一般情况下，对于那些不可分离的材料是一个较大的问题。

良好的成本效益比对于一个成功的产品来说是非常重要的，这意味着由轻量化产生的附加成本为顾客带来了相应的增值。这样的附加值代表着运营成本的降低、能达到的有效载荷更高或机械动力的改善。采用轻量化时，重要的是找出其在系统中的应用位置，即在某个位置上进行轻量化，就整个系统而言，可能具有最好的成本效益比。

现以车辆为例对移动系统的系统轻量化加以说明。对于移动系统的能源效率来说，减少频繁且剧烈加速组件的重量具有重要意义。诸如轮辋等旋转零部件就属于这类的组件，在制动和加速过程中，它们的转速以及其中储存的动能将改变。具有很高惯性力矩的轮辋，在加速时需要一个更强大的发动机为其提供动力，在制动过程中较高的内能被额外转换成热能。无论是在加速过程中，还是在制动过程中，理想的情况都是惯性力矩应尽可能最低。

车轮质量同样也属于影响驾驶安全的车辆非簧载质量。通过减轻非簧载质量可以使底盘快速适应颠簸路面。同时，将减轻底盘的振动，因此，如果非簧载质量较高，则会导致较高的能量损失。

减轻车辆较高位置上的重量，从而使重心降低，对行驶性能而言非常重要。如果要减轻整个车重，找到一个最具成本效益比的零部件具有很大意义。为了能够确定这种零部件，需要很好地了解系统和系统内的相互作用。

5.3 技术系统的分析与合成

采用系统轻量化时，首先要对将要优化的技术系统加以分析。分析系统时，通过系统性方法可以可靠地获得所有关系和它们之间的相互作用。具有广义定义的作用面副和导向支持结构的交互传递模型适用于这种情况，它可以用于分析带有控制组件和软件的机电一体化系统。此外，在考虑到不同模拟环境之间接口的情况下，还可以由其将模型导入模拟程序（Ottnad，2009；Albers et al.，2010）。

作用面副可以用来描述各个零部件和组件之间的功能关系，并且可以在软件应用程序中实现，即其可以在应用程序层面上作为软件工具之间的接口来使用。随后，可以将系统中的工作面副转化为模拟环境中单个部件或组件之间的接口（Albers et al.，2002）。

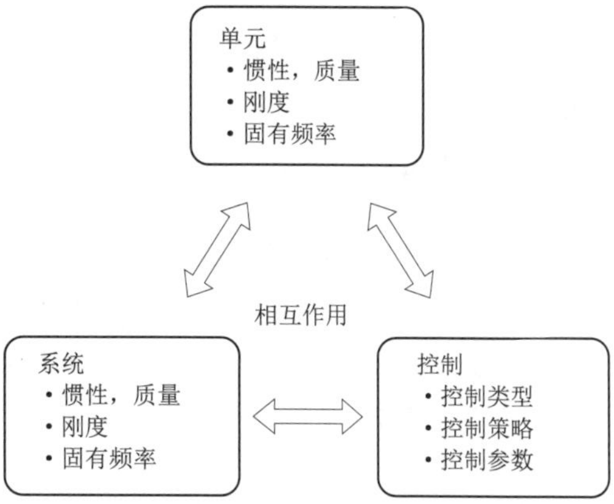

图 5.6　系统轻量化中各单元之间的相互作用

如果以抽象层面观察控制和动态系统（图 5.6），可以得出由单个单元的质量及其所决定的动态力引起的各个单元之间的相互作用。如果改变单个单元的重量或拓扑结构，就会对单元的固有频率和刚性产生影响，也会影响到整个系统的性能，因为系统中的其他单元承载着其他载荷。如果再将控制考虑在内，则可以得到可能影响系统性能的其他重要参数。通过调整控制器参数或控制策略，将改变相应单元出现的动态反作用力，从而可能会影响系统中的振动特性。因此为了将系统调整到期望的系统性能，必须考虑系统中单元之间的这种相互作用。

在对要优化的系统进行分析之后，根据所创建的模型以及由其所显示出的功能关系，可以合成一个新的解决方案。此外，可以通过所提到的以下两个设计原则来支持产品的构思。

5.3.1　将功能集成在一个部件中

综合的方法之一是将尽可能多的功能集成到单个部件中。在这里必须要注意的是要尽可能充分利用部件的体积。

在对零部件进行结构设计时应当慎用这一原则。根据不同的应用情况，无法明确地确定力线，该力线可能会导致确定部件尺寸时出现问题。同样的情况也有可能在功能集成时形成公差链，这是必须要注意的事项。功能集成可能会使新设计的零部件的重量有所增加。但是，从整个系统的角度来看，重量可能还是减轻了。

除了减轻系统重量之外，功能集成的目标还有通过使用较少的材料降低生产成本，以及通过减少部件的数量降低物流成本和装配成本。然而，这不能笼统地应用于所有的部件，必须进行检验。功能集成常常只能通过更复杂的形状或其他制造工艺来实现，而这可能会导致生产成本增加。

功能集成的一个实际例子是汽车的挡风玻璃，它除了具有提供视野和乘员保护的明显功能之外，还要满足支撑和车身强化的功能。

另一个例子显示了零部件连接的功能集成可能性。在汽车制造中，车身零部件现在通常使用黏合方式进行连接，而不是焊接、铆接或螺栓连接。通过较大面积的传递力可以达到较高的刚度，而这也提供了减轻重量的可能性。此外，黏合连接的同时还可以对车身进行密封，由此可以节省额外的密封材料。通过黏合可以连接不同材料是轻量化的另一个优点，因为通过黏结层可避免由于零部件分离而产生的接触腐蚀。

5.3.2 功能的分离

系统合成中的另一种可能性是只给每个单元分配一个单一的功能。从系统分析获得的系统认识可以在考虑到所有相互作用的情况下提供一个将功能分配到各个部件的模板。这种方法的优点是，由此可以明确系统设计，并且可以确定安全系数较低系统的尺寸。在单元只承载拉伸/压缩载荷的情况下，可以最优化地利用材料。

这一原则的缺点是，通常不具备单元最佳布置所必需的空间，并且为了实现功能，需要较多的部件。以赛车的车轮悬架为例，其由单个拉杆和压杆组成。由此实现了最佳的材料利用。

5.4 系统轻量化中的计算辅助方法

由于其复杂性，技术系统的优化通常无法通过分析法加以解决。出于这个原因，在这里通常会使用数值法。特别是采用有限元法（FEM），多体系统模拟和一维模拟工具（例如 Matlab/Simulink）会被用于优化机械结构和机械系统。有限元法通常主要被应用于单个部件或部件相对较少的情况。传统的带纯刚性体的多体系统模拟以系统性能为主。使用一维模拟工具的目的是模拟大而复杂的系统，通过它可以分析参数对整个系统性能的影响。对于所有模拟方法，在选择系统边界时，应使其尽可能小，但也要保证其尺寸足够大。

每种模拟方法都有各自的优点和缺点。通过模拟方法的组合，可以将所有优点相互结合起来，并消除大部分缺点（图 5.7）。通过以作用面划分系统可以按照广义的交互传递模型（C&C-M）将多个模拟工具结合起来。由此可考虑部件、子系统和整个系统之间所有相关的相互作用。

例如，柔性体的振动可能会影响到子系统和整个系统的性能。在考虑到车辆的整个传动系的情况下，如果想要对离合器进行轻量化优化，则必须要以实践中出现的载荷为优化的基础。为此，可以将发动机从齿轮箱到轮胎/路面接触的其余传动系以及驾驶员和

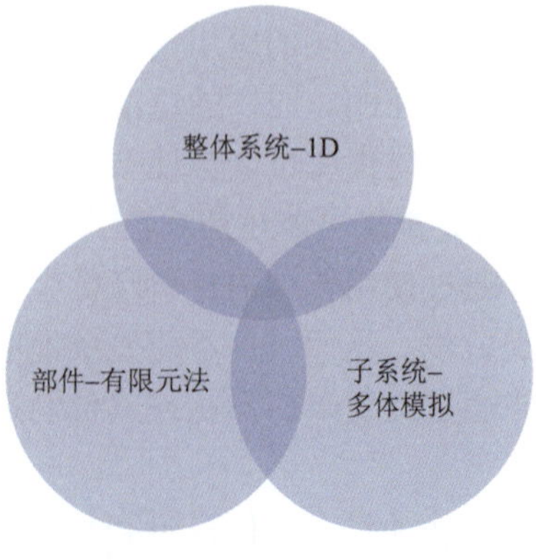

图 5.7 各种模拟方法的组合

环境条件放入一维模拟程序中进行计算。在这里，不应低估驾驶员和环境的影响，因为它们同时也会影响到传动系统中出现的现象。对于真实环境条件的高效模拟，选择一个合理的模型抽象度是非常重要的，因为许多组件对所研究的子系统只有轻微的影响。为了能够详尽研究，在一维模拟的方法不够充分的情况下，可以将离合器系统作为多体模型加入模拟过程中。然而，离合器系统中还包含有大量的弹性部件，例如蝶形弹簧，它们不被允许作为刚性体使用。在多体系统模拟中，可以将弹性单元分成多个刚性体或使用考虑弹性形变的特殊单元。然而，这些单元可能的几何形状不能是任意的。对于更复杂的形状，则需要将其结合，作为一个基于有限元法的柔性体。

5.4.1 技术系统中单元的拓扑优化

如果目标是优化系统中单元的拓扑结构（例如可控动态系统），则以下方面是至关重要的：

• 因为已经考虑了单元和系统之间的相互作用，因此通过在模拟中集成弹性体来描述系统性能则更加切合实际。这可以通过混合多体模拟来实现。

• 优化承受动态载荷的部件时，可以通过模拟得出载荷时间曲线，这个曲线会明显影响到随后的部件形状设计。

• 一维残留系统模拟与混合多体模拟相结合，可以在相对较短的计算时间内对整个系统进行非常逼真的模拟。

• 通过集成一维模拟程序，能够将控制也集成到模拟和优化当中。一维模拟工具非常适用于自动控制，它比其他软件包中的任何现有控制模块更舒适。

运输机着陆动作的模拟显示了混合模拟的影响。在模拟纯刚性体模型时，驾驶舱内的加速度值大约只有使用混合多体模拟分析时的 1/3。这有力地证明了该方法在轻量化方面的重要性，因为它能够清楚地区分零部件中所产生的应力（Ottnad，2009；Krüger，2002）。

5.4.2 机电一体化系统的优化

机电一体化系统和可控系统的重要性和应用范围正在日益增加。特别是在系统轻量化方面，这些为减轻重量提供了引人注意而又不应忽略的可能性。在传统优化中，在对各个部件进行优化时，没有考虑系统中各个单元之间的相互作用以及控制。对于一个承受静态载荷的部件来说，这种方法是很有用的，因为载荷一般不受部件形状的影响。然而，对于动态可控系统中的部件来说，载荷可能会受到系统中部件动态的影响。自动控制通过输出变量同样可以影响系统的动力学性能以及由此而产生的载荷。因此，修改组件或控制器参数可以改变系统的性能，从而导致负载情况改变。

动态优化时所面临的挑战是，例如在优化部件形状时，优化的输入参数反过来依赖于部件的形状，因此无法确定因果关系。打个比喻，这就是“鸡和蛋的问题”。

有各种不同方法可以作为解决这个问题的办法（Ottnad，2009）：

- 系统性能的估算或逐步趋近：可以使用前面单元或系统的数据，这些数据可以来自模拟或实验结果。另外，还可以估算或凭直觉确定初始值。这里的问题是，初始值代表了最初设计。在优化的各个迭代步骤之间，需要为下一个优化步骤调整输入变量。然后，使用传统的优化过程对静态零部件进行实际的优化（图 5.8）。这种工艺需要逐步操作，且比较烦琐，因为在每一次迭代时都必须实施一套完整的优化流程。
- 更新载荷：通过更新载荷，可以大大降低优化过程中“错误”假设的影响，但影响不会由此而消除。然而，这避免了多次进行完整的优化循环，完整的优化循环在实践中可能会由于时间和成本的原因而无法实施。如果载荷的更新能够完全自动实施，那么效率会明显增升（图 5.9）。

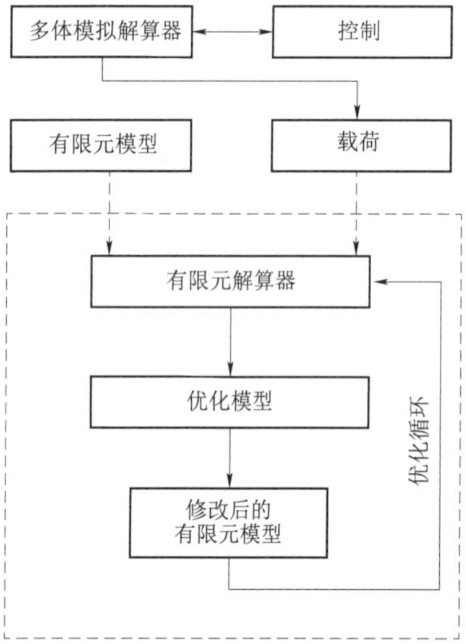

图 5.8 机电一体化系统的传统优化过程

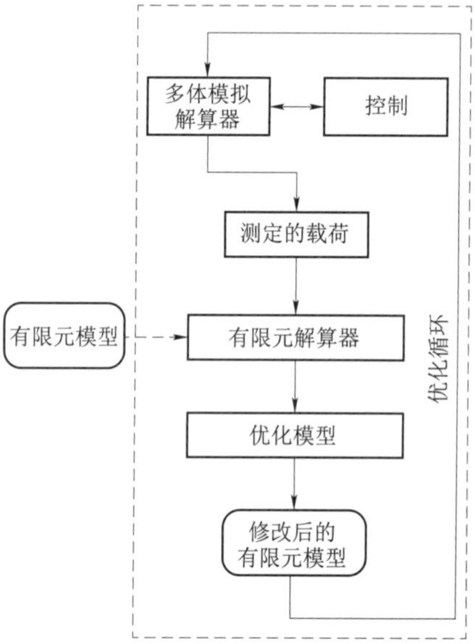

图 5.9 机电一体化系统基于系统的优化过程

5.4.3 自动载荷测定

自动载荷测定对某些优化过程来说非常重要，但在基于系统的优化中每次迭代时出现的载荷都是变化的，因此，必须对其不断地调整，然后整合到优化过程中。然而，并不能读出初始设计中出现临界载荷的那个特定时刻优化后的载荷，因为它们可能会由于动态系统性能而推移（图 5.10）。某些优化后的载荷也必须动态地加以确定，并转移到优化程序中。为了避免类似于由振动而产生的载荷，所选择的负载情况彼此之间应有一定的最小间距。在这种类似的载荷条件下，无法为优化提供优势，并会使结构在其他负载情况下产生尺寸过小的危险。

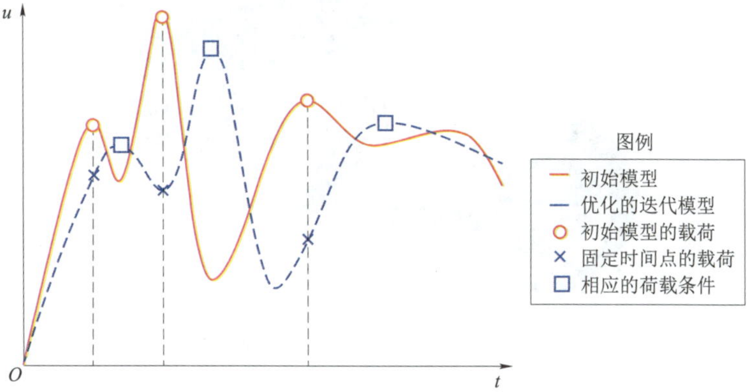

图 5.10 自动测定荷载条件

5.5 机器人手臂的结构设计

现以仿人机器人 ARMAR Ⅲ（图 5.11）作为拓扑优化的一个例子，此机器人是由卡尔斯鲁厄理工学院（KIT）的卡尔斯鲁厄产品开发研究所在其合作项目特别研究领域 588 中开发的，并作为示教器使用。ARMAR Ⅲ的手臂具有 7 个活动自由度，而人的手臂具有 9 个自由度。机器人手臂的外形设计参考了人手臂的外形。因此，它能够像人一样从事一些人类环境下的活动。为了提供适当的驱动力矩，使用了电动机与各种单元的组合，例如齿轮皮带、拉索和谐波齿轮传动或蜗杆传动装置。在关节中使用了各种传感器系统以测定位置、速度以及扭矩和外力。

图 5.11 仿人形机器人 ARMAR Ⅲ的上半身

优化过程的演示是在 ARMAR Ⅲ（图 5.12）高度简化的前臂模型上，在只有一个可控自由度的情况下进行的。它是一个具有主动控制旋转关节的系统，其类似于用于弯曲肘关节的子系统。待优化的部件是连接所施加的电机转矩和要移动的载荷之间的导向支承结构。在考虑系统性能的情况下，对其进行拓扑优化。为此，在多体系统模拟中需要一个以有限元表达为基础的柔性体。载荷被建模为一个简单的方形刚性体，其被固定在稍微偏离中心向外的位置或手臂纵轴上。

在两个作用点与控制相连接：一方面，导入电机转矩，另一方面，输出角速度和旋转角作为传感器信息。如前所述，这些作用面副在系统中也会形成模拟模型中的接口。多体系统模型所使用的输入和输出变量对应物理模型的变量。发动机和扭

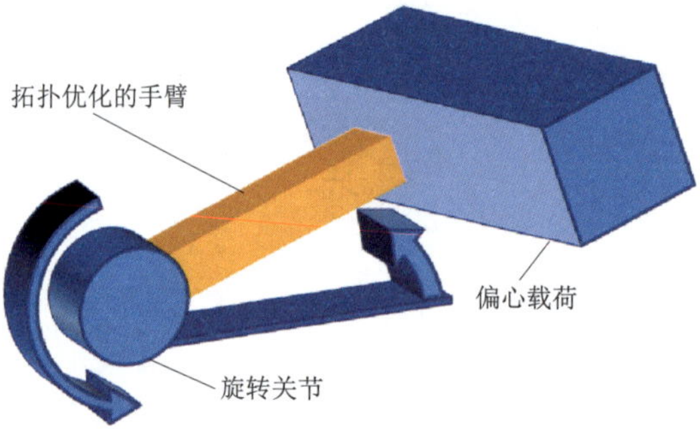

图 5.12 ARMAR Ⅲ前臂的高度简化模型

矩限制被建模为一个简单的信号块，它们对进一步优化并不重要。实际控制系统包括一个比例-积分-微分控制器（图 5.13）。手臂 90°旋转的阶跃函数被设定为输入变量。

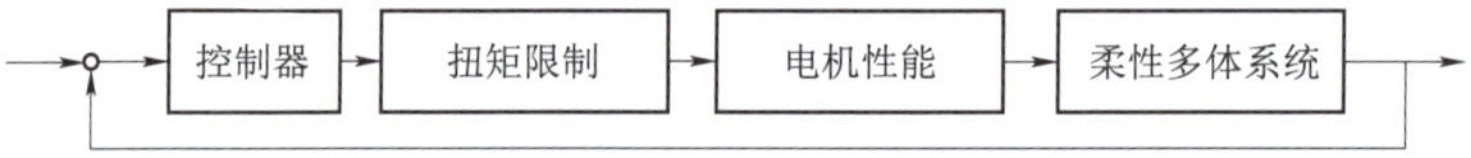

图 5.13 机器人手臂模拟的控制结构

系统中能为导向支承机构提供的最大可用结构空间是在有限元模型辅助下形成的（图 5.14）。使用事先通过有限元法计算出的本征模式和静态校正模式确定多体模拟中柔性体的变形。

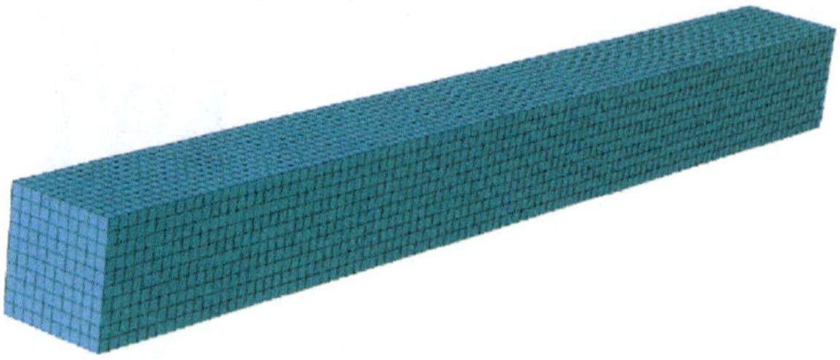

图 5.14 用于拓扑优化的有限元模型

优化的目的是在目标体积达到原始设计空间 15% 的条件下获得最大刚度。在这个优化过程中，因为没有静态载荷且系统上没有重力作用，其结果只能通过动态载荷来确定。机器人手臂最初在 45 N · m 下加速，然后使用明显较低的力矩再次减速（图 5.15）。在它到达预期位置约 0.4 s 后，会有轻微的超调量（图 5.16）。

为了优化，将应变能作为目标变量，并且根据具有最小间距的三种荷载条件加以评估，这些荷载条件分别负责不同的特性。最小间距确保涵盖那些振动时可能发生的和对优化有积极影响的不同特性。最大载荷被施加在结构上加速过程开始的时候，因为这时的电机转矩最大。在减速区域，值要小得多，但结构被反方向拉

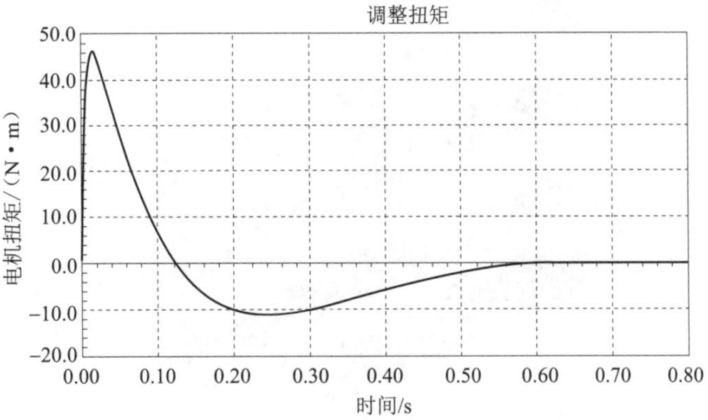

图 5.15　发动机扭矩与时间关系的图示

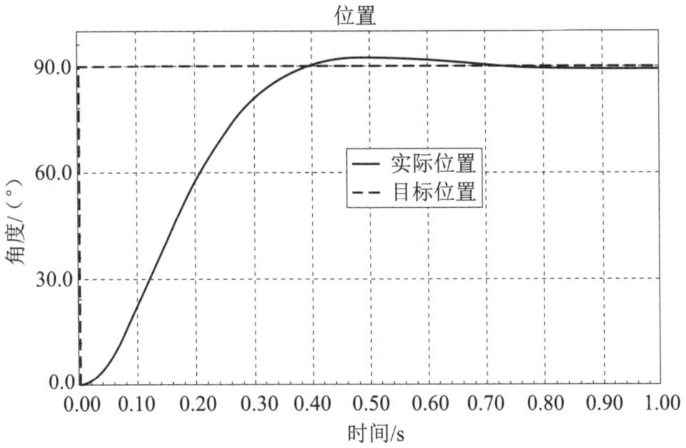

图 5.16　随时间变化的机器人手臂位置

伸。为了进行比较，按照传统的优化方法和基于系统的优化方法对系统分别进行优化。

结果表明，原则上，上下侧可以使用空心型材并且在它们之间使用桁架状连接，正如在对弯曲载荷优化时预期的那样（图 5.17）。形状的差别主要在于对扭力的处理。在传统的优化中，腹板依旧占据了主要地位，而在系统性优化方法中，腹板使用的材料更多。

为了比较系统性能，对多体系统和自动控制这两个设计方案均采用所出现的应变能进行试验（图 5.18）。应变能的最小化也就意味着零部件刚度的最大化。它在基于系统的方法中应有 20% 左右的改进，使用与此相同的目标重量对发动机扭矩和位置没有太大的影响。事实证明，仅动态特性就已经会对优化造成很大的影响。在这个简单的优化例子中，甚至并没有考虑控制方面的问题（Ottnad，2009）。

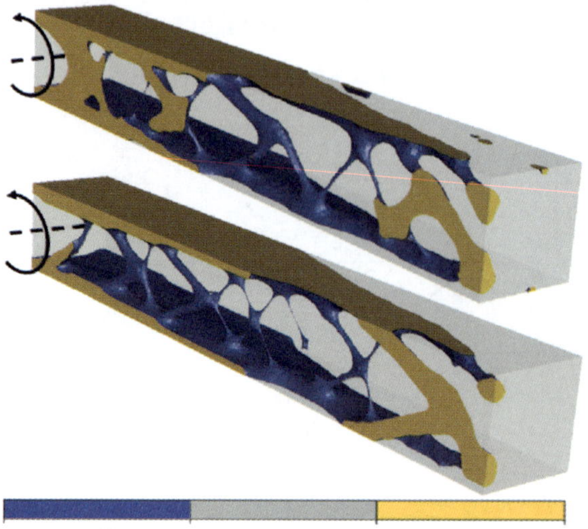

图 5.17　优化结果（上图为基于系统的优化方法，下图为传统优化方法）

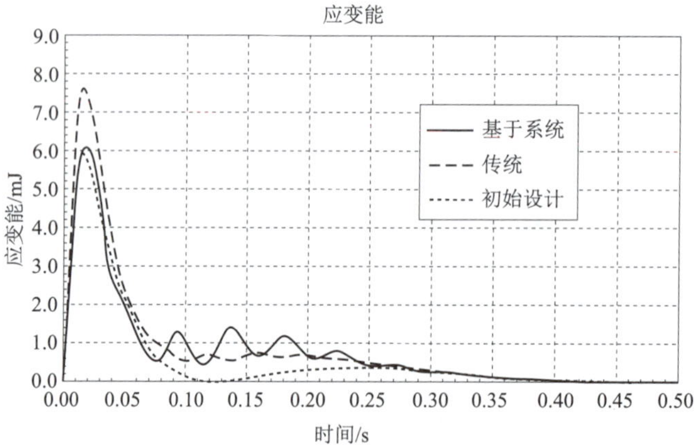

图 5.18　应变能对比

5.6　结　　论

系统轻量化的目标是在特别考虑到重量和/或惯性力矩的情况下对整体系统进行优化。一个系统在市场中会受到不同边界条件的制约，这些边界条件需要通过整体系统方法挖掘出受制约的轻量化潜力。

在一个系统中，存在着开发时必须加以考虑的各个组件的相互作用。因此，系统轻量化集成了诸如形状和材料轻量化等轻量化策略，并将考虑扩大到整个系统功能的实际相互作用上。

通过对待开发技术系统进行方法论分析，可以获得相关的相互作用，从而能够在此基础上综合出新的系统解决方案。

围绕系统中相互作用扩展的机器人手臂拓扑优化显示了系统轻量化优化过程的一个示例。在这个过程中，考虑到了优化对系统及其性能的影响，并将这一影响再次反馈到优化过程中。

5.7 附加信息

文献

Albers, *A.*, *Enkler*, *H.-G.*, *Ottnad*, *J.*: Die Herausforderung komplexer Simulationsprozesse-Ein methodischer Ansatz mit dem generalisierten Contact and Channel Model. 6. Paderborner Workshop "Entwurf mechatronischer Systeme", 2009

Albers, *A.*, *Matthiesen*, *S.*: Konstruktionsmethodisches Grundmodell zum Zusam-menhang von Gestalt und Funktion technischer Systeme-Das Elementmodell "Wirkfläch-enpaare & Leitstützstrukturen" zur Analyse und Synthese technischer Systeme. Konstruktion, Zeitschrift für Produktentwicklung, Bd. 54, Heft 7/8, Düsseldorf, 2002

Fischer, *F.*, *Forsen*, *J.*: Systemleichtbau durch konzeptionelle Anforderungsverlagerung als Beitrag zur Entwicklung effektiver Leichtbaukonstruktionen. euroLITE, Nürnberg, 2008

Klüting, *M.*, *Landerl*, *C.*: Der neue Sechszylinder-Ottomotor von BMW. Teil I: Konzept und konstruktiver Aufbau. In: ATZ, 11/2004

Krüger, *W.*: Design and Simulation of Semi-Active Landing Gears for Transport Aircraft. Mechanics Based Design of Structures and Machines, Bd. 30, Nr. 4, 2002, S. 493-526

Meboldt, *M.*: Mentale und formale Modellbildung in der Produktentstehung-als Beitrag zum integrierten Produktentstehungsmodell (iPeM). IPEK-Forschungsberichte, Bd. 29, Karlsruhe, 2008

Ottnad, *J.*: Topologieoptimierung von Bauteilen in dynamischen und geregelten Systemen. IPEK-Forschungsberichte, Bd. 40, Karlsruhe, 2009

Pahl, *G.*, *Beitz*, *W.*, *Feldhusen*, *J.*, *Grote*, *K.-H.*: Konstruktionslehre: Grundlagen erfolgreicher Produktentwicklung. Methoden und Anwendung. 7. Aufl., Springer Verlag, Berlin/Heidelberg, 2007

6

产品形成过程中的验证

6.1 产品特性的验证与确认

对于面向轻量化系统的产品形成过程，其始终面临着不断出现的全面验证和确认产品特性的挑战。在确认过程中，需要对“系统是否正确地被开发”进行评估。从而对产品特性加以调整，使其符合产品的具体要求。典型的例子有拉伸试验/压缩试验、称重等。检查“开发的系统是否正确”属于验证工作的一部分。例如，对面向客户的标准，进行使用目的或者用户期望方面的评估。图 6.1 以轮辋为例给出了验证和确认之间的关系和区别。

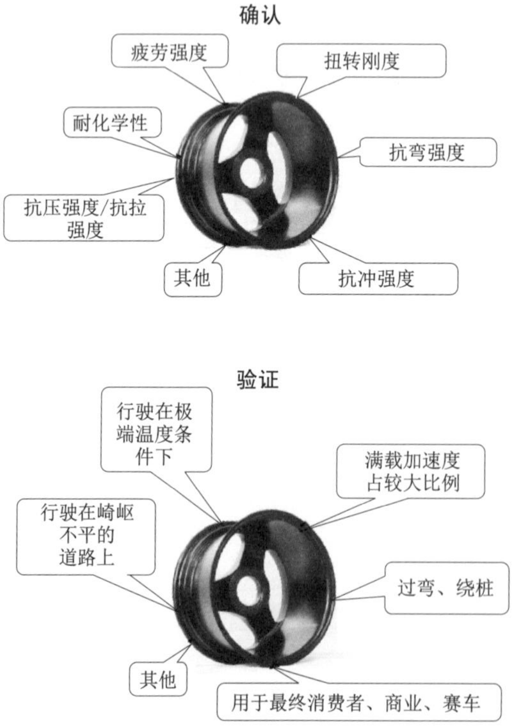

图 6.1　以轮辋为例，说明确认和验证的各个方面

确认是验证的一部分。在正式确认产品特性时，并不检查产品的用户与客户需求是否相关。此外，在检查时也不考虑个别需求与目标的冲突。确认只是特征化某些特性，并与目标值进行比较，例如轮辋重量和刚性的正式验证对于客户和用户来说并不重要。与此相反，对于消费者来说，重要标准是整车的振动倾向，而

这反过来又取决于轮辋的惯性和柔性。然而，如果在客户使用时也出现了振动，则对这些振动的检验才是重要的。

在验证时，需要对客户应用到的特性进行检验。产品的用户只对其相关的条件下应有功能的正确性感兴趣。待验证的是相应产品的全部或部分系统，需要在现实条件下根据客户要求进行检验。成熟而完整的产品表现不可能出现在产品形成的早期活动中。因此，需要使用实验性方法和基于模型的方法进行验证。在这里，可以考虑将诸如模拟等虚拟方法结合到实际测试中。

6.2　虚拟和试验性验证环境

在系统并不真正存在或原型制造成本高且时间消耗较长的情况下，一般都可以对虚拟系统进行试验。此外，如果测量位置或测量变量需要采用非常特殊的测量技术时，模拟的应用也就变得更为重要。

例如测量支承结构中难以到达位置处的伸长率就是非常烦琐的。此时，可以在一个计算机辅助计算程序中为相同的结构创建一个三维模型。然后，通过结构上承载的力进行相应于试验性研究的计算。这样就可以根据所得到的应变和应力测定并估算部件任意位置的数值和分布。

产品验证时，通过有针对性地使用模拟方法，可以在产品形成的早期阶段就将特性保障作为所谓的“前期准备工作”。随着项目的深入开展，即随着产品的日益具体化，模型建构的成本也急剧增加，只有这样才能达到要求的可靠性。因此，及时高比例地使用模拟方法进行验证是非常有意义的（图 6.2）。

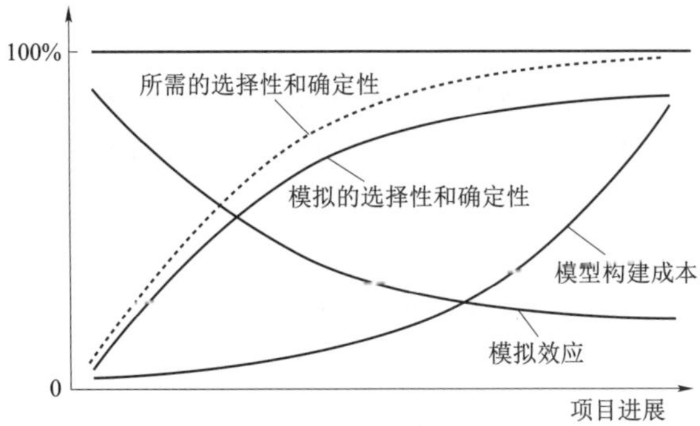

图 6.2　开发过程中模拟的成本和效益（Heißing，2002）

如果待试验系统所需成本较低，则可以对实际系统进行试验。但它必须能够保证通过测量技术测定相关的变量。原则上，试验研究具有两方面特性：一方面是通过试验对系统的使用强度、噪声等进行分析；另一方面是对模拟模型进行验证。第一种情况被称为产品验证，第二种情况被称为模型验证。

并不总是能以已知的负载情况为出发点，例如在对一个支承结构进行基于模型的试验时。待分析的部件往往只是大规模整体系统的一个单元。例如基于模型很难确定轮辋上承载的扭矩。为此，必须创建整个传动系模型并进行计算。因此，如果有试验车辆可供使用，则可以通过试验测定轮辋上的扭矩，例如在半轴上简单地应用应变片就可以很容易地加以测定。在试验研究中，为测定载荷情况可以更换轮辋，所以一开始时就可以放弃原型。

6.3 轻量化中验证产品特性时的目标冲突

在车辆开发阶段中，有很多不同的开发目标，例如针对行驶舒适性、能源效率、安全性和可靠性的目标。在轻量化要求的背景下，可能出现以下目标冲突或不利的相互作用：

- 行驶舒适性：车辆中活塞式发动机的脉冲燃烧会导致传动系统和车身发生振动。如果不参考传统结构的特性，则无法推导出轻量化结构振动的激发和转移。可以通过轻量化措施将各个部件和组件的共振位置推移到对车辆舒适性有较大负面影响的工作频率范围内。
- 安全性：在碰撞测试中，车辆的 B 柱不得出现塌陷的现象。诸如铝等轻量化材料的密度较低，强度也相对很低。因此，在一些结构中可能有必要增加其壁厚，最终导致比使用钢材料时的总重量还要重。

- 二氧化碳减排：许多新型概念车使用了复杂的技术以减少二氧化碳的排放。特别是在混合动力车辆中，使用了诸如电动机，蓄电池和功率电子装置等新组件。因此，车身轻量化结构也需要新的设计方案，例如采用与传统结构形式相当的混合结构形式（多材料设计）。这在很大程度上限制了结构空间，从而也限制了混合组件的一体化。
- 可靠性：对于如纤维增强塑料这类材料来说，冲击荷载下的损伤容限方面是至关重要的，因为由于脱层会明显降低层压材料的抗压强度，而这种故障类型不可能出现在各向同性材料上。

6.4 验证过程

产品形成是一个迭代过程，其包括从最初想法和基本解决方案直到成为具有公差和尺寸的完整定义的设计。各个迭代过程之间都要进行验证活动。图 6.3 在一个参考模型上显示了这种关系。因此，绝不能仅在产品开发结束时进行验证，而是应伴随着产品形成过程不断进行验证。所以，验证是产品形成过程中的中心工作。虽然在产品合成时已经确定并记录了全面的特性，但只有在进行系统验证并完成文档之后，才能谈及对系统的理解。最终，只有通过验证工作才能获得关于应用中实际产品特性的知识。

在进行确认时，需要使用不同的分析方法。原则上，这些产品特性分析方法都

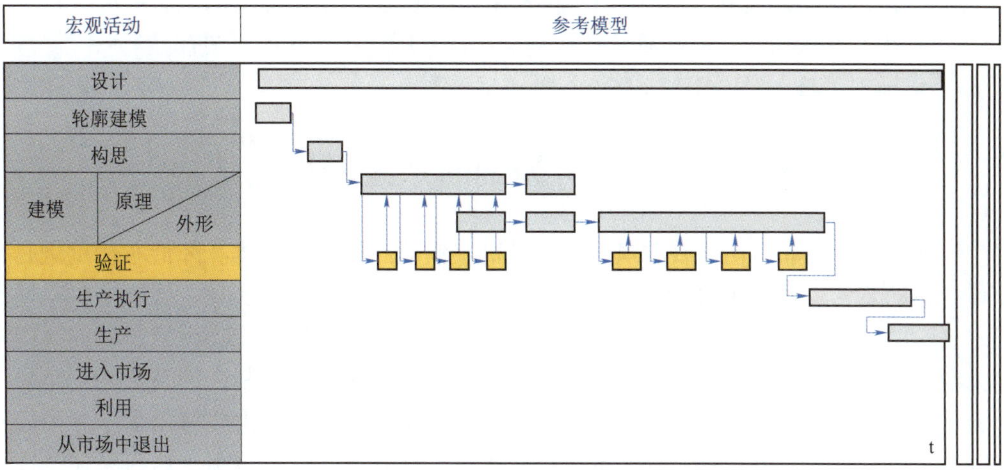

图 6.3　根据 Albers 的理论在集成产品形成模型中进行的验证活动

是按照其目的或精度进行归类的（表 6.1）。这些方法主要是在以产品机械性能为重点的传统机械制造领域中形成的。

表 6.1　产品分析方法的分类（Ehrlenspiel，1995）

	方法的目的			
方法的类型	基本性能	替代方案之间的比较	特性测定	
			大概的	精确的
考虑，讨论	跨学科讨论	优点/缺点比较，投资组合分析	评估，场景分析法	逻辑论证
计算，特性值对比	分析计算	对比计算，市场分析	设计计算，粗算	核算
使用计算机模拟	物理模拟	采用不同替代方案进行模拟	测试市场，简单模型	有限元法计算，精确模型
试验	手动试验，快速成型	对比试验，模型试验	预备试验，模型试验	原型试验，试验台试验

针对系统确认，有各种支持分析方法的工具可供使用：

- 用于测定物理量的测量技术。一般可以在不影响试样性能的情况下进行非破坏性测量。通过测定的和已有的物理测量值可以计算特征值。
- 不同的频率范围内的图像分析，例如试样的红外图像。
- 用于获得试样材料特性的材料分析，可以对取样进行破坏性或非破坏性处理。
- 将测量值和特征值与类似试验的经验值进行对比，例如，根据 DIN 3990 标准对齿轮进行计算。

- 使用虚拟现实和/或增强现实技术作为虚拟和/或实际原型的试验环境。
- 用于获取用户产品印象统计或分析产品与用户互动的用户调查。
- 模拟工具（1D，2D，3D）。

6.5 以陶瓷材料为例的系统轻量化结构

通过减少燃油消耗可以实现传统内燃机车辆的二氧化碳减排。降低车辆重量是传统驱动装置降低功耗的一个主要因素。这可以通过轻量化来实现。德国卡尔斯鲁尔大学的产品开发研究所（IPEK）在特别研究领域483“基于工程陶瓷材料的高应力滑动系统和摩擦系统”的框架范围下开发出了陶瓷摩擦材料制成的高性能汽车离合器。由于离合器的功率密度较高，因此其结构可以更紧凑。由此得出了示例中的因细长而重量轻的齿轮箱——这也是对系统轻量化做出的一个贡献。这与磨损特性和舒适性之间存在相互作用，在认证过程中需要对这种相互作用进行分析。图6.4中以工程陶瓷摩擦材料制成的单片式离合器为例显示了确认过程。图中说明了迭代过程。

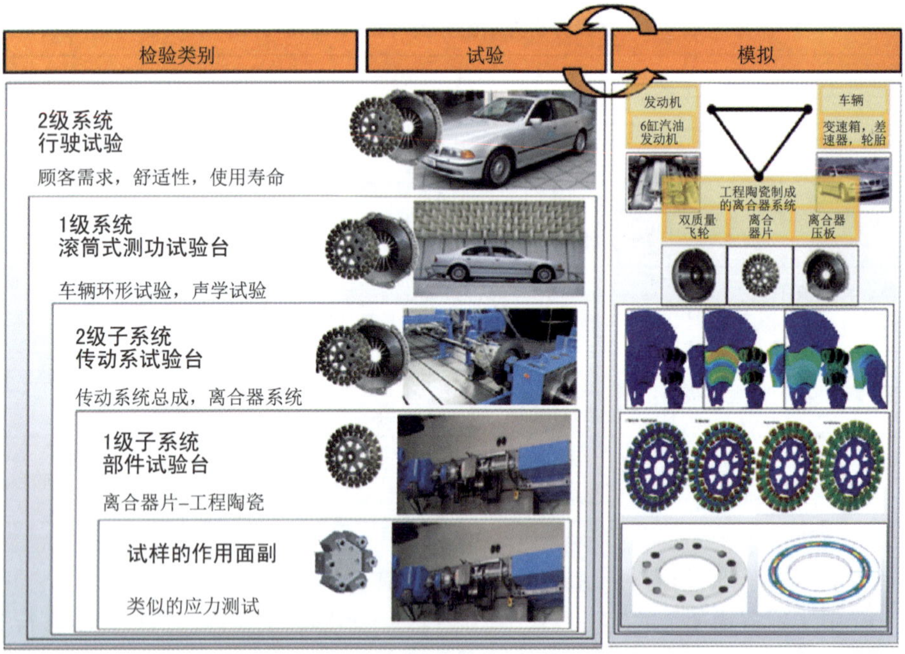

图6.4 工程陶瓷摩擦材料制成的单片式离合器的确认过程示例

无论是在模拟中，还是在实际试验中，都要在不同的检验类别下对确定目标进行分析：

- 作用面副（试样）：系统应尽可能减少摩擦接触。这种接触可以通过简单的陶瓷试样和与其配对的摩擦片来表示。测试装置可以控制试样及其配对摩擦片的相对转动并调节它们的接触压力。在可调的条件下，对摩擦过程和磨损过程进行研究。在研究层面上，在一定的表面压力下以及材料副或温度影响下，可以得出针对摩擦材料性能的初步结论。

- 子系统（部件试验台）：在考虑系统外形和摩擦接触相互作用的情况下，对摩擦和磨损过程进行研究。作为对作用面副试验的补充，除了完全的摩擦接触之外，还额外补充了真正的热质量，实际的重合度与弹性负荷。虽然没有标准的系统边界，但还是力争对零部件的主要功能尽可能进行隔离。只有这样才能对子系统的热管理进行初步研究，因为最主要的散热系统和热源都属于要测试的部件。
- 子系统（传动系试验台）：系统动力学问题，具体地说是传动系中的振动和冲击问题，在这里是非常重要的。可以对总系统和摩擦系统之间的相互作用进行研究，例如自发振动和被迫振动或负荷变化反应。所研究的系统包括一个真实的或者接近真实的离合器操纵机构，因此啮合调制可以考虑衬片弹性和离合器促动方面的问题。通过部件层面的热管理研究，可以显示并分析与壳体和环境的相互作用。
- 系统（滚筒式测功试验台）：在滚筒式测功试验台上，对带有离合器系统的整车性能进行分析。在此，完全模拟热边界条件甚至真实的车辆行驶迎面风，包括离合器壳、发动机外壳温度的热量传输以及作为散热系统或热源的齿轮箱。使用条件，特别是行驶状态，现在已经非常接近现实情况。人与机器之间的互相影响可以通过车辆中的所有人机接口加以实现，但无法体现横向动力学现象。
- 系统（行驶试验）：在道路上对整车进行试验。通过在滚筒式测功试验台进行试验，可以分析出系统的其他特性。重要的是在实际行驶条件下通过耐久试验进行实际使用寿命分析。同时还可以评估真实环境中的噪声情况。同样也可在行驶试验中考虑纵向和横向动力学现象。重点是运行系统条件下离合器系统的可控制性。

通过这种迭代过程和系统方法可以支持产品开发人员的确认工作并确保产品开发的成果是正确的产品。

6.6 结　　论

确认是产品开发中的中心工作，其始终伴随产品的实际合成直到产品完全成熟的全过程。对于确认，必须对基于模型的虚拟工具以及试验性物理试验方法进行综合考虑。

6.7 附加信息

文献

Albers, *A.*: Basics of Validation. Institut für Produktentwicklung, Vorlesungsu-mdruck. Karlsruhe, 2006

Albers, *A.*, *Behrendt*, *M.*, *Ott*, *S.*: Validation-Central Activity to Ensure Individual Mobility. FISITA

2010 World Automotive Congress. Budapest, 2010

Albers, *A.*, *Düser*, *T.*, *Ott*, *S.*: X-in-the-loop als integrierte Entwicklungsumgebung von komplexen Antriebssystemen. 8. Tagung Hardware-in-the-loop-Simulation, Kassel, 2008

Albers, *A.*, *Merkel*, *P.*, *Geier*, *M.*, *Ott*, *S.*: Validation of Powertrain Systems on the Example of Real and Virtual Investigations of a Dual Mass Flywheel in the X-in-the-Loop (XiL) Environment. 9th International CTI Symposium & Transmission Expo, Berlin, 2009

Düser, *T.*: X-in-the-Loop-ein durchgängiges Validierungsframework für die Fahrzeu-gentwicklung am Beispiel von Antriebsstrangfunktionen und Fahrassistenzsystemen. IPEK-Forschungsberich-te, Bd. 47, Karlsruhe, 2010

Ehrlenspiel, *K.*: Integrierte Produktentwicklung-Methoden für Prozessorganisation, Produkterstellung und Konstruktion. Carl Hanser Verlag, München 1995

Heißing, *B.*: Die Simulation als Tool im Produktentstehungsprozess von Kraftfahrzeugen. Tagungsband Virtual Product Creation, Berlin, 2002. Wiesbaden 2002

Meboldt, *M.*: Mentale und formale Modellbildung in der Produktentstehung-als Beitrag zum integrierten Produktentstehungs-Modell (iPeM). IPEK-Forschungsberichte, Bd. 29, Karlsruhe, 2008

Mitariu, *M.*: Methoden und Prozesse zur Entwicklung von Friktionssystemen mit Ingenieurkeramik am Beispiel einer trockenlaufenden Fahrzeugkupplung. IPEK-Forschungs-berichte, Bd. 38, Karlsruhe, 2009

Schyr, *C.*: Modellbasierte Methoden für die Validierungsphase im Produktentwick-lungsprozess mechatronischer Systeme. IPEK-Forschungsberichte, Bd. 22, Karlsruhe, 2006

规程

VDI-Richtlinie 2206: Entwicklungsmethodik für mechatronische Systeme. Beuth Verlag, Berlin, 2004

7

以赛车为实例

7.1 轻量化对赛车的意义

轻量化在赛车中具有非常重要的意义，因为质量作为确定惯性的变量会直接影响车辆的行驶性能及行驶功率。如果质量增加，滚动阻力与加速阻力也会增大。同样，较高的侧向力也会增大轮胎的负载。赛车规则中甚至规定了赛车的质量，例如，F1 就规定包括驾驶员在内的质量是 620 kg，这是非常合理的，因为这样能更好地利用压载质量优化汽车的质量分布。如果将所有质量都布置在接近重心的位置，可以降低方向变换所需的力，从而提高车辆的灵活性。重心应尽可能低，因为重心较低时可以在加速和制动过程中降低轴载荷的偏移。尤其是在弯道上制动时，较低的重心增加了车辆的稳定性。

所有这些因素都会对车辆的速度产生积极的影响。有人曾经计算过，在轮胎影响相同的情况下，每减轻 1 kg 质量，则每圈可以赢得 0.04 s 的时间。相反，每千克额外质量则需要 4~5 kW 的额外功率（Trzesniowski，2010）。在这个发动机标准化的时代，除了少数例外，根据规定，不允许对发动机进行改动，因此减轻质量是一个不可忽视的因素。

7.2 赛车轻量化组件的结构设计

一般在赛车的设计中，特别是在组件的产品形成时都应基于设计原则。首要目标是在经济和时间的框架条件下满足规定要求。例如，摩纳哥赛道专用的横拉杆必须在比赛日期前完成。

最重要的设计原则就是简单。如果一个组件显然是由尽可能少的单个零部件组成的，则它可以被认为是简单的。在确保快速完成单个组件的可调节性和协调性以及和它们的互换性的同时，还要尽量使生产成本、装配和维护成本降到最低。然而，这个最小的零件数量必须是在能够满足并且不会减少组件功能的前提下确定的。通过只有较少的几个零部件的简单设计完成与一个复杂结构相同的功能，从而降低成本，缩短交货时间（Trzesniowski，2010）。

另外，如所有汽车制造行业一样，可靠性在赛车中也起着重要的作用。在这个测试时间被大幅压缩的时代，轻量化零部件结构设计表现得尤其明显。新零部件必须立即正常工作，烦琐的负载测试必须提前完成。在某些情况下，新零部件的设计最初并没有什么限制条件。只有在开发过程中收集并分析了零部件的充分数据之后，才能在开发的第二阶段对其进行限制。

从边界条件出发，例如，在考虑到材料适用的设计规则、壁厚、结构空间、机械师的操纵、力线的情况下，设计师对可制造性提出第一个设计方案。对于赛车来说，其大部分部件都是由纤维增强复合材料制成的，部件中的其他边界条件经过层压处理后会在随后的过程中变得不可见，层压时通常还会加入一些金属或碳纤维增强塑料板制成的嵌件。这些嵌件中包括横拉杆的行走机构连接点或底盘上的发动机连接装置。这类嵌件还必须满足其他边界条件的要求，例如层合结构、黏结面的大小和成品零件上可能的机械加工等。

在考虑轻量化所需安全裕度较低的情况下，使用复杂的数值计算对这个初始设计方案的塑性变形、不稳定性和破裂相关的安全性进行计算，然后，在此计算结果的基础上调整部件的设计。这个迭代过程应根据需要反复进行。

所有流程步骤都必须在一个非常有限的规定时间内完成。无法使用诸如拓扑优化等数值优化工具，因为其不支持目标函数“最大允许应力”。图 7.1 显示了 Arrow A21 后轮悬架摇臂的实例。其中可以明显看出为增加刚性而使用的肋材以及为减轻重量而铣出的凹槽。同样还可以清楚地看到，为了不超过最小壁厚，在轴承加工位置和固定点进行了较小程度的加厚。

图 7.1　Arrow A21 后轮悬架的加肋摇臂

7.3 在考虑安全要求的情况下，碳纤维增强塑料材质防撞结构的设计

首次 F1 碰撞测试是在 1985 年进行的，但直到 1994 年 Ayrton Senna 和 Roland Ratzenberger 在伊莫拉赛道发生死亡事故之后，针对赛车运动的安全保障碰撞测试才更加严格起来。当时，在新赛季开始前要进行五项动态测试和很多静载试验。只有通过了所有测试，该赛车才会获得国际汽联（Fédération Internationale de l'Automobile）的批准。其中包括以 15 m/s 的速度使带有前防撞结构的底盘撞向刚性壁的试验。在进行侧面碰撞试验时，使用一辆带有测量装置的车辆以 10 m/s 的速度驶向底盘的侧面。在追尾碰撞试验中，使用同一辆车以 11 m/s 的速度撞击被固定在刚性壁上带有变速器壳体的后部防撞结构。试验后，底盘和变速箱都不能有损坏。细则中明确规定了最大减速度、能量吸收和变形的上限。

自 2007 年以来，国际汽联再次修改了安全规定。车头和车尾结构必须具有较低的刚度，此外，底盘侧围的两侧必须粘接两层碳纤维和 16 层 Zylon① 制成的 6 mm 厚面板。这种 Zylon 材料也用于防弹背心。通过这种方式防止异物进入驾驶舱。

图 7.2 显示了雷诺 R23B 的侧面碰撞结构。取消了进气口的整流罩，位于上下碰撞结构之间有通向散热器的通风道（未安装），在其前面有保护罩。

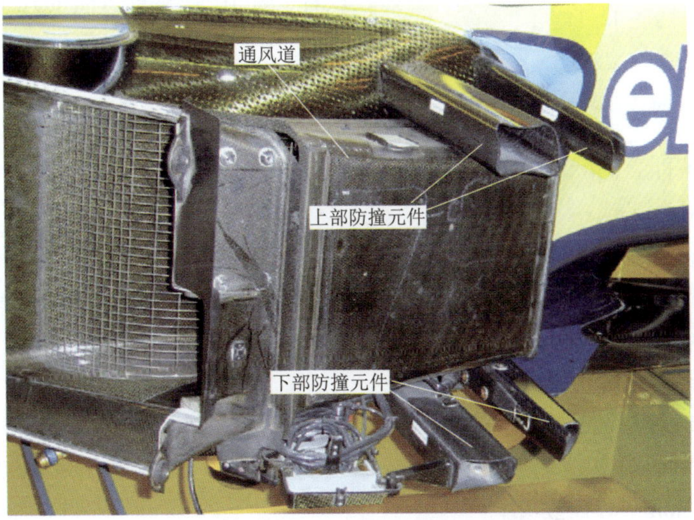

图 7.2　雷诺 R23B 的侧面碰撞结构
（图片来源：gurneyflap. com）

① 化学名称为 Poly 的合成纤维（聚对亚苯基苯并双噻唑纤维）。

目前，一级方程式赛车几乎完全是由纤维复合材料制成的，这种材料的主要特点是在碰撞时能够吸收较高的能量。金属结构是通过塑性变形吸收能量的，而纤维复合材料结构是通过分解成小碎片来吸收能量的。

防撞元件纤维复合层压体结构的基本能量吸收通常会用圆柱状、矩形或锥形试样进行落塔试验或准静态测试。F1 赛车这种防撞元件的设计也主要是基于试验测试系列的结果（Heimbs et al.，2009）。

在设计防撞元件时，如果在材料和层结构方面无经验值可用，则可以使用前面已经提到的准静态测试的结果。为此，可以将后来要实际层压构建并且几何形状类似的防撞元件以恒定的速度和预定的方式进行撞击，并由此得出所做的功（图 7.3）。在此，除了材料（纤维和树脂）之外，关键的影响因素还有层结构和几何形状。

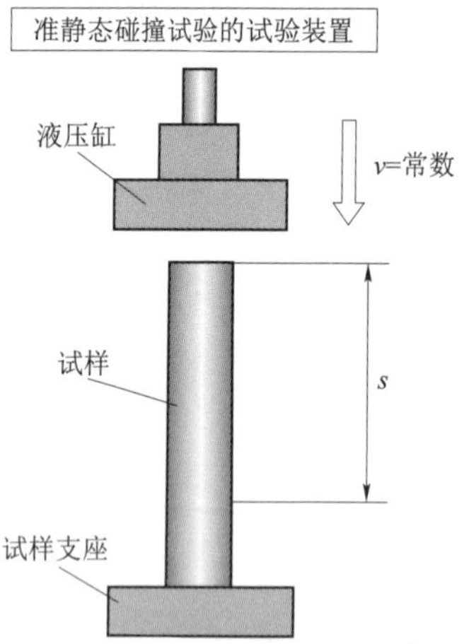

图 7.3　准静态碰撞试验的试验装置

所测定的值仅作为进行进一步优化的原始数值来使用，因为准静态测试并不能反映实际碰撞的动力学状态。它也主要是用于纤维和基体的不同组合及它们在能量吸收方面特性的对比。用于树脂固化的热压罐循环对碳纤维增强塑料制防撞元件性能有显著影响。

原则上会有往年的赛车碰撞数据记录。例如在设计一个用于侧面防撞的几何形状相似的新组件时，可以采用之前部件的层压结构及材料，从而可以直接进行第一次的动态预测试。本章中所描述的侧面碰撞必须遵守测试过程中的某些边界条件。国际汽联规则中对这方面的规定摘录如下：

16.3　侧向测试：

所有可能会影响试验结果的部件都必须安装到防撞结构上，并且防撞结构必须使用螺栓刚性地固定在地板上。使用质量为 780 kg（+1%/-0）的刚性体以 10 m/s 的速度撞向结构（图 7.4）。

用于本试验的结构，必须：

- 具有防撞结构。
- 使其结构的中心处于基准面上方 300 mm（±25 mm）和驾驶舱开口后缘前方 500 mm（±3 mm）的位置。

[……]

在整个撞击过程中，结构必须能够保证：

- 在撞击方向上测得的物体平均减速度不超过规定的 20 g 的减速度。

[……]

- 各防撞结构吸收的能量应当占总能量吸收的 15%～35%（FIA 2010）。

由于规则只规定了相关防撞元件相对于总能量吸收的百分比，因此必须预先分

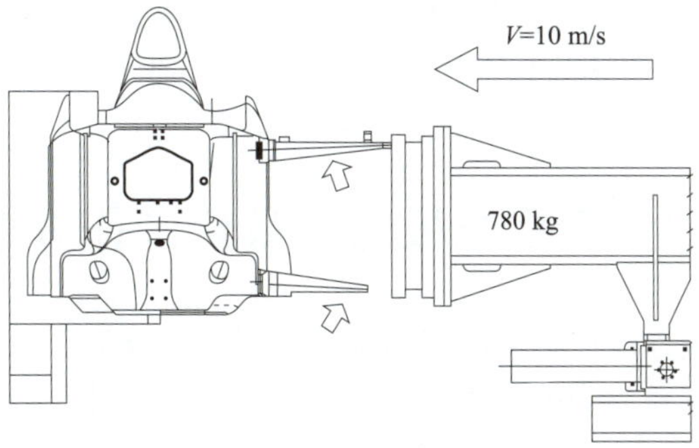

图 7.4 动态侧面碰撞试验的试验装置

配它们降低能量的比例。在单座赛车中，这个比例在上部和下部元件之间是不一样的。位于驾驶舱开口上边缘的两个上部元件所吸收的能量要小于两个下部结构（图 7.2）。因此，驾驶舱开口附近的结构在碰撞期间并不承受太高的负载，从而其设计也较为容易完成。这反过来又减轻了车辆重心以上的重量。

从准静态测试或从上年统计所获得的值中可以得出每个防撞元件的质量分布。可以分别从发动机盖向外和底盘侧壁向内确定 4 种结构的长度。在这里，防撞元件的形状可以是多样的，可以是圆柱形的，或者锥形管状的，甚至就是气动整流罩部件的形状。

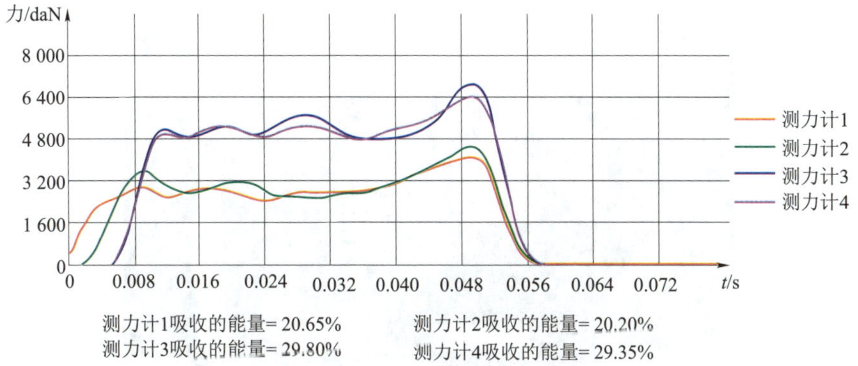

图 7.5 碰撞测试过程中力的曲线

一般来说，随后会进行第一次动态预测试。从中得到的结果可以用于第一次优化过程。举例来说，如果试验中超过了 20 g 的最大允许减速度标准，并且测试因此而未通过，那么就必须对层压结构做出相应的调整。然后在进一步碰撞测试中加以验证。

从图 7.5 中可以看出在碰撞测试过程中力的分布是相对恒定的。因此底盘结构上所承受的应力很可能不是应力峰值或应力峰值很小。上部的两个结构每个分别降低了约 20% 的能量（红色和绿色曲线），剩余的 60% 被下部结构所吸收。在碰撞接近结束时，在实际总能量降低的情况下，所有曲线将上升。这可以归因于大多数中空结构内部有过多损坏的材料。最初的中空结构在这时完全被损坏的材料填满，因此剩余的能量也就无法再通过碳纤维增强塑料的进一步均匀破碎而降低。测试滑板被突然制动，这也就是力在其曲线接近末端时增大的原因。

7.4 后扰流板的轻量化设计方案

到 2004 年，一级方程式单座比赛用赛车的后扰流板可以产生 10 000 MPa 的驱动力，其约占 F1 赛车总驱动力的 33%。自 2004 年起，国际汽联禁止使用多元件后扰流板。从那时起，只允许使用一个主元件加上一个附加小元件的结构。2009 年以来，后扰流板的宽度由 1 000 mm 减少到 750 mm，并且还会随着驱动力稳步上升的研发而变得更窄，从而降低过弯时的车速（Tremayne，2009）。为了能够实现在这类负载下的高效轻量化，通过支承结构中适当的支撑结构确定所出现的力的最短路径是很重要的。

7.4.1 带支撑结构的后扰流板

图 7.6 所示的后扰流板，可以将由两个翼元件产生的气动载荷直接导向安装在主要元件上的两个被称为塔架的支撑结构上。从那里，载荷通过最短路径进入下面的结构，即变速器外壳或后部防撞结构（图 7.6）。带有翼元件的支架可以通过粘接、螺栓连接或通过复杂的制造技术制成纤维复合部件（图 7.7）。

图 7.6 带有两个支架的作为支撑结构的后扰流板

一般情况下，下部通常使用螺栓连接。

图 7.7 中的主翼元件是和支架一体的。通过变速箱上的螺栓连接和端板上的螺栓连接调整元件的气流角。同样引人关注的还有强烈弯曲的下部元件，其由于没有非常坚实的支撑结构，因此必须非常坚固且质量必须很重，这样才能满足负载和 FIA 允许的最大变形的要求。

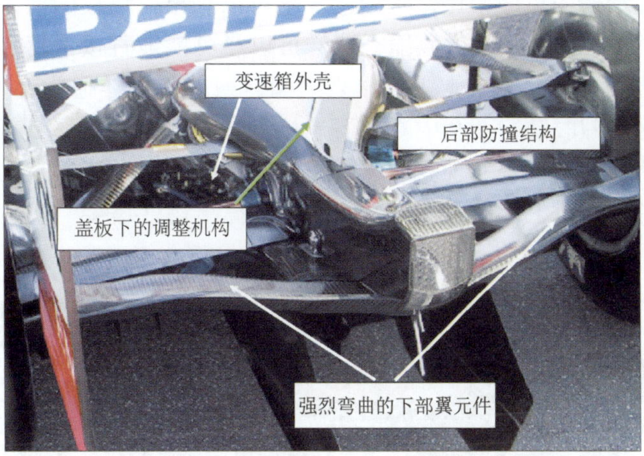

图 7.7 只有一个支架作为支撑结构的后扰流板

理论上，这种结构的重量优势在于只需对主元件和支架进行结构设计。诸如端板和下部翼元件等其他零部件可以大致看作“车身元件”，并因此而使得设计变得非常容易，因为这些元件只需要承受极轻的负载。实际情况中，在设计整个后扰流板时，还必须要考虑到低负载零部件的承载能力，以确保支撑结构不会超出尺寸规定，从而实现重量优化。

7.4.2 无支撑结构的后扰流板

在无支撑结构的后扰流板设计方案中，必须通过防撞结构单独将由后扰流板产生的驱动力通过所有部件传递到变速箱中（图 7.8）。可以通过端板上不同的孔图案（图中粘贴的）改变上部元件的间隙角。端板的进气边不与上部和下部螺栓连接点之间的力线相切。

图 7.8 无柱架的后扰流板设计

与带有支撑结构的组件相比，从图 7.8 中可以看出，端板的前缘从上部翼元件至下部翼元件并没有那么强烈的收缩，这样可以尽可能地直接保持上部和下部螺栓连接点之间的力线。翼端板中上下连接点之间区域的层压体通常会使用单向纤维。如果端板的前缘强烈收缩，就会中断上下连接点之间的力线，那么有效的轻量化结构只能通过使用支撑结构来实现。通过使用单向纤维使上下连接点之间的力线成为直线是不可能的。通过上部翼元件中间的两个支撑结构（塔架）可以去除端板上的负载。

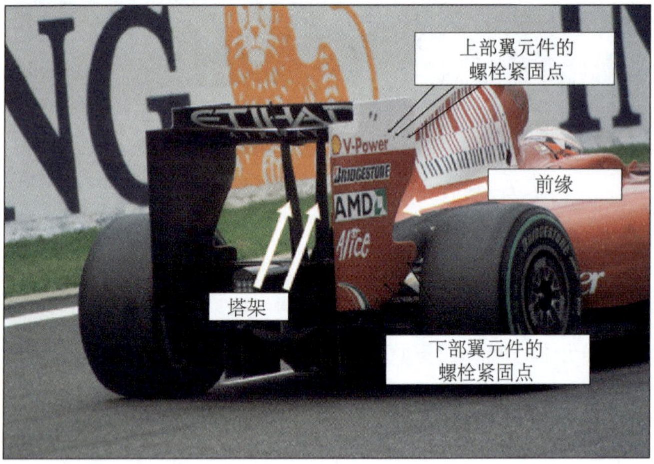

图 7.9　带有较大后部切割进气边端板的后扰流板外观图

尽管是由更少的零部件构成的，但与带有支撑结构的组件相比，整个组件更重。然而，无论是这种设计还是其他版本都具有很大的优点。

综上所述，相对于无塔架的方案，在选择中间带有支撑结构的后扰流板方案时，可以说重量较低是一个决定性的因素。相比之下，无支架后扰流板方案的优势在于搬运、生产，最主要是具有成本优势。在赛道上搬运无支架后扰流板要容易得多。这两种翼形的间隙角都可以通过松开端板上的螺栓进行快速调整。

更明显的区别是，当想要在另一种驱动力水平下行驶时，可以更换整个后扰流板。这在比赛周末时间有限的自由练习赛中是一个相当大的优势。减重对于车队有多么重要，可以从曾经的 2009 赛季几乎整个起动区都选择了塔架方案得到证实。

7.5　赛车运动的材料轻量化

在赛车运动中，特别是在一级方程式赛车大赛中，所使用零部件的重量减少首先是通过材料轻量化来完成的。几年前仍然是由金属材料制成的部件，可能现在已经开始使用纤维增强塑料。在这里，不仅是设计方面和计算变得复杂，复杂零部件的生产也是一项艰巨的任务。特别是，在加工的同时确保恒定的质量并不是一件容易的事。

7.5.1 由碳纤维增强塑料制成的制动盘

碳纤维增强塑料制成的制动盘（图 7.10）在各方面均优于同样的钢制制动盘。由于密度较低（约为钢材密度的 1/5），其质量不到 1 kg，从而使非簧载质量较小。在工作温度下，其摩擦系数最高可达 0.6。这使其可以在 16 m 内从 100 km/h 减速至 0 km/h。此时驾驶员需要承受超过 5 g 的减速度。不过碳制动盘和衬垫的价格要比铸铁材质的贵 10 倍。

图 7.10　碳纤维增强塑料制成的用于制动冷却的制动盘和进气口

7.5.2 踏板

由于加速踏板上的负荷大多没有制动踏板上的那样高，因此每个 F1 车队都采用了碳纤维增强塑料材质的油门踏板。另外，油门踏板的路径还受到底盘内挡块的限制。制动踏板有两种不同的方法：虽然有些车队更加信赖焊接的钛板（图 7.11）或纤维增强铝合金材料，但越来越多的车队还是使用碳纤维增强塑料来加工制动踏板。

金属材料踏板的优点是，在其承受过度应力的情况下，零部件不会突然断裂失效，而是首先发生塑性变形。与此相反，纤维复合材料零部件只允许很小的塑性变形，因此不易发现过度疲劳现象。某些纤维复合材料零部件的设计要求具有最准确的边界条件知识和确切的计算方法。设计和生产必须携手合作，以排除加工误差。碳纤维增强塑料制动踏板的质量保证也更加复杂。

7.5.3 碳纤维增强塑料材质的变速箱

另一个一级方程式赛车中材料轻量化的例子是碳纤维增强塑料材质的变速箱（图 7.12）。它比最常用的钛铸件外壳更硬更轻。然而，由于其较高的复杂性，因此也需要更高的开发和制造成本，以使碳纤维增强塑料外壳在刚度和重量方面超越铸

图 7.11 F1 赛车的踏板：由碳纤维增强塑料层压板制成的油门踏板，焊接钛片制成的制动踏板；为了保护驾驶员，将底盘侧壁和转向柱保护用泡沫材料加以覆盖

（图片来源：gurneyflap. com）

图 7.12 法拉利 F2008 中碳纤维增强塑料制成的齿轮箱：具有大半径外壳的纤维结构使碳纤维不得在尖角和边缘周围进行层压

（图片来源：Sergey Izvoztchikov，lezdep@ gmail. com）

钛壳体。因此，很多车队宁愿进一步开发其现有的金属方案，而不是双管齐下：一方面，他们必须进一步开发现有的钛合金铸件变速箱外壳，使其适应明年的赛车要求，从而能够在紧要关头仍然使用现有的技术。另一方面，复杂的纤维复合材料在设计和制造技术方面都具有很多不确定性。除了对重量和刚度的要求之外，在加工方面也必须能够绝对防止机油损失。对于这类项目，尤其在制造技术和成本方面，往往不是完全没有问题的。

7.5.4 碳纤维增强塑料材质的支架

在中置发动机单座赛车中，发动机和变速箱的支承结构是通过螺栓连接在一起的，所以它在车子的整体刚度中占主要比例。通常会省略掉一个单独的副车架。然而，布置中需要包含有两个支承结构。图 7.13 显示了一端用螺栓固定在底盘后壁，另一端固定在变速箱外壳上的增强支架。这有助于增加整个后部板件的扭转刚度。可以非常精确地设计出这种具有简单几何形状和明确规定近似单轴负载的零部件，例如变速箱外壳。因此，也就可以充分利用碳纤维增强塑料的潜力。

图 7.13　雷诺 R24 底盘后壁和变速箱之间碳纤维增强塑料层压板制成的增强支架
（图片来源：POOP）

7.6 总　　结

本章所述 F1 赛车各部件的轻量化解决方案仅仅是赛车中运用轻量化及其不同方法和由此所产生的多样化解决方案的几个实例。虽然国际汽联要求继续大量节约成本，而参赛车队也已同意采取适当的成本节约措施，但轻量化仍在 F1 中一如既往地扮演着重要的角色。此外，特殊材料的应用仍然受到一定的限制。为了继续追求尽可能低于要求的最低重量并为平衡重提供足够的空间，所有零部件都还需要不断优化。在这种情况下，一级方程式赛车中每一个小部件都可以被看作一个轻量化的例子。

7.7 附加信息

文献

Heimbs, *S.*, *Strobl*, *F.*, *Middendorf*, *P.*, *Gardener*, *S.*, *Eddington*, *B.*, *Key*, *J.*: Crash Simulation of an F1 Racing Car Front Impact Structure. 7th European LS-DYNA Users Conference. Salzburg, 2009

Tremayne, *D.*: The Sience of Formula 1 Design. Haynes Publishing, 2004

Trzesniowski, *M.*: Rennwagentechnik. 2. Aufl., Vieweg+Teubner Verlag, Wiesbaden 2010

规范

www. fia. com: 2010 F1 Technical Regulations, published on 19. 08. 2

第II部分

生命周期评估

1

轻量化结构中的生命周期评估和可持续性

下面将在生命周期评估方法的辅助下，就前瞻性技术环保方面加以详细阐述，而生命周期评估方法是零部件、产品和系统持续研究和开发的基础。令人遗憾的是，工业界和学术界仍然在不断展示、发布和争论可持续性的一些特殊情况，特别是材料、产品和零部件的环境相容性在其寿命过程中的一般反应和结果，虽然这些结果显然是基于科学建立的方法和标准化方法所得出的。除了选择适当的方法之外，了解这些方法的可能性和局限性也是很重要的，因为只有这样才能正确应用这些科学方法*，理解结果最重要的是以负责的方式交流情况。当然，用适当的工具得出有意义结果的责任仍然主要在于工具的使用者。在出现判断错误或冲突时，不应该因此对工具产生质疑，而是应当检查结果是基于哪些方面得出的。其中关键的方面包括：

- 考虑整个生命周期；
- 选择适当的方法；
- 制定研究的日标；
- 描述分析的技术体系；
- 描述主要工艺链中的（具体）数据；
- 描述供应链中的（具体）数据；
- 根据自己的假设评估结果和方案。

因此，在特殊轻量化方案（生态技术**）优势基础上的可持续发展只能在各自的边界条件下通过特定信息进行测量、分析和评估。有时这也是许多公司，例如加

---

* 引用：科学无道德维度。它就像一把刀。在一个外科医生和一个杀人犯手中，会以不同的方式使用它。

** 在本文中，生态技术是指在恒定技术性能下的生态优势，因为如果其技术性能极低的话，所生产的生态“更好”的产品肯定是没有市场的（例如：日晷肯定比手表更生态，但遗憾的是不能带在身上）。

拿大铝业公司、巴斯夫、拜耳、戴姆勒、赢创、联合利华和大众汽车，成立处理关于各公司和供应结构的特定条件下生命周期评估和过程链部门的一个原因。因此，本章的目的并不是为读者介绍许多具有可持续性或较低可持续性的轻量化方案的具体例子。

相反，读者应该了解在具体情况下避免或发现错误或误判的具体建议和方法，以发现特定零部件和设计在其各自背景下的可持续性潜力。

因此，应当特别注意从生命周期评估的角度选择适当的方法并解释其结果。

1.1 可持续性和生命周期分析的重要性

生命周期评估作为一个基于周期的，以技术-经济-生态工具为基础的工具（Eyerer，1996），通过结合20世纪80年代末相关实践科学方案开发了在政治和工业实践中衡量可持续性的固定组成部分。

这种生命周期评估被定义为在技术和经济方面扩展的生命周期评估（life cycle assessment，LCA）（Eyerer，1996）。如今，新技术方案除了其技术和社会价值之外，如果它们的经济实用性以及基本生态方面也满足要求的话，新的技术方案才会作为创新得到社会的认可和接受，总之，前提条件是它们能够满足可持续性方面的要求。

可持续性是一个经常使用到的，但往往有不同解释的概念。或许在挪威首相格罗·哈莱姆·布伦特兰（Brundtland，1987）领导下的联合国人权委员会报告中可以找到其最好的定义。在所谓的布伦特兰报告中，它被解释为：可持续发展是指在不损害我们后代的前提下，即在能够满足他们自身的需求和愿望，并能够选择他们自己的生活方式的前提下，满足当今人们的需求和愿望。这意味着一个可持续发展的社会模型在处理人、资源和环境的关系时必须尽量保证代际公平性，从而树立一个可持续发展企业的形象，由此也树立了该企业所生产产品的形象。

布伦特兰定义并没有描述实现的具体可能性，而只是基于“经济-生态-社会”三大支柱将其限制在可持续发展的预期效果上。

这种目标的一般性描述已经被不同的利益集团以非常不同的方式和实施途径进行了解释，然而，各方均同意并制定了“经济-生态-社会”三大支柱的方法。

经济和生态方面在实践中已被量化并进行相关考虑。在这里，我们不打算对经济方面的调查做进一步的讨论，因为它是关于新工艺或产品企业管理决策的既定部分。

在调查环境问题时，现在生命周期评估（LCA）已经是产业界和政治界实际实施可持续发展的一个既定组成部分（欧盟，2008；大众，2009；戴姆勒，2009；巴斯夫，2008）。特别是欧洲层面上的政策推动了生命周期评估的发展。所谓的“整合性产品政策（IPP）”及其他许多活动就是这方面的例子，又如“能源使用产品（EuP）”“综合污染预防与控制（IPPC）”“报废车辆指令（EoLV）”和“报废电子电气设备指令（WEEE）”等以及许多其他新兴激励环保的法规和指令。所有这些措施的目标只有一个，那就是为在欧洲生产及消费提供统一的生态条件。

将生命周期纳入立法的系统评估是一个相当新的趋势，即一个长期和以目标为导向的政策应得出更可靠的结果：公司的规划周期被扩大，同时可以使产品可能的优化方法更加灵活。企业可以自主选择改善生态的最好方式，而不是越来越依赖于规定的各物质的排放限值。生命周期分析经验的结果及其在新政策工具中的转化是从材料角度考虑到从产品角度考虑的一个过渡。在大多数情况下，材料并没有生态好坏之分，而更重要的在于合理地应用材料。欧盟委员会委托的研究项目“PVC 和主要竞争材料的生命周期评估”（Baitz，2004）表明这一结论也适用于 PVC。实际上，PVC 的生态形象一直都比较差，然而，在产品的客观基础上根据其不同的应用对其进行观察，可以得出另一种（差异化）解释（Wolf et al.，2009）。

社会学的各个方面，例如童工、劳动条件、劳工权利等方面，都尚未在类似的方式下进行一致的衡量，因此更难涉及经济和生态方面。

在当前的实践中，可持续发展已被广泛认为是有意义的且必要的方向，必须在这个方向上努力发展。确定方向判断是非常好的，但是，必须在这个方向上走多远，可持续发展目标的确切目的地在哪里，目前尚不清楚。部分原因是缺乏具有科学性而又可实际应用的衡量方法，即使是今天也还不能通过一个一致的方式对可持续发展的各个方面加以量化，必须立即实施可持续发展以及可持续发展必须立即朝着正确的方向前进，是多年来存在并且得到比较广泛共识的观点。

在此期间，诸如 CSD（可持续发展委员会）、BMU（可持续性指标）、GRI（全球报告倡议组织）等机构都设计了可持续行为的标准。它们提供了定位框架，但是，如果需要“硬”的定量数据则还不够充分。在环境数据收集和评估的领域所创建的方法为生命周期评估，也被称为生命周期分析（Baitz，2007）。

在国际标准 DIN EN ISO 14040 及其后续标准（DIN EN ISO 14040：2006，EN ISO 14044：2006）中已经规定了一个统一的可在全球范围内应用的标准。对社会和经济方面可持续性分析的考虑可以补充诸如 LCWT（生命周期工作时间）（Wolf，2002）和 LCC（生命周期成本）等现有的概念。这些方法是基于生命周期评估的标准化程序建立的，并结合了可持续发展的其他范围。其中，生命周期成本方法可以被视为是建立在多年实践经验的基础上的。生命周期工作时间方法量化了归属于工艺链的各种社会指标。此外，还需要为集成所谓的“软性”方面（道德、伦理）打开一扇门。生命周期分析的模块化结构允许变化地考虑可持续性并在获取有关知识方面进行扩展。

生命周期分析的特征在于对所有需要的能源、原材料和半成品以及产品、副产品、排放和废物的生命周期各阶段进行工艺相关的分析。每个工艺阶段都因此通过实质性可持续发展方面进行标记。

在工业实践中每天都会遇到有关产品、部件和工艺的决策。因此，目前实践中短时间内得到的可靠结果需要能够满足（有时很短的）开发周期的要求。在大多数情况下，已可以具体提供明智的可持续的决策支持。

因此，目标必须是通过以科学为基础的方法和技术上真实的数据在最短的时间内提供决策支持，以在开发过程中为产品、零部件和工艺提供有用的信息，以免延误相关工艺。本章主要讨论轻量化相关可持续性方法的实现可能性和结果。

我们将向您展示目前工业实践中探讨的方法，例如生命周期分析/生命周期评估、碳足迹法、资源评估、投入产出分析等，并从它们最重要的区别入手，讨论常见的误释并且还要特别指出最合适的“最佳实践”的方法和 ISO 标准的状态。然后按顺序阐述对零部件和有关轻量化零件规格在技术和环保性能方面的可能影响以及它们对随后生命阶段（使用或回收）的影响。

由此根据轻量化的潜力得出具体的结论，从而有可能避免错误以及在设计或方案的早期阶段就发现具体证据。在早期阶段，自由度仍较高，而变更成本仍较低。

1.2 技术的发展和现状

在 20 世纪 90 年代初，生态很受重视，因为可持续发展成为公共利益的中心，各行业也在寻找各种方法使部分主观引导的讨论客观化。生命周期评估提供和建立了这种可能性。

1.2.1 符合 ISO 标准的生命周期评估发展

因为可以发现并防止问题转移到产品周期的其他阶段，生命周期评估显示了其作为产品生命周期分析工具的优势。此外，生命周期评估或生命周期分析还被认为是一项具有竞争优势和创新的方法，其可以分析、重新计算和优化产品及供应零部件或它们的背景和后史。

经过努力，在 1996 年终于首次出版了关于一致性方法的 DIN EN ISO 14040 系列标准“环境管理-生命周期评估-原则和框架”及其后续标准（DIN EN ISO 14040：2006，EN ISO 14044：2006），并在 2006 年进行了修订补充。

该方法在定义目标和研究框架的基础上，通过建立生命周期的物理材料和能源网络，将结果转化到环境影响类别中直到对结果和第三方复核加以解释。这项研究结果的应用属于标准之外的范围，这样，除了规划和优化之外，结果还可以用于薄弱环节分析和市场营销。生命周期分析针对产品整个生命周期的所有阶段，包括从资源开采到生产和应用阶段以及最后的回收。

为评估这些复杂的网络，需要很大的数据量。其中包括材料、能源、物流、制造、加工、消耗、需求和工艺相关的数据。软件工具对这些信息提供了丰富的数据和资料，因此，现在生命周期评估的平衡及应用不会再因数据的不可用性而落空。现在有专业数据库，其可以涵盖广泛的材料、产品和工艺，并且可以在无需耗时的背景数据采集下实施各个生命周期评估，因为数据采集往往可以减少到只涉及单个前台系统。为了进行具体的分析，往往需要技术上、时间上和有地域代表性的材料和能源的存货清单及工业网络或供应结构上的合作。由于生命周期评估已被广泛使

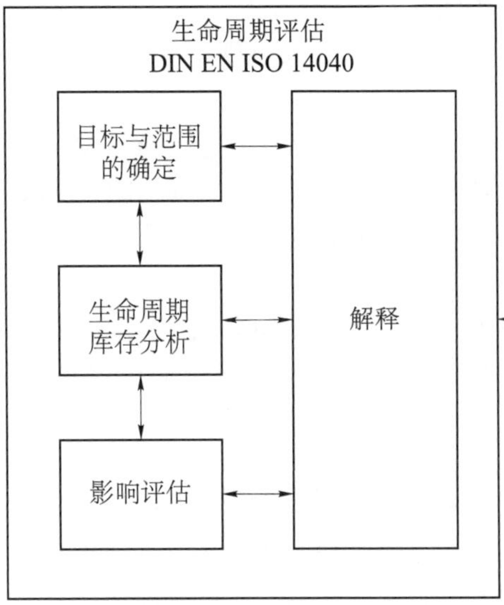

图 1 生命周期评估的结构（DIN EN ISO 14040：2006）

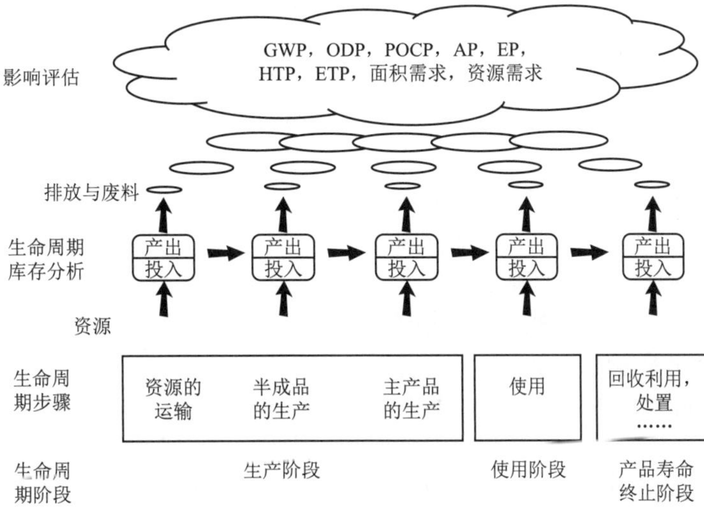

图 2 生命周期分析方法

用，因此在许多情况下已经建立了这种信息结构［主要在“企业对企业（B2B）”的层面］。

虽然可以通过 ISO 标准为一致建模确立重要的一般框架条件，但标准并没有给出具体情况的处理指令。欧盟委员会联合研究中心（JRC）在“国际参考生命周期数据系统（ILCD）”项目的框架下基于 ISO 标准起草了相关文件（DG JRC 2008a，DG JRC 2008b）。其涉及基本操作说明，可以在专业和政治决策的背景下确保具有绝对重要的、一致的和可重复的生命周期数据，从而确保生命周期分析。生命周期评估现在主要被应用于以下三个不同的领域：

1. 在科学和学术方面的应用，其目标和研究范围主要是普遍的认知兴趣、系统特性研究和新方法的开发；

2. 在工业领域的专业应用中，其目标和研究范围主要是具体产品和工艺在所创建的方法和数据库的改善，以及具有客观性和以目标为导向的相应决策支持；

3. 在决策准备的政治过程中，其目标和研究范围主要是符合专业工业应用的要求以及新科学方法实用性的检验。

下面将对生命周期评估的两种方法更详细地加以阐述，可根据不同的目的和研究框架加以选择："间接生命周期评估"，它通常用于科学和学术环境，"归因生命周期评估"，其作为第二个和第三个所述领域方法的代表。

1.2.2 归因生命周期评估及间接生命周期评估

目前使用的是两种标准化的生命周期评估方法。重要的是要绝对清楚所显示的结果属于哪种方法，因为可能会出现明显的差异。一种方法是实际发生方面的生命周期评估（归因生命周期评估，ALCA），另一种是通过转化得到的结果得出的生命周期评估（间接生命周期评估，CLCA）。它们代表了两种根本不同的系统描述和结果分析的方法：如果设定的决策的后果如预测的一样，那么现在是怎样的，将来又将如何。在归因生命周期评估的情况下，现有的产品系统被嵌入一个静态技术领域中。在间接生命周期评估的情况下，试图说明在动态技术氛围下产品分析系统的额外需求造成的变化，市场表现以及对这种额外需求的反应。

在（DG JRC 2008a）中，对区别相应地做了如下描述：

归因生命周期评估（或目前情况描述）

生命周期库存分析模型确定一个产品所有工艺进入和退出系统工艺流（就像它们发生的那样）的生命周期库存分析数据（消耗，排放）。

间接生命周期评估（或估计的调整情况）

生命周期库存分析模型试图识别和评估前台系统所做决策后果相关产品系统的所有后台系统。

标准 ISO 14040 和 ISO 14044 框架内的哪种方法比较合理，主要取决于目标和研究范围以及决策情况。一般说来，归因生命周期评估是一种小型、实用、根据目前技术情况描述的系统，它的主要重点是通过前台分析技术系统及其供应链对结果进行解释。间接生命周期评估扩大了系统，对结果的解释和分析工作聚焦在后台系统中可能出现的变化上，在这里具体的供应链不需保持恒定。因此，在学术理论方法中更愿意使用间接生命周期评估，在专业实用方法中则首选使用归因生命周期评估。

此外，四种决策情况各自都有或多或少更适用的相应方法（DG JRC2008a）。

情况Ⅰ（短期，运营和产品相关的决策支持）：

对今后的决策支持：产品环境声明（EPD）和Ⅰ型环保标签的生命周期库存分析数据，生态设计中的薄弱环节分析，用于一般应用的生命周期库存分析背景数据等。

决策情况Ⅰ的理论方法可以是间接生命周期评估，但由于很多都是主观假设，缺乏（描述未来情况的）数据，市场预测的高不确定性、系统固有的复杂性以及B2B结果的较高成本和沟通困难，使其结果的重复性较差，在实践中间接生命周期评估并不在利益相关者中使用或公开使用。出于上述原因，在工业相关问题短期产品相关的决策支持中首选归因生命周期评估。

情况Ⅱ（未来产品的运营决策支持）：

较遥远未来的决策支持：对后台系统影响很小或根本没有影响的系统变更。决策情况Ⅱ的理论方法本来也是间接生命周期评估，但由于上述原因，在这里也首选归因生命周期评估，归因生命周期评估更适用于未来情境（只有少数例外），可以更省力地得出与间接生命周期评估相当的结论。

情况Ⅲ（前瞻性的战略决策支持）：

更远的未来基于情境的决策支持：影响到社会或行业层面背景系统的系统变化。情况Ⅲ和情况Ⅱ一样是指更远未来的决策支持，并且是基于情境的。如果对后果有足够把握的话，建议使用归因生命周期评估方法和相关的间接生命周期评估对情况Ⅲ下整体经济或整个行业的结果进行对比。

情况Ⅳ（监控）：

监控（通常针对过去或当前的情况）：

事实或变更的文档，不能直接用于决策支持或与替代方案相比较。

情况Ⅳ是指在已经做出决策的基础上，已发生的或将发生事件的记录文档。情况Ⅳ的理论和实践方法是针对整个产品体系的归因生命周期评估。

从理论上讲，根据不同的情况归因生命周期评估可以用于前瞻性的决定，而间接生命周期评估可以应用于回顾性和描述性的情况。出于表1中作为概览所列出的多种原因，在实践中最多使用的还是归因生命周期评估，因为通过合适的模型同样也可以得出充分的结果并且更加省力，不确定性也较少。

表1 归因生命周期评估和间接生命周期评估的适用性（DG JRC2008a）

标 准	子标准	情况 Ⅰ/Ⅱ		情况Ⅲ	
		归因生命周期评估	间接生命周期评估	归因生命周期评估	间接生命周期评估
符合目标	反映结果	有限	良好	有限	良好
	结论内容和准确性	良好至较差	良好至较差	有限至较差	有限至较差
结果的再现性	主观性	良好	较差	有限	较差
	复杂性	良好	较差	良好	较差
	方法所需的专业知识	良好	较差	有限	较差
	用于识别过程的信息可用性	良好	较差	有限	较差
	用于识别过程的数据可用性	良好	有限	有限	有限

续表

标　准	子标准	情况 Ⅰ/Ⅱ		情况Ⅲ	
		归因生命周期评估	间接生命周期评估	归因生命周期评估	间接生命周期评估
决策支持的稳健性		良好	有限	良好	有限
应用范围广		良好	良好	良好	良好
利益相关者的接受程度	对所有产品的公平性	良好	良好	良好	良好
	社会经济效益的表现	有限	良好	有限	良好
	科学合理性	有限	有限	有限	有限
	可沟通性	良好	较差	良好	有限
	解释	良好	有限	有限	有限
	对结果的确认	良好	较差	良好	较差
	与其他工具的集成度	良好	较差	良好	较差
	成本效率	良好	较差	良好	较差
	实用性	良好	较差	良好	较差
科学基础	假设	良好	有限	良好	有限
	透明度	良好	良好	良好	良好
	指导的可用性	良好	良好	良好	良好

显而易见，在大多数情况下归因生命周期评估比间接生命周期评估更适合于实际应用。ISO 标准（DIN EN ISO 14040：2006，EN ISO 14044：2006）“生命周期评估（LCA）的一般指导性文件”（DG JRC 2008a）及“一般或平均生命周期清单（LCI）数据集的具体指导性文件”（DG JRC 2008b）给出了符合标准 ISO 1494 规定的生命周期评估的详细方法。

因为在本书的背景下，实践性导向起着重要的作用，在下文中，术语生命周期评估或者生命周期分析可以理解为应用于工业专业领域和政策领域的归因生命周期评估。

1.3　简化复杂关系的问题

阿尔伯特·爱因斯坦曾经说过：“一切都应该尽可能地简单，但是也不要太简单。”除了描述整个生命周期中所有主要环境方面的生命周期评估之外，总会不断有减少生命周期评估数据要求和研究范围的明显复杂性的方法出现。这些生命周期评估方法通常有一个共同点：它们并不显示全部范围的影响或使用简化后的关系，以通过几个单独的数据产生全方位影响。在个别情况下，通过这种简化就已经可以产生类似的结果。在大多数情况下，尤其是当涉及对非常具体的零部件或设计变量进行评估时，这些（全面的）简化往往是不够的。下面将对一些简化方法加以讨论。

1.3.1 基于经济的投入产出生命周期评估方法

20 世纪 60 年代末，瓦西里·列昂惕夫开发了国民经济核算的投入产出分析方法，这种方法以国民经济各个行业所有可能的投入产出关系作为研究对象。通过模型研究国民经济各行业的组合关系。每个行业都有来自其他行业的原材料和产品投入，以及输出到其他行业的自己的产品。行业的分类（例如汽车和运输、钢铁制造、化工行业）与知识兴趣紧密联系在一起。行业之间的物质流由产量决定。在给定生产数字的情况下，可以由此确定对劳动力、资金以及物质流范围的需求。因此，投入产出分析被用作经济规划的工具。

在 20 世纪 90 年代，这种国民经济学方法已经被转换到生态分析当中。美国匹兹堡的卡内基梅隆大学是这种方法的开拓者之一（Hendrickson，1997；Hendrickson，1998）。根据（Suh，2007）的理论，投入产出分析中货币价值的用途比较明确，所得到的分析结果表明其非常容易受到价格波动和不均匀性的影响。投入产出生命周期评估模型的优势在于，通过预先确定行业的（货币）关系可以毫无疑问地进行相对简单的数据采集。

然而，这种方法的弱点是没有使用各种生产和供应情况的具体资源消耗和测量的排放数据，而只是使用了资源消耗的部门平均值和从经济和技术关系中推导出的排放值。

因此，投入产出生命周期评估模型提供了行业更全面的结果，而未提供更多的具体生产和供应情况的具体结果。在对比一个行业的两种可替代产品，例如对一个轻量化零部件的两种可供选择的树脂进行比较时，（工艺）生命周期评估可以非常准确地区分和解释工艺技术创新和设计工艺创新的差异。由于投入产出生命周期评估模型的分类系统，其分类很可能仍不明确。

为了克服投入产出生命周期评估模型的这个弱点，已经有人提出了混合法。仅在有附加信息可用时，货币价值可以根据文献（Suh，2007）转换成物理量。因此，混合技术可以通过选择关键产品流解决从货币转换到物理量的问题。这主要是一个数据问题。但是，这也恰恰就是问题所在：如果不从过程描述中取得数据，那么真实的技术数据从何而来？

因此，不仅是在本文的背景下，而且也总是在被问及特定的回答时，投入产出生命周期评估模型和混合法仅是有条件地在某些特定方面（例如用于填补后台系统中的数据间隙）表现出其适用性，更何况它们在相应的 ISO 文件（ISO 14040：2006，ISO 14044：2006）中没有被标准化。

1.3.2 资源评估

地球的自然资源一直都是社会进步和人类经济活动的重要基础。随着人类社会对原材料需求的不断增长，资源使用的消极后果也变得日益明显。因此，诸如采矿区褐煤的开采等原材料开采已经导致出现许多问题，例如自然空间的破坏。此外，从原材料加工成产品，特别是使用化石燃料的情况下，可能会导致健康和环境问题，例如烟雾、全球变暖和水域酸化等。虽然已经了解到这些问题并正在寻找解决方案，但我们的社会已经面临着一个新的挑战——原材料日益匮乏。更有效地利用自然资源和减少由于资源使用而造成的环境和健康影响是当今社会的重要任务。虽然这个话题的相关性是不容置疑的，但资源利用效率的测量，特别是在产品和工艺层面上的测量仍然是非常困难的。在产品和工艺层面进行研究时，以生命周期为导向的考虑似乎是有必要的。为了获得一个客观的评价，必须将产品制造、使用和处置中的资源总消耗量都考虑在内（Berger，2008b）。

已经有几种对资源消耗进行定量的不同方法。在这里，最常见的有“单位服务的物质投入（MIPS）”（Ritthof et al.，2002），“能源累积消耗（KEA）”（Fritsche et al.，1999），生命周期评估的影响类别“非生物资源消耗（CML）”（Guinee et al.，2001），“资源消耗（EDIP）”（Hauschild 和 Wenzel，1998）以及生命周期评估的影响评价法“生态指标 99”（Goedkopp 和 Spriensma，2001）。关于各方法的细节可参考其原始文献。此外，Berger（2008b）还对主要方面提供了一个很好的概述。

Berger 的结论是，在从不同指标得到的生命周期评估结果之间线性关系的研究中，可以得出所有以输入为导向的指标之间的显著相关性（Berger，2008a）。如果在传统意义上定义资源效率，那么只需要一个影响评估的调查指标，因为其他指标的结果几乎没有什么区别。在实践中测量对模型转化非常重要的资源效率时，生命周期评估已被证明是特别合适的方法。通过对整个产品生命周期的研究，可以客观分析其对原材料和能源的需求，同时也可以分析出由于排放和废物对环境所造成的影响。

因此，资源评估可以合理地体现生命周期评估的重要组成部分，并成为其他重要环境影响研究的前提。如果要将资源评估单独作为所有环境影响的代表，则通常是不够的，因为尽管相当高效节能，但众所周知这种工艺是不利于环境的。

1.3.3 使用“足迹法”的方法

很多人都认为碳足迹法是一种新方法。显然，他们没有意识到，碳足迹法已经存在了几十年，即作为生命周期影响类别全球变暖后果的术语“全球变暖潜力”（GWP），只是目前碳足迹（CFP）才真正成为一个时尚的名词。和所有的时尚一样，所有闪光的也并非都是金子（Finkbeiner，2009）。

在极度的妥协下，碳足迹法被规定为唯一的方法。如果碳足迹法是唯一的衡量标准，则我们必须关闭所有污水处理厂，因为它们会导致碳足迹增加。然后应取下汽车上的催化转化器和柴油机微粒滤清器，因为它们也会导致更高的碳足迹。核电显然成为能源生产的最佳选择，因为至少在引用当前相应的 EPD 声明的情况下

(Vattenfall，2005；2007a，b)，核电实际上会比大多数可再生能源产生更低的碳足迹。废纸回收也应停止，因为与原生纤维生产纸相比，原生纤维生产时所用的二氧化碳值接近于零，而如果在必要工艺中没有使用可再生能源的话，那么废纸回收会有更高的碳足迹（Carbon Trust，2006)。

然而，因为众多国际、国内和行业合作项目肯定了这种方法，因此这种方法开始得到广泛使用，根据（Finkbeiner，2009）的理论，最重要的是：

- 向国际标准化组织（ISO）申请国际标准（ISO 14067）。
- “世界可持续发展商业理事会（WBCSD）”和“世界资源研究所（WRI）”在“温室气体议定书产品/供应链”的框架下开发了两个标准。
- 联合国环境规划署/环境毒理学和化学学会生命周期倡议启动碳足迹项目组。
- 英国标准协会发表了一份公开规范（PAS）。
- 日本经济贸易产业省（METI）发起了碳足迹试点项目，并确定了技术规格。
- 韩国基于产品的减排计划和作为欧盟生态标签的“碳足迹测量工具包”欧盟委员会项目和法国环境与能源控制署（ADEME）的活动等。

碳足迹方法仍然有一些方法论问题需要予以澄清，例如观察排放的范围、观察生命周期阶段的范围、系统边界、二氧化碳偏差、数据的来源和质量、废物处理系统和回收系统的框架条件、碳储存的效果、土地的利用、可再生能源方面以及混合发电等所涵盖的范围。考虑到（Finkbeiner，2009）方法论问题的这个非排他性列表，可以明确碳足迹讨论和标准化活动有价值的方面：对最基础科学挑战有了清醒的认识。

因此，碳足迹法是一种距离标准化解决方案还很远的方法。从（Finkbeiner，2009）中可以得出以下结论：如果你喜欢碳足迹法，那真是太糟糕了，但是如果你忽略了它，也不好，因为碳足迹方法也算是一种好的方法，所以必须首先对它进行调整（并理智地加以应用)。

现在称得上“时尚”的不止碳一种，最近还在争议的还有水消耗，即所谓的“水足迹”。原则上，上述情况在这里也适用，只是影响的不是全局范围，而仅发生在局部，因此，在方法论问题上可以明确地加以区分。此外，水足迹的方法仍处于起步阶段。

1.4 材料和原料常见的错误认识

下面对讨论中经常遇到的对材料和原料的错误认识进行了讨论，这种错误认识有时是在使用时由不充分的、不规范的、未能形成整个生命周期的或者过于简单化的方法所造成的。

1.4.1 聚合物和原油资源

通常假设聚合物属于大量消耗的石油资源。就算这种假设不完全错误，这种假设也仅在非常局限的范围内是正确的。大大低于 5% 的原油被用于化学工业当中（包括塑料的生产）（Wolf et al.，2009）。原油资源（烃链）被转换成塑料，并不直接使用。因此，重要的是妥善保留这些塑料，即进一步充分利用碳氢化合物。

因此，合理的再循环、回收或废物处理系统是资源保护的重要组成部分。

能源（燃料）的需求和作为原料二次调配回收利用的（经济）意义之间有着相互依存的关系。只要需要大量的源自化石资源的能源，则成本极高地回收大量用后塑料（较易生产的）从而节约资源通常没什么意义，由此使用市场潜在的二次燃料，然后使用如天然气或石油等初级化石资源生产能源。在这种情况下，废塑料直接发电可能仍然是目前非常环保高效的做法。

此外，大部分原油被作为汽车燃料燃烧掉，或在家庭中用于取暖。在输送中会消耗燃料，因为原油被不可逆地从烃转换为二氧化碳和水蒸气。合成塑料的主要成分无疑是原油和天然气，生产合成塑料需要相当多的能量。然而，塑料制品通常在其应用过程中所消耗的能源要比生产它们时少得多：在其整个使用阶段（通常 10 万 km 或者更长），轻型汽车使用更少的燃料。在如汽车这样的移动应用中，聚合物零部件的不同生命周期分析表明，如果合理使用塑料零部件，将更加节约能源和资源。可实现的节约很大程度上依赖于所选择的应用。根据具体的情况和应用，每个材料组（塑料部件、可替代材料，如金属零部件或无机材料零部件）都可能是最有前途的；对此的陈述不能一概而论（Baitz et al.，2002）（Schuckert，1996；Schuckert，1997；Eyerer，1996；Florin，1997）。

大多数聚合物零部件可以设计成耐用产品，在其使用阶段，它们在相对较少的维护下具有良好的技术和生态特性。依塑料的类型，每生产 1 kg 的聚合物零部件需要消耗 50~100 MJ 的不可再生化石资源。在聚合物零部件的产品寿命终止（EOL）时，这些能量中的一部分（例如 15~50 MJ）可以作为电力和蒸汽在燃烧设备中回收和再利用。此外，新燃烧设备还可以将含氯聚合物中的氯回收并生产出工业用盐酸（顺带提及的当然还有其他非塑料的氯来源，例如家庭垃圾中的食盐残余）。其余的能源和可回收原料会消耗掉和消失。事实上，生产这种合成聚合物需要消耗大量的能源，仅其中的一部分可以被回收。显然，与其他材料相比，塑料的环保性似乎并没有那么坏，甚至往往还是更好的选择（特别是在通过减少重量节省能源的应用中），因此当然不能浪费（Wolf et al.，2009）。

总之，如果正确应用，则聚合物零部件具有许多优点，在应用中，它们具有并且可以开发出优越的性能，例如耐久性、重量轻和各种特定功能的设计灵活性。然而，像所有材料一样，塑料零部件也可能被错误或不利地利用。如果目前的产品中没有使用聚合物，那就可以假定将比实际需要消耗掉多得多的原油。

1.4.2 由可再生原材料制成的产品

基于可再生原材料的产品通常被称为环保产品，因为它们本身基于可再生植物。而往往忽视了这些原材料是可持续发展的，还是不可持续发展的事实。土地需求、使用化肥和农药导致的土地营养化，可再生原材料可用性的限制，及供货时运输线路的延长，都有可能会对可再生原材料的环保性产生明显不利的影响。

在对基于小麦和玉米等农作物所生产的高品质塑料的发展进行了广泛调查之后发现（Deimling，2008）：与相同的原油塑料制品相比，这些产品对环境所造成的不良影响要更为严重。可再生原材料制成的塑料所受到的限制是显而易见的。可再生原材料最后成为塑料产品似乎并不是一种有效的可持续发展模式。只有当粮食生产的副产品用于塑料生产时，利用农作物作为生产原料才会具有优势。

生物技术生产方法可能应被视为通过可再生原材料制造塑料的环保方法。但必须根据具体情况来评估在塑料和其他产品中所使用的可再生原材料（Shibasaki，2003）。例如在收获谷物时，也获得了稻草、秸秆和梗等副产品，而这些副产品可以用于生产低成本的塑料产品。这仍然需要进一步开发将生物技术和/或化学木质纤维素生物质转化成塑料的技术。使用如稻草、秸秆等无用的或未被充分利用的粮食生产副产品所生产的塑料肯定要比那些基于化石燃料的塑料更环保。在淀粉或水解纤维素的基础上，在微生物反应器中合成特种塑料仍处于早期开发阶段。

1.4.3　可生物降解的产品

可生物降解的产品往往被笼统地认为是环保的，因为可以通过其生物可降解性而明显减少垃圾问题。这里的误解更多地涉及“垃圾”的定义。可生物降解产品往往像它们的化石替代品一样是具有有机性的，因而也具有一定的热值。如今，具有热值*的残余物质实际上已经不能被理解为“垃圾”，因为它们至少具有一定的能量。因此，在对可生物降解产品和不可生物降解产品进行对比时，一般都不会提出垃圾减少这一优势方面的问题。因此，对于可生物降解性是否意味着更好的生态平衡这个问题，很遗憾还是无法给出一个笼统的答案。产品的生物降解通常需要至少释放出与产品中所存储的相同当量的二氧化碳。如果利用了产品中的热量，则相比之下也会释放很多二氧化碳，但可以利用能源产品（蒸汽或电力）。如堆肥等生物降解方法并没有利用存储在产品中的能量含量，而只是提供了一些不值钱的产品，如腐殖质或堆肥等产品。塑料垃圾主要还有一个影响美观的问题。此外，聚合物中的生物降解添加剂，例如增塑剂和颜料，也会增加环境污染。这个问题不仅存在于开阔的郊野，在垃圾堆放场也如此。另一方面，如果聚合物不可降解，它仍然会在很长时间里保持原状，从而被收集、回收或处理（Wolf et al.，2009）。

回收时的生物降解在混合塑料废料中还有一个问题，即分解的聚合物结构会污染其他塑料废弃物，从而使得回收利用变得更为困难；另外，通常生物降解塑料本身无法且没有太高的再次回收利用价值。它们通常仅可以被用于回收能量或最多再被循环利用到化工原料的层面。塑料的生物降解大多也意味着产品的保存期有限，

---

* 在日本，很多所谓的垃圾已被称为“城市资源”，这是一个非常适用的名称，因为考虑到一些呼声，即工业化城市在不久的将来也将开始挖掘老旧垃圾填埋场并开始寻找二次原料。

尤其是在潮湿的环境中：而这通常又意味着效率较低。生物可降解塑料具有一些用途，特别在其可降解特性是产品功能的重要组成部分的情况下（例如在医疗应用中，用作潮湿有机废弃物的垃圾袋等）。可降解性还能够满足某些应用非常重要的要求，并且在这些应用中具有很大的优势。然而，在大多数大众产品中，塑料的可降解性并没有优势。从寿命周期的角度来看，塑料的可降解性（因此放弃副产品）通常较不利于生态（Wolf et al.，2009）。

1.4.4 回收利用

人们常常想当然地认为高回收率自然就更有利于环境。这可能是一个完全可以理解的思维方式，但不一定是正确的。回收通常是指通过相同或相似的应用重复利用材料。事实上，将材料尽可能长时间地保持在经济循环中似乎更为合理。如果在相同质量下次级材料保持在经济循环中所需成本低于初级生产成本，那么材料回收肯定是有利的。但高的材料回收利用率并不一定能够带来更好的生态系统。同样，很多问题隐藏在细节中。

由于质量原因（例如杂质）或成本原因（例如能源需求），很多情况下材料的循环再利用本身并不具有优势。因此，在考虑到改善整个系统环保性能的目的下，“回收”这个概念又被扩展为化学回收（回收可以再次使用的化学成分）和能量回收（回收其中的能量，从而再次使用）。

在大多数情况下，回收聚合物的技术质量（可能）要比初级塑料的技术质量低。这是由于降解过程会受到光、温度、水、机械压力等的影响，如在汽车或建筑物中一般能够多年使用。因此，回收材料制成的产品可能并不耐用。此外，回收材料应用领域还受到其特殊配方的限制，因为最终产品中含有高达60%的其他物质，例如填料、增塑剂、稳定剂和颜料。因此，要满足所需的规格要求，调整二次聚合物的配方并不那么容易。所以再生颗粒制成产品往往很难被应用，设计时必须要考虑到其机械性能较差的问题。这在运输应用领域是个缺点，因为它在小汽车、公共汽车或火车中是与较高的燃料消耗率相关联的。

此外，再生塑料零件的污染也是个问题。举例来说：食品包装中的食物残渣不仅降低了次级聚合物的质量，而且还需要额外的清洁费用。这不仅意味着更高的成本，而且还有额外的能量消耗和排放的问题。类似的问题也出现在使用干净但被混合的塑料垃圾上。在这种情况下，更好的分离技术可以使杂质减少到较低的程度，从而间接地改善对环境的影响。每个处理步骤都需要能量，并且产生排放和较多的废水。由于对二次塑料所要求的性能，其循环再利用甚至可能会对环境产生负面的影响，即回收要比初级生产引起更多的环境影响。这强烈地依赖于塑料的特性，例如新旧程度、污染、添加剂的类型和量、材料的一般可回收性（热固性塑料，热塑性塑料和纤维增强塑料在这方面往往是非常不同的）以及物流成本。一般情况下，被污染的混合塑料材料、中小型热固性塑料零件和增强塑料以及大多数小热塑性塑料零件最好采用能量回收的方式，而不是进行材料回收（Wolf et al.，2009）。

与用后塑料垃圾相反，化学成分确定的生产废料是可以直接回收利用的。这种回收几乎总是对环境非常有利，并已在工业中广泛应用，因为它可以节省资金。经过短暂使用寿命后的“干净”用后塑料垃圾也属于这种情况。材料回收通常也用于没有或只有轻微污染的大型零件或定量大批零件。聚氯乙烯电缆废料就是这样一个例子。现在已经出现从废电缆中回收 PVC 和铜的可行回收方案，其中铜的回收确保了工艺的经济性。更有前途的材料回收再利用方式是“选择性溶解”或通过水解和热解回收原材料的方法。“选择性溶解”方法是目前现有技术下最环保的方法之一。然后是原材料回收利用的方法，它比能够回收能量和盐酸的焚烧方法稍好一些。当然，所有的替代方案都比填埋场处置有明显的改善（Kreißig et al.，2003）。

在对建筑行业中聚氨酯泡沫的回收利用进行研究时发现，收集和回收明显比焚烧或填埋更为有利（Fischer et al.，2003）。

然而，这种回收类型的成本很高，并且与（法律）边界条件相关。在机动车油箱回收时就存在着这样的边界条件：迁移燃料的超临界萃取和随后的材料回收显示了环境效益，但这种再利用是非常昂贵的（Kupfer，2002）。

1.4.5 轻量化

移动应用中的轻量化结构设计通常具有一个优点，即不必在细节上对相应方案进行深入研究。因为可以节省能源，所以“越轻越好”。“重量减轻自然会节约燃油，且使用阶段主导生态效应!”虽然这经常发生，但并非总是如此。

汽车底盘从钢铁材料改为碳纤维增强结构是经常提到的轻量化结构方案成功应用的例子。但是，往往不会考虑到生产碳纤维增强底盘的环境污染，这样一来所造成的污染和因减少重量而节省的燃料一样高。碳纤维是能量密集型产品，尤其是在碳化步骤中，因此会导致在化石燃料发电时的高排放。如果仔细研究碳纤维加强型底盘的生产（包括具体工艺排放），就会发现整个寿命周期里底盘在重量减轻以及由此而节省的燃油和底盘的高生产成本之间具有补偿效果。此外，纤维增强塑料部件的可回收性往往非常有限，而相比之下，钢材具有良好的可回收性（Wolf et al.，2009）。

但是，应明确指出，在大多数情况下，轻量化方法在移动应用中是极具意义的。在考虑整个寿命的情况下，由于节省燃油，机动车的轻量化方案在 10 万~20 万 km 的这段行驶里程中通常具有明显的优势。

图 3 中通过不同零部件的对比曲线说明了不同进气管的能量需求，由此可以明确确定整个寿命周期的折中情况和盈亏平衡情况，与各个变体的单独改进可能性。虚线表示高级车辆，其他的两条线表示中低级车辆①。蓝色表示铝合金解决方案，红色代表聚酰胺材料的结构。

从图中可以看出，高级车中铝合金变体（左侧，326 MJ 的绿线）生产成本极低

① 译者认为原文有误，推断应为：绿线表示高级车辆，其他线表示中低级车辆。

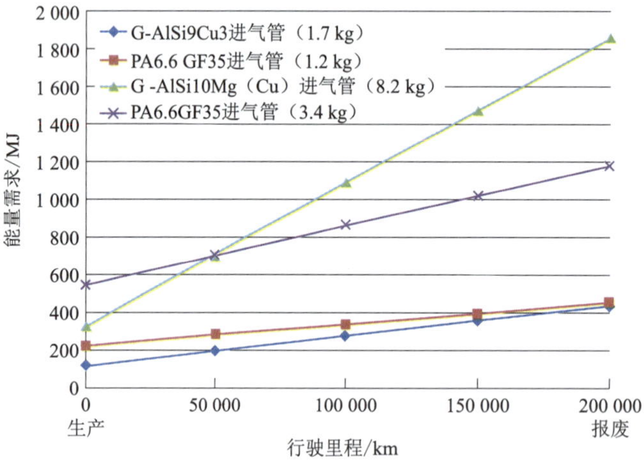

图 3 各种乘用车进气管方案在整个寿命周期的天然能源需求（Baitz，2001b）

的优点在 49 000 km 后得到抵偿，而聚酰胺变体（紫线）在整个寿命周期都显示出其消耗极低的优势（寿命结束后右侧的 1 177 MJ 与铝制变体的 1 854 MJ 相比），尽管制造聚酰胺变体要多消耗 550 MJ。但是，在车辆的寿命周期内并没有体现出中级车聚合物结构中的这种轻量化优势（在寿命结束后，449 MJ 聚酰胺与铝合金变体的 433 MJ 相比）。

图示明显说明，即使是在轻量化中也存在着预期应用和所需环境改善技术极限之间的联系，这些可以通过计算寿命周期而清晰地看出（Baitz，2001）。因此，可以根据具体的应用情况基于个体合适的材料识别出轻量化方案是否合理。从一般和总体调查结果中也可以获得聚酰胺或铝合金解决方案各工艺链的信息和优化方法。

- 生产塑料部件时（通常）需要更多的能源。
- 金属部件在使用中有重量方面的缺点。
- 塑料和金属部件都显示出各自的改进潜力。
- 必须要考虑到制造工艺链的各种可能性，以确定不同制造途径下材料的适当潜能。
- 例如，可以通过己二酸或己二胺以及“失芯/双壳”技术生产聚酰胺。
- 可以通过不同的阳极铸模，纯化步骤和回收比例制造铝材料。
- 因此，改善潜力也存在于生产的具体技术路径中，必须对其加以适当的详细考虑。

给出一个普遍性答案通常是没有意义的，因为根据不同的系统这些材料具有不同的优势。但是，除了少数例外，减轻重量在运输领域具有重要的意义，但是，没有一种方案适用于所有应用。

1.5 轻量化方面对产品和系统技术生态特性的影响

在前面的章节中已经明确，在评估轻量化方案的可持续发展时简单化的足迹法和指标法在可持续性量化中往往非常有限。

- 所谓“结果方法”，其包含了市场边缘化和市场动态的未来影响，但其在工业实际优化任务中几乎不能使用，因为结果通常不是由实际方案主导的，而是由（推测未来的）边界条件决定。
- 投入产出方法，其将货币信息转换到技术信息中，与工程常规流程定义有很大的距离，并且不能用于单个的工艺优化。
- 如“材料 A 比材料 B 更适合于轻量化”等材料总体结论的方法，没有针对性并且可能出现错误，因为必须始终在整个系统中对具体应用加以考虑。
- 如高循环利用率等个别方面，可再生资源或者可生物降解性的利用并不能保证生态最适度。
- 因此，作为量化可持续性的 ISO 标准化方法和“最佳可用实践”的寿命周期评估及其所包含的整个寿命周期，可以在实际可行的时间段内得出全面且一致的结果。

因此，其也明确表明整体陈述对相关轻量化方案的可持续性发展是没有意义的。这些都必须单独进行确定。但是，它可以描述一般重要的影响因素，从而在日常实践中给出轻量化方案可持续发展“可能和有效方法”的信息。从可持续发展评估的角度来看，运输领域的重量减轻是轻量化方案最重要的方面。为了找到一个最佳生态解决方案，主要影响必须是相互匹配的。

主要影响可分为（图 4）：

- 原材料供应及材料生产的工艺链；
- 在整个系统中材料选择对结构设计的影响；
- 应用在使用阶段的总效应；
- 废物处理和回收方面。

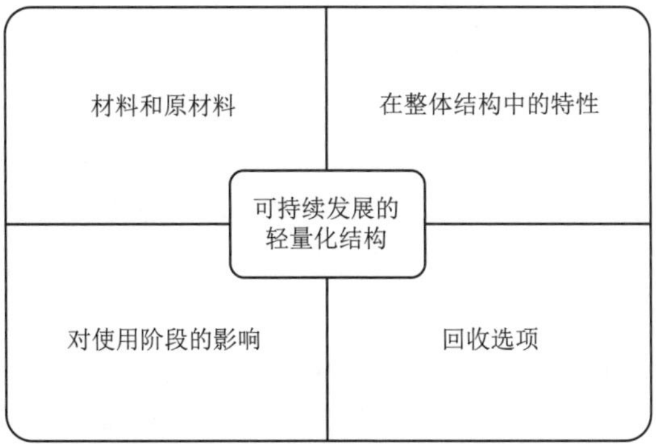

图 4　轻量化方案在可持续性方面的主要影响

在进行寿命周期分析时，对成本具有决定性影响且具有对环境产生（积极）影响的可能性。

应当在产品开发的早期阶段进行寿命周期分析，因为在这个阶段需要确定新产品相关的技术特征，并在这时由此确定环境特征（图 5）。越早进行各种轻量化方案的研究和仿真，所具有的自由度就越高，而与此相关联的后果就会越少。

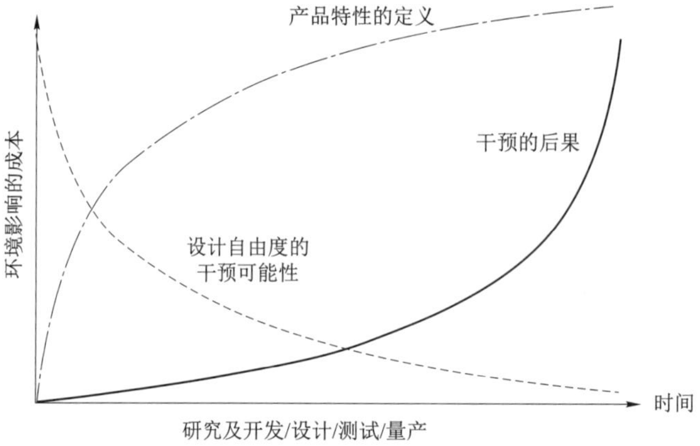

图 5　在产品开发的早期阶段进行寿命周期分析

1.5.1　上游工序中的材料和原料供应

塑料、钢材、有色金属、木材、人造纤维及天然纤维的使用受到诸如石油、天然气、矿石或农产品等原材料开采或种植的限制。在开采或种植这些原材料过程中需要各种物质和能源：

- 电及蒸汽；
- 燃料；
- 炸药，肥料和农药；
- 化学药品和助剂。

原料被进一步加工成中间产品和材料。这些活动造成资源消耗和环境影响。根据所涉及的不同材料，单独调整其对资源消耗和环境影响。总之，没有一种材料总是能够满足产品或轻量化方案的所有技术要求，尤其是始终且从根本上有利于减少资源消耗和减轻环境影响。

图 6 根据（CML，2001a）和（CML，2001b）显示了基于可再生原料的塑料、金属和材料在资源消耗和要求的国际公认环境影响方面具有代表性的样品。由于这些环境影响是在不同单元中测量的，它们在这个图中被规范化到每个类别（100%）中影响最大的相应材料上。

从左侧到超出中心的区域为塑料。从中心到右侧的部分列出的是金属，最右边则为可再生原料。不能笼统地说材料或材料组本身在所有环保方面都具有优势。一些塑料往往有温室相关和能源密集型的倾向（但仍然有很大一部分能量储存为可利

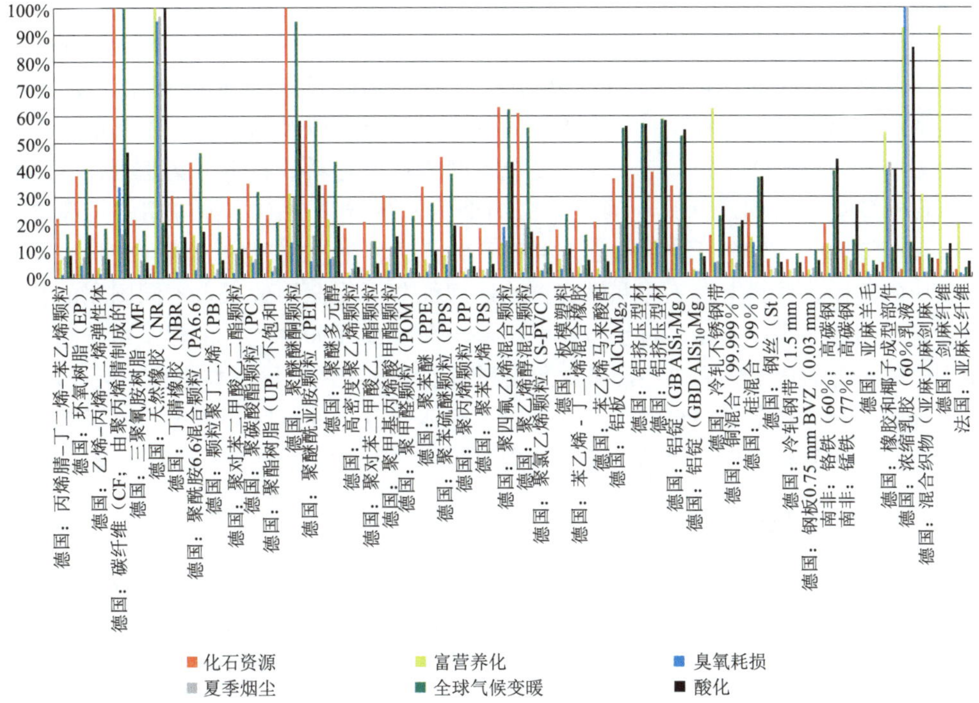

图 6　不同材料对资源消耗和环境的影响（基于相同的质量）（GaBi，2010）

用的热量值），金属趋向于通过多种环境影响造成均匀的负荷，而可再生原材料尤其表现出高富营养化的环境影响。

因此，每种材料都有其在技术要求及资源影响和环境影响方面的长处和短处。只有合理地组合材料性能才能得出最佳的轻量化方案。因此，优化轻量化方案并不处理诸如“钢对塑料”或“木对铝”等方面的问题，而是专注于最有意义的协同效应和整体环境影响的最佳化。

图 7 显示了各种结构材料初级能源需求的典型带宽。图左边所显示的值是基于所产生的相同质量的，右边相对应的值是基于所产生的相同体积的。很显然，不论是根据所需的质量，还是根据所需的体积确定所要求的技术特征，不同的材料都各

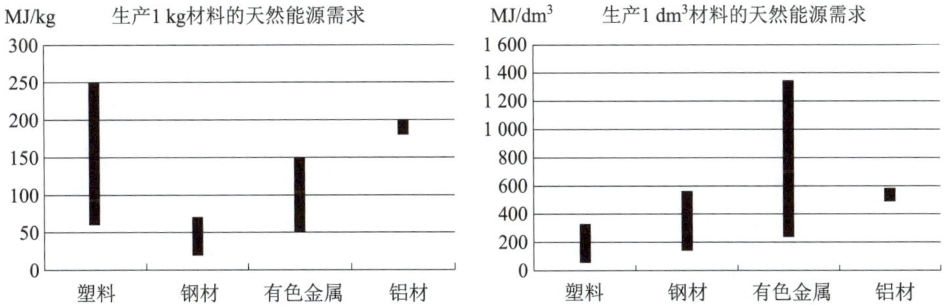

图 7　基于所产生质量（左）和所产生体积（右）的天然能源消耗（GaBi，2010）

有优点。

由于通常可以通过不同材料的组合对技术性能产生积极的影响，因此轻量化组件中不同材料特性的合理组合具有很高的轻量化潜力。与传统钢材相比，诸如铝、镁或碳纤维增强塑料等轻质材料由于较高的能量需求，以及与由此而引起的生产中更高温室气体排放联系在一起。不能笼统地回答特定材料或材料方案是否比其他材料环保形象更好的问题。只能通过寿命周期分析推导出针对具体应用的可靠答案（Krinke，2009）。还应当注意的是，由于采矿情况和生产情况的区域性差异以及能源供应的不同，材料上游工序和供应链的地理细节可能会导致来自不同国家的相同材料有着明显差异。例如来自水力发电比例较高国家（如挪威）的铝，由于能源密集型电解步骤而比那些来自主要依靠化石燃料发电国家的相同材料更具环保优势。

因此，具体确定各材料的供应链可以正确体现具体的实际环境影响。所以加强与价值链上的所有合作伙伴的对话是寿命周期管理迈向成功的一个必要步骤。

1.5.2 从材料到系统

如今，在投入生产和上市之前，产业界都会在许多方面对新方案进行可持续性发展潜力的研究。汽车行业在这一领域是开路先锋，因为在20年前他们就已经部分实施寿命周期研究了（自然也包括轻量化方案在内）。材料和组件在生产和使用中的效果，产品本身的分布，同等性能相关的次级效应以及运输领域始终关注的减重问题使得汽车行业中的轻量化话题显得特别有意义。举例来说，大众汽车公司及其诸如Polo，Golf，Passat（VW 2008a，2008b，2009）车型的环保奖，或戴姆勒公司及其A级、C级和S级车型（Daimler，2005；2006；2008）的环保认证证书就是在考虑到整个寿命周期下通过专业和准标准化环境潜力计算的实际示例。

材料对车辆方案的环境方面有着重要的影响。从Schweimer（1996）中可以看出车辆材料的制造占生产能源消耗的主要部分。

表2 Golf 3生产中材料生产所占自然能源需求的比例

Golf 3总计		100%
材料生产（供应商）		62%
冲压车间	2%	1%
车身车间	9%	3%
油漆车间	45%	18%
装配	10%	4%
聚合材料零件	8%	3%
发动机	17%	6%
变速箱	9%	3%
整车生产（VW）	100%	

如果现在考虑整个寿命周期，很显然，材料的生产是很重要的，然而燃料供应

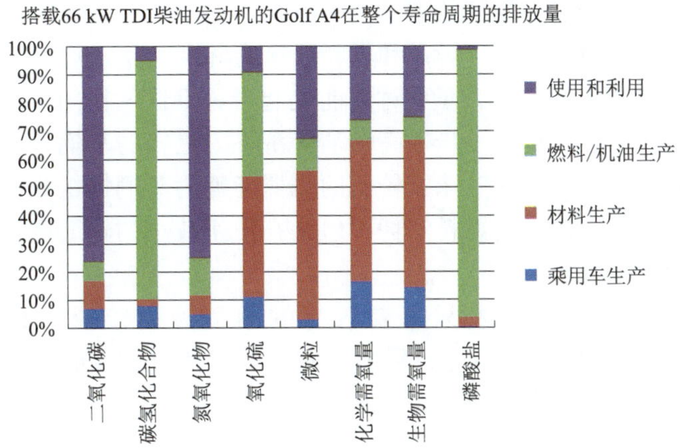

图 8　150 000 km 的寿命周期和 4.95 L/100 km 的平均消耗下所选定的排放量（Schweimer，2000）

和使用阶段的影响在某些环境类别中也可能会占主导地位。

行驶排放主要是二氧化碳、一氧化碳和氮氧化物的排放。燃料供应主要会影响到碳氢化合物的排放，硫氧化物、甲烷排放和天然能源的需求。

因此，轻量化方案很显然必须针对使用阶段性能进行优化，从而减少所产生的行驶排放和燃料需求。对于第二种情况，则轻量化材料的生产或者轻量化方案应当尽可能节约资源。

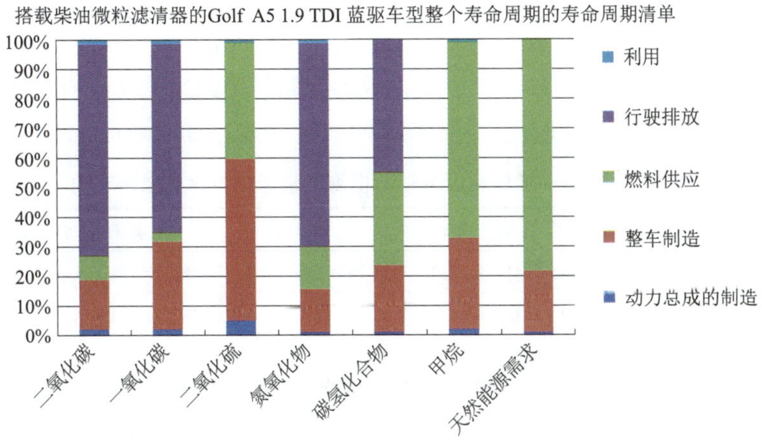

图 9　搭载柴油微粒滤清器的 Golf A5 1.9 TDI 整个寿命周期的寿命周期清单（VW，2008c）

在轻量化产品设计阶段，不同的甚至部分相互矛盾的因素会限制材料的选择。除了诸如机械应力和耐腐蚀性能等技术规格之外，成本、消费者的偏好和对环境的影响也变得越来越重要。燃料效率是对环境影响相关的一个明显因素。现代汽车中集成的诸如空调、导航设备、安全气囊、电动调节座椅等新设备和功能则意味着更高的能量需求，用于驱动这些装置和移动额外的重量。但是，有吸引力且适销对路产品的目的仍然是不断提高燃油效率。

两个主要因素控制着车重：设计和材料选择或材料组合。

除了车辆的燃料消耗之外，车重对性能也起着关键性的作用。减重会直接使性能提高，并且更轻的设计可进一步提高燃油经济性。更轻的车辆只需要较小的发动机就可以提供相同的性能。这意味着较小的机器能够为车辆提供相同的加速度。虽然较小的机器也意味着较低的燃料消耗，但是在使用较小的辅助设备时，仍然具有进一步减轻车重的额外潜力。

更进一步说，这也意味着只需要较小的制动器和较轻的底盘（Stichling，2009）。因此，重要的是将使用时的系统性能也考虑在内，以正确估计整个寿命周期轻量化方案对整体车辆在环保方面的影响。

1.5.3　使用中的系统性能

为了能够比较车辆变体在使用阶段各种轻量化方案的系统性能，需要一个适当的和可比较的参考量。这个可比较的参考量应当是一个统一的（标准化）行驶循环。在欧洲，强制要求使用新欧洲行驶循环（NEDC）。

在分析轻量化方案时，由此可以准确计算出实际的燃料节约量。通过它还可以计算出所需要的总能源，用以在规定线路上运输确定的重量，并且将其以多少升汽油或柴油的形式表示。

包括滚动摩擦、空气阻力和惯性三种行驶阻力在内，在考虑所减少的质量的情况下计算出轻量化组件节约的燃料，即所谓的燃料减少值（FRV）（Koffler，2009）。此燃料减少值对柴油发动机和汽油发动机是不同的。由于轻量化组件降低了车重，因此可以将诸如安装较小的发动机或调整后的齿轮等辅助措施考虑在内（在汽车行驶功率恒定的条件下）。表3显示了根据Koffler（2009）理论测定的燃料减少值。

表3　采取辅助措施和没有辅助措施下轻量化方案的燃料节约

发动机类型	无辅助措施	具有辅助措施
汽油	0.15 [L/（100 kg·100 km）]	0.35 [L/（100 kg·100 km）]
柴油	0.12 [L/（100 kg·100 km）]	0.28 [L/（100 kg·100 km）]

虽然只有无辅助措施的燃料减少值能够量化质量对燃油节约的影响，但是燃料减少值也能计算出包括通过辅助措施所节省燃油在内的燃油节约。燃料减少值对轻量化方案寿命周期评估和可持续性发展计算的结果有着明显的影响。

在环境管理中，这意味着评估轻量化方案时应总是考虑一个方案是否会产生辅助措施。

1.5.4　后续利用选项

正如已经提到的，许多轻量化材料都具有制造成本较高和较耗能的特点。因此特别是对于轻量化方案和其中所用的材料自然出现了选择适当再利用的问题。这可以是材料回收、化学回收或带有能量回收的热回收。因此，诸如再生材料或再生铝等可以返回到经济循环中的二手材料（在最佳情况下，可以代替天然生产材料），或者追溯到化学基础模块，或者释放存储的能量以及以电力及蒸汽的形式向相应的电网供电。

最佳的再利用选项不仅只依赖于可能的天然原料质量（机械、光学性能和纯度），同时还取决于初级生产的复杂性或简单性。相对简单的初级生产所需要的能耗越少和对环境所产生的污染越小，对其进行有意义的材料循环利用就越困难。所以，应当总是以一个开放的心态来考虑哪些再利用选项是最有生态前途的。

从主要汽车制造商之一（福特，沃尔沃，戴姆勒，大众，菲亚特欧宝，雷诺）所进行的轻量化方案研究项目中可以看出，如果没有一个合理的重复利用选项，轻量化中所使用的材料与标准设计相比，在诸如酸化和富营养化等重要环境参数方面就几乎没有优势（Lirecar，2004）。

只有对从原料供应到材料生产、组件成分、产品构成或系统组成直至对系统的影响或有意义的回收利用及其可能性通盘考虑后，才能实现创新和可持续发展的轻量化方案。

1.6 结论和建议

如今，已不再将可持续发展与寿命周期分离开来进行考虑。具有可靠的决策支持的（轻量化）方案可持续发展的切实可行的方法，应当基于以下基本原则：

- 可以基于技术上合理的替代方案进行材料和部件的分析。这可以避免技术上不切实际的或不利的误导性“解决方案”。

- 在能够满足相同要求的最终总系统（成品）水平上进行比较。这就避免了“苹果与梨的比较”，即确保只对比具有真正可比性的那些部分。

- 应考虑产品的整个寿命周期。这就避免了原材料供应、生产、使用和重新利用各寿命周期阶段之间的负担转移。例如它可以避免尽管在生产过程中节约了能量，但大量的能源在使用过程中被滥用的情况。

- 应始终考虑三个维度：人、环境和经济。这样就可以避免公司或国家中社会、生态和经济利益之间的负担转移。

- 应涵盖各维度中的所有相关影响。这可以避免问题领域中的负担转移。在维度“环境”中，不能只使用一个诸如全球变暖和能源需求等“突出”变量。这些变量可以通过动力和关键变量来表示，但至少应纳入作为控制变量的酸化、富营养化和夏季烟尘形成，以避免同时出现问题转移。

- 应考虑替代方法的市场竞争力。这避免了可能很难在市场上出售而且也无改进可能的解决方案：只有生态有益的产品大量替代那些不环保的产品，才能真正改善生态。

- 在产品或工艺开发的同时进行分析。这可以使决策支持更为有效，在更改时不会产生严重的后果。一旦生产开始运行或者产品已经生产出来，实施相应的改变可能就不再有任何意义了。这意味着只有早期的决策支持才是有效的决策支持。

• 最后：不要将方法或策略与目标相混淆。这可以避免像范例中所提到的那些错误判断。“使用可再生原材料”或“材料的回收利用”是好方法，但并不能保证真正的改善：只有对备选方案进行了产品特定的调查之后，才能得到可靠的参考依据。这类可靠的评估要求始终考虑到所有上述规程。

如果调查（至少生态部分的调查）是在标准 ISO 14040 及其后续标准框架下进行的，则可以广泛确保避免错误判断。如前所述，答案的很大一部分取决于分析创建者合理的实施和解释。然而，经验丰富的专家很容易识别出一个符合标准的严格评价中“不负责任的猜测”。因此，遵照上述规范标准化的实施是可靠决策支持的一个非常好的方法。

这个可靠决策支持在轻量化中是至关重要的，因为轻量化主要是为达到减轻重量的目的，从而提高效率并降低能耗。

在许多移动应用中，轻量化被作为关键参数与发动机效率，空气动力学和电力负荷的优化一起用于降低油耗。与传统的钢相比，诸如铝、镁或碳纤维增强塑料等轻质材料都具有能源需求较高和与此相关的生产阶段更高温室气体排放量的特征。因此，不能笼统地回答特定材料或材料方案是否具有比其他材料更好的环保形象的问题。只能通过对具体应用的寿命周期分析得出可靠的答案。因此，寿命周期分析在工业中被用作一种环境管理工具，以获得产品开发的可衡量目标，例如在大众汽车公司内部（Krinke，2009）。在汽车轻量化的框架内，这些可衡量的目标可能是必须实现的特定燃料消耗或者重量减轻，以在车辆的使用阶段内实现环境可行性。

所以，为了在市场上建立一个在生态和技术上合理的轻量化方案，在寿命周期内需要所有参与者之间紧密合作。一个合理的整体方案要比很多的单个措施更为有效。尤其是每个参与者本身对整体结果的影响都是有限的。

根据 Krinke（2009）和 Koffler（2009）的轻量化相关核心信息，必须始终对整车而不是 x kg 质量减轻进行评估。如果只是对轻量化的质量减轻进行评估，就像在讨论是装满行李箱还是空行李箱行驶的问题。这毋庸置疑对消耗燃油有影响，然而，每 100 km 和 100 kg 最多 0. 15 L 的燃料减少值（FRV）相对较低。只有当质量减轻超过一定的值，这个值会因车辆而异，才可以调整传动系，例如采用较小的发动机或其他的变速箱，如果可能，还能采取诸如使用更小的制动器等其他措施。由此进一步影响轻量化，从而具有较大的燃料减少值（FRV）（每 100 km 和 100 kg 最多 0. 35 L）。

在公开的寿命周期分析中，轻量化方面经常犯的错误是，通过质量导致的消耗量来描述所观察部件的使用阶段，但是没有正确地使用较小的质量相关燃料减少值（0. 15 L 或者 0. 12 L）进行计算，而是使用了较大的燃料减少值（0. 35 L）。这只有在车辆采取了辅助措施之后，才可能是正确的。因此，轻量化措施必须始终在车辆的背景下进行评估。

寿命周期评估的结果以及由此获得的材料和材料方案相关知识不能也不应该被用来对材料进行评估。相反，应当通过它在价值链中刺激创新和优化，从而使这些材料能够在未来充分发挥其轻量化潜力。没有不好的材料，只有适合与不适合的材料应用。

此外，可以通过增加使用可再生能源进一步改善供应链，例如在生产镁时使用气候友好型保护气体，次级材料的使用或再利用阶段提高材料的回收质量也可以明显改善供应链。由于寿命周期的角度定位于整个价值链，措施的落实由不同参与者负责。因此，与价值链上的所有合作伙伴进行更深入的对话是寿命周期管理迈向成功的一个必要且有意义的步骤。对汽车行业的竞争前研究说明，轻量化不是生态和可持续设计的通行证。减轻重量本身在生态和技术上复杂的措施仅能导致一定的环境改善，甚至无法改善环境（Lirecar，2004）。只有将优化材料的生产、整车的减重、可能的辅助措施以及材料的合理回收结合在一起，才能得出可持续发展的轻量化方案。

轻量化具有巨大而令人关注的潜力，并可能在未来的创新方案中发挥核心作用。如果按照既定的标准化方法步骤且注意到一些基本方面，轻量化也可在日常工业实践中对优化产品的可持续发展做出贡献，就像其已经被专业领先的汽车制造商采用一样，通过融入环保管理而被实际应用。

1.7 附加信息

文献

Baitz, M., et. al.: LCA of PVC and Principal Competing Materials. Commissioned by the European Comission, 2004

Baitz, M., Deimling, S., Gabriel, R., Betz, M., Rehl, T.: Der Weg in Richtung nachhaltigere Biokraftstoffe. Die Lebensweganalyse als Basis für eine nachhaltigkeitsbasierte Zertifizierung. 2007

Baitz, M., Florin, H.: Mit der Ökobilanzierung zum Life Cycle Design (LCD) in der Automobilindustrie. Haus der Technik, Essen, 2001

Baitz, M, Hoffmann, R., Russ, M.: Life Cycyle Engineering im Automobilbau, Stand des Wissens, neue Erkenntnisse und künftige Anforderungen, Umweltwissenschaften und Schadstoffforschung. Beitragsserien: Automobilemissionen, Ecomed, 14, 2, 2002

Baitz, M., Wolf, M-A.: Sustainable Product Development on Basis of the Life Cycle Analysis of Materials: Plastics and Metals? Synergy or Competition? Sustainable Metals Workshop, Hochschule für Angewandte Wissenschaften, Hamburg, 2001

Berger, M., Finkbeiner, M.: Indikatoren zur Messung der Ressourceneffizienz, Korrelationen & Abhängigkeiten. Rohstoffkonferenz 2008. Von der Abfall-zur Rohstoffwirtschaft, 2008

Berger, M., Finkbeiner, M.: Methoden zur Messung der Ressourceneffizienz. Recycling und Rohstoffe, K. J. Thome-Kozmiensky and M. Beckmann (Hrsg.), 2008

Brundtland, G. H. et. al.: Report of the World Commission on Environment and Development. United Nations, 1987

CML (*Institute of Environmental Sciences*): Handbook on Impact Categories, "CML 1996", Universität Leiden, 2001

CML (*Institute of Environmental Sciences*): Life Cycle Assessment, An Operational Guide to the ISO Standards. Bd. 1, 2, 3, Universität Leiden, 2001

Deimling, *S.*: Auswertung von Studien zur ökologischen Betrachtung von nachwachsenden Rohstoffen bei einer stofflichen Nutzung. PE International, 2008

DGJRC: International Reference Life Cycle Data System (ILCD) Handbook: General Guidance Document for Life Cycle Assessment (LCA), 2008

DGJRC: International Reference Life Cycle Data System (ILCD) Handbook: Specific Guidance Document for Generic or Average Life Cycle Inventory (LCI), Data Sets, 2008

Eberle, *R.*: Methodik zur ganzheitlichen Bilanzierung im Automobilbau. Diss., Technische Universität Berlin, 2000

Europäische Kommission (*EU*): Sustainable Consumption and Production and Sustainable Industrial Policy Action, 2008

Eyerer, *P.* (*Hrsg.*): Ganzheitliche Bilanzierung, Werkzeug zum Planen und Wirtschaften in Kreisläufen. Springer Verlag, Berlin/Heidelberg, 1996

Finkbeiner, *M.*: Carbon Footprinting-Opportunities and Threats. International Journal of Life Cycle Assessments, 2009, 14: 91-94

Fischer, *M.*, *Kupfer*, *T.*: Die Ökobilanz und ihre Verwendung in Umweltmanagementsystemen-Beispiel: Recycling von PUR-Schaumdosen. 4. Merseburger Symposium "Kreislauffähigkeit von Werkstoffen", 23. September 2003

Florin, *H.*, *Schuckert*, *M.*: Life Cycle Engineering of Plastic Parts in the Automotive Industry. 15th Polymer Colloquium Stuttgart, 1997

Fritsche, *U. R.*, *Jenseit*, *W.*, *Hochfeld*, *C.*: Methodikfragen bei der Berechnung des Kumulierten Energieaufwands (KEA). Institut für angewandte Ökologie e. V., Darmstadt, 1999

Goedkoop, *M.*, *Spriensma*, *R.*: The Eco-indicator 99-A Damage Oriented Method for Life Cycle Impact Assessment. Product Ecology Consultants (PRe), 2001

Guinee, *J. B.*, *de Bruijn*, *H.*, *van Duin*, *R.*, *Gorree*, *M.*, *Heijungs*, *R.*, *Huijbregts*, *M. A. J.*, *Huppes*, *G.*, *Kleijn*, *R.*, *de Koning*, *A.*, *van Oers*, *L.*, *Sleeswijk*, *A. W.*, *Suh*, *S.*, *Udo deHaes*, *H. A.*: Life Cycle Assessment-An Operational Guide to the ISO Standards. Centre of Environmental Science, Universiät Leiden, 2001

Hauschild, *M.*, *Wenzel*, *H.*: Environmental Assessment of Products. Chapman & Hall, Thomson Science, 1998

Hendrickson, *C.*, *Horvath*, *A.*, *Joshi*, *S.*, *Klausner*, *M.*, *Lave*, *L. B.*, *McMichael*, *F. C.*: Comparing Two Life Cycle Assessment Approaches: A Process Model-vs. Economic Input-Output-Based Approach M. IEEE International Symposium on Electronics and the Environment, San Francisco, Mai 1997

Hendrickson, *C.*, *Horvath*, *A.*, *Joshi S.*, *Lave*, *L. B.*: Environmental Science & Technology. Use of Economic Input-Output Models for Environmental Life Cycle Assessment, 1998

Koffler, *C.*, *Rohde-Brandenburger*, *K.*: On the Calculation of Fuel Savings through Lightweight Design in Automotive Life Cycle Assessments. Int J LCA, 2009

Kreißig, *J.*, *Baitz*, *M. etal.*: PVC Recovery Options Environmental and Economic System

Analysis. Publicly available report, PE Europe GmbH, 2003

Krinke, *S.* : Life Cycle Assessment and Recycling of Innovative Multimaterial Applications. Volkswagen, International Conference-Innovative Developments for Lightweight Vehicle Structures, 2009

Kupfer, *T.* , *Shibasaki*, *M.* , *Baitz*, *M.* , *Eyerer*, *P.* : Innovative Recycling Concept for PE-HD Gasoline Tanks of Automotives-an LCA Case Study. 5th International Conference on EcoBalance, Tsuku-ba, 2002

Lirecar: Life Cycle Assessment of Lightweight and End-of-Life Scenarios for Generic Compact Class Passenger Vehicles. Int J LCA, 9, 6, 2004, S. 405-416

Ritthof, *M.* , *Rohn*, *H.* , *Liedtke*, *C.* , *Merten*, *T.* : MIPS berechnen-Ressourcenproductivität von Produkten und Dienstleistungen. Wuppertal Spezial 27, Wuppertal Institut für Klima, Umwelt, Energie GmbH, 2002

Schuckert, *M.* : Ganzheitliche Bilanzierung vom Bauteil zum System am Beispiel von Verkehrsträgern. Diss. , Universität Stuttgart, 1996

Schuckert, *M.* , *Betz*, *M.* , *Gediga. J.* , *Florin*, *H.* , *Eyerer*, *P.* : Material and Process Optimization for Eco-designed Automotive Parts. SAE Conference, Detroit, 1997

Schweimer, *G. W.* : Sachbilanz eines Golf 4. Forschung Umwelt und Verkehr, Volkswagen AG, 2000

Schweimer, *G. W. et. al.* : Sachbilanz eines Golf (Life Cycle Inventory of a Golf). Tagung Wolfsburg, 27. - 29. November 1996

Shibasaki, *M.* : FTP Kreislaufführung flüssigkeitstragender Polymerbauteile. Für das BMBF. Institut für Kunststooftechnik, Universität Stuttgart, 2003

Stichling, J. : Life Cycle Considerations for Lightweight Automotive Design. International Conference-Innovative Developments for Lightweight Vehicle Structures, PE International GmbH, 2009

Suh, *S.* , *Nakamura*, *S.* : Five Years in the Area of Input-Output and Hybrid LCA. Int J LCA 12, 6, 2007, S. 351/352

Wolf, *M.-A.* , *Baitz*, *M.* , *Kreissig*, J. : The Handbook of Environmental Chemistry, Assessing the Sustainability of Polymer Products, 2009

Wolf, *M.-A.* , *Baitz*, *M.* , *Kupfer*, *T.* : Process-level Life Cycle Working Time (LCWT) Inventories as Basis for the Social Extension of LCA/LCE, 2002

标准

DIN EN ISO 14040: Umweltmanagement-Ökobilanz-Grundsätze und Rahmenbedingungen (ISO 14040: 2006)

DIN EN ISO 14044: Umweltmanagement-Ökobilanz-Anforderungen und Anleitungen (ISO 14044: 2006)

公司宣传册

BASF AG: Ökonomische, äkologische und gesellschaftliche Leistung. Bericht 2008

Carbon Trust: Carbon Footprints in the Supply Chain: The Next Step for Business. The Carbon Trust, November 2006

Daimler AG: Nachhaltigkeitsbericht, 2009

Daimler AG: Umwelt-Zertifikat Mercedes-Benz A-Klasse, 2008

Daimler AG: Umwelt-Zertifikat Mercedes-Benz C-Klasse, 2006

Daimler AG: Umwelt-Zertifikat Mercedes-Benz S-Klasse, 2005

GaBi: Software und Datenbank zur Ganzheitlichen Bilanzierung. PE International GmbH und LBP Universität Stuttgart, 2010

Vattenfall AB Generation Nordic Certified Environmental Product Declaration. EPD of Electricity from Vattenfall's Nordic Hydropower, S-P-00088, 02/2005, 2005

Vattenfall AB Generation Nordic Certified Environmental Product Declaration. EPD of Electricity from Ringhals Nuclear Power Plant, S-P-00026, 2007-11-01, 2007

Vattenfall AB Generation Nordic Certified Environmental Product Declaration. EPD of Electricity from Vattenfall's Wind Power in the Nordic Countries, S-P-00115, 2007-02-01, 2007

Volkswagen AG（Hrsg.）: Volkswagen Nachhaltigkeitsbericht 2009/2010

VW: Umwelt-Prädikat Polo, 2009

VW: Umwelt-Prädikat Golf, 2008

VW: Umwelt-Prädikat Passat, 2008

VW: Der Golf, Umweltprädikat-Hintergrundbericht, 2008